全国旅游管理专业应用型本科规划教材

旅游文化学

谢春山　主　编
佟　静　朱易兰　副主编

旅游教育出版社
·北京·

责任编辑：郭珍宏

图书在版编目(CIP)数据

旅游文化学/谢春山主编. —北京：旅游教育出版社，2012.8
全国旅游管理专业应用型本科规划教材
ISBN 978-7-5637-2472-7

Ⅰ.①旅…　Ⅱ.①谢…　Ⅲ.①旅游文化—高等学校—教材
Ⅳ.①F590

中国版本图书馆 CIP 数据核字(2012)第 195047 号

全国旅游管理专业应用型本科规划教材

旅游文化学

谢春山　主　编

佟　静　朱易兰　副主编

出版单位	旅游教育出版社
地　　址	北京市朝阳区定福庄南里1号
邮　　编	100024
发行电话	(010)65778403 65728372 65767462（传真）
本社网址	www.tepcb.com
E - mail	tepfx@163.com
印刷单位	北京中科印刷有限公司
经销单位	新华书店
开　　本	880×1230　1/32
印　　张	8.0625
字　　数	208 千字
版　　次	2012 年 8 月第 1 版
印　　次	2012 年 8 月第 1 次印刷
定　　价	21.00 元

（图书如有装订差错请与发行部联系）

出版说明

改革开放三十多年来,我国旅游高等教育已经建立了较为完善的教育体系,旅游院校数量也相当可观,旅游教育实现了从精英化教育阶段向大众化教育阶段的转变。伴随着旅游教育的理念、模式及层次类型多样化的发展趋势,旅游管理专业"应用型"本科教育应运而生。

为适应全国旅游管理专业应用型本科教育的教学需要,在中国旅游协会旅游教育分会的主持下,我们邀请国内旅游高等院校的专家学者编写了这套"全国旅游管理专业应用型本科规划教材"。

在培养规格上,应用本科教育是培养适应旅游行业生产、管理、服务第一线需要的高等技术应用型人才;在培养模式上,应用本科教育以适应社会需要为目标,以培养技术应用能力为主线设计学生的知识、能力、素质结构和培养方案,以"应用"为主旨和特征构建课程和教学内容体系,重视学生的技术应用能力的培养。因此,在教材编写过程中,我们在坚持教材应有的学术规范性的基础上,特别强调两个加强:一是加强理论内容的概括和提炼,以理论知识的适度、够用为原则来进行理论知识部分的编写;二是加强实践环节在教材中的渗透和体现,以应用性为导向。

作为国内唯一一家旅游教育专业出版社,我们始终与中国旅游教育事业共同成长。我们希望能够始终站在学科研究与行业发展的前沿,随时反映旅游教育最新发展动态,引领与服务旅游教育实践。我们期待着教材使用者的意见和建议,更期待着潜在作者的新思路、新理念,以不断提升教材的专业品质,更好地为行业发展服务。

前　言

随着现代社会的发展,大众化的旅游热潮已经兴起。旅游正成为一种备受青睐、生机盎然的生活方式和行为方式,成为人们生活中不可缺少的组成部分。伴随着现代旅游的兴起,人们对文化因素对现代旅游活动的影响的认识也日渐清晰和深刻。作为现代文明人所拥有的生存和生活方式,旅游是一项以精神、文化需求和享受为基础的,涉及经济、政治、社会、国际交流等内容的大众性活动,它的本质是文化,没有文化就没有旅游。

从旅游活动的主体——旅游者的角度说,文化是旅游者的出发点和归结点。旅游行为实际上是一种文化消费行为,旅游者外出旅游的最根本的目的和动机在于获得心理满足和精神享受,在于寻求对异质文化的一种体验。从旅游活动的中介体——旅游业的角度看,文化是旅游业的灵魂,且是一个国家旅游业保持民族特色,提高从业人员的素质,争创名牌,提高竞争力,获得最佳经济效益和社会效益的关键。从旅游活动的客体角度看,文化是旅游景观吸引力的渊薮。无论是自然旅游景观,还是人文旅游景观,要吸引旅游者,激发旅游者的旅游动机,就需有魅力无穷、独具特色的民族、地方文化内涵,满足人们对科学、史学、文学、艺术和社会学等方面的不同需求。

因此,无论从旅游主体的角度,还是从旅游客体和旅游中介体的角度看,旅游活动都是一种文化行为或文化现象。旅游者外出旅游,欣赏和感受的是文化,旅游中介体创造和经营的也是文化,旅游客体显现和展示的还是文化。不仅如此,任何旅游活动都是在一定的文化空间发生和发展的,人类所有的旅游活动都笼罩在文化的光环和氛围之中。因此,可以认为,旅游的本质是文化。

旅游文化是旅游活动中的文化现象,而这种"文化现象",应该是广义的概念,而不是狭义的概念,即"文化是人类在不断否定野蛮和愚昧的漫长而曲折的过程中创造出来的物质财富和精神财富的总和。文化是人类区别于动物界的根本标志。文化具有民族的和发展的两个基本的性质"。旅游文化是人类文化的一个组成部分,文化先于旅游文化而产生,旅游文化是人类文化发展到一定阶段的产物。当人类有了旅游的需要,并开始了旅游活动时,原先早已存在的文化便成为旅游文化。因此,旅游文化可定义为:因旅游活动而产生和为旅游活动所整合的文化。其中,前者为全新的旅游文化,可称为原生性旅游文化,而后者则是对业已存在的文化的加工、利用、包装,可称为非原生性旅游文化。虽然二者有一定程度的质的差异,但都是旅游活动中的文化现象,都是指向旅游活动并与其有不可分割的关系。

判断一种文化是否为旅游文化,应当看它是否同旅游主体的旅游活动相联系,或者说是否为旅游活动所用。凡是同旅游主体的旅游活动相联系,或者说能为旅游活动所用的文化就是旅游文化,否则,就不能称为旅游文化。我们不能简单地用"是"或"非"来评判旅游文化,这是一种静态的、孤立的观点,而应用一种动态的、联系的观点。同时,旅游文化既是精神的,也是物质的,它是精神内涵和物质外显的统一,不能人为地将旅游文化划分为互不统属、相互独立的两个部分,犹如人的精神和躯体须臾不可分离一样。因此,旅游文化不宜运用狭义的精神文化的概念,以避免狭义概念将整个物质文化拒之门外的尴尬局面。在广义概念的背景下,从某种意义上说,我们可以将旅游文化视为"旅游活动中的文化现象"、"旅游活动中的文化因素"、"旅游活动中的文化影响",或在文化空间或文化氛围笼罩下的旅游活动中各种外现或内隐的文化现象,这将有利于解释旅游活动中的文化现象和各种具体问题。

旅游文化的内涵十分丰富,外延也相当宽泛,既涉及建筑、园林、节庆、民俗等旅游客体文化领域;又涉及旅游者自身的文化素质、兴趣爱好、审美方式、消费习惯等文化主体领域;更涉及旅游业的服务文化、经营文化、管理文化、导游文化等旅游介体文化。为便于论述,本书共分十章,分别是第一章:旅游文化总论;第二章:旅游审美文化;第三章:旅游消费文化;第四章:旅游服务文化;第五章:旅游与建筑文化;第六章:旅游与园林文化;第七章:旅游与节庆文化;第八章:旅游与民俗文化;第九章:中国旅游纪念品文化;第十章:中国旅游文化传统。

本书为集体合作的成果。谢春山教授任主编,佟静副教授、朱易兰讲师任副主编。全书各章的撰稿人如下:第一章:谢春山、沙春蕾;第二章:谢春山、于淑艳;第三章:佟静、于淑艳;第四章:朱易兰、于淑艳;第五章:谢春山、唐伟;第六章:谢春山、李芷逸;第七章:佟静、唐伟;第八章:佟静、李芷逸;第九章、第十章:朱易兰、沙春蕾。

  本书的出版得益于旅游教育出版社以及各位友人的关心和帮助,责任编辑孙延旭先生更是为本书的策划、撰写及出版付出了艰苦的努力和心血,在此表示特别的感谢。在本书的撰写过程中,撰稿人参考、借鉴了许多学者和旅游界同人的学术成果,有的已在书中列明,还有许多未能一一列出,在此一并表示谢忱。

  由于经验不足,水平有限,加之时间仓促,书中的错误和不足之处一定不少,我们恳请读者不吝批评指正。对此,我们将不胜感激!

谢春山 佟静 朱易兰
2012 年 5 月

目 录

第一章 旅游文化总论 … 1
引 言 … 1
本章学习目标 … 2
第一节 旅游活动的文化本质 … 2
第二节 旅游文化的概念与特征 … 7
第三节 旅游文化的结构与分类 … 16
第四节 旅游文化的地位与功能 … 22
思考与练习 … 29

第二章 旅游审美文化 … 30
引 言 … 30
本章学习目标 … 30
第一节 旅游活动的审美本质与特征 … 31
第二节 旅游审美的心理要素 … 36
第三节 旅游审美的感受层次 … 41
第四节 旅游审美活动中的文化因素 … 46
思考与练习 … 51

第三章 旅游消费文化 … 52
引 言 … 52
本章学习目标 … 52
第一节 文化对旅游消费的影响 … 52
第二节 旅游消费的文化蕴涵 … 60
第三节 旅游消费的中西方差异 … 66
第四节 旅游消费文化的发展 … 69
思考与练习 … 74

第四章　旅游服务文化 …… 76
　　引　言 …… 76
　　本章学习目标 …… 77
　　第一节　旅游服务兴起及其影响 …… 77
　　第二节　旅游服务的文化蕴涵 …… 84
　　第三节　旅游服务文化的特征及发展趋势 …… 94
　　思考与练习 …… 102

第五章　旅游与建筑文化 …… 104
　　引　言 …… 104
　　本章学习目标 …… 105
　　第一节　建筑在旅游活动中的作用 …… 105
　　第二节　中国古代建筑的类别与特征 …… 107
　　第三节　中国古代建筑的文化内涵 …… 124
　　思考与练习 …… 130

第六章　旅游与园林文化 …… 131
　　引　言 …… 131
　　本章学习目标 …… 132
　　第一节　中国古代园林的发展历程与特点 …… 132
　　第二节　中国古代园林的分类与构成要素 …… 136
　　第三节　中国古代园林的文化内涵 …… 144
　　思考与练习 …… 151

第七章　旅游与节庆文化 …… 152
　　引　言 …… 152
　　本章学习目标 …… 152
　　第一节　中国传统节庆与旅游 …… 153
　　第二节　中国传统节庆的类型及特征 …… 158
　　第三节　中国传统节庆的文化内涵 …… 167
　　思考与练习 …… 172

第八章　旅游与民俗文化 …… 173
　　引　言 …… 173
　　本章学习目标 …… 173

第一节　中国民俗与旅游 …………………………………… 174
第二节　中国民俗的特征及类别 …………………………… 177
第三节　中国民俗活动的文化内涵 ………………………… 186
思考与练习 …………………………………………………… 189

第九章　中国旅游纪念品文化 …………………………………… 190
引　言 ………………………………………………………… 190
本章学习目标 ………………………………………………… 190
第一节　中国旅游纪念品的地位与影响 …………………… 191
第二节　中国旅游纪念品的分类与特征 …………………… 196
第三节　中国旅游纪念品的文化内涵 ……………………… 206
思考与练习 …………………………………………………… 213

第十章　中国旅游文化传统 ……………………………………… 214
引　言 ………………………………………………………… 214
本章学习目标 ………………………………………………… 215
第一节　中国旅游文化的重人与重文传统 ………………… 215
第二节　中国旅游文化的尚古与尚自然传统 ……………… 221
第三节　中国旅游文化的附会与重游道传统 ……………… 227
第四节　中国古代的传统旅游礼俗 ………………………… 232
思考与练习 …………………………………………………… 240

参考文献 …………………………………………………………… 241

第一章 旅游文化总论

引言

　　海蓝是旅游管理专业大学二年级的学生,虽然上大学前就已经有人告诉他,"当你爱一个人的时候,就让他去学旅游,因为,他可能会走遍祖国的名山大川;但你恨一个人的时候,也让他去学旅游,因为,他可能什么也学不到",但经过一年多系统的学习与积累,海蓝已经掌握不少有关旅游的专业知识和理论,并能运用相关的理论分析和解决旅游实践中的问题,他的自信心也由此明显增强,认为旅游管理专业并不像别人认为的那样,只是照抄其他传统的成熟学科,而没有自己专有的概念和逻辑体系,毕竟同其他学科相比旅游学科还是一个新兴的学科。那么,它要发展到成熟阶段当然需要一个过程。

　　可是最近一段时间以来,海蓝的心情却特别郁闷,刚刚树立起来的对旅游学的自信心,瞬间被击碎了。原来,他所在的学院由历史、考古和旅游三个系构成。一周前,学生会的学术部组织了一次有关"旅游文化"的辩论赛,三个系各出一个代表队。

　　历史系代表队的张三认为,"所谓旅游文化就是历史文化,在旅游活动中,一旦历史文化成为吸引旅游者的对象,它就成了旅游文化"。

　　考古系代表队的阿甘认为,"旅游文化实际上就是人类文明的体现,包括考古发掘出来的各种文物,一旦各种文物对旅游者产生了吸引力,便成了旅游文化"。

　　海蓝认为,"旅游文化是因旅游活动而产生的文化,旅游文化就是旅游文化,不能将旅游文化等同于历史文化和文物"。

　　"那么,你能否认旅游文化和历史文化的联系吗?""请你告诉我,旅游者到博物馆参观是不是体验旅游文化?"

面对历史系和考古系同学的反问,海蓝虽然知道旅游文化和历史文化、文物绝不是一回事,但要确切说明它们之间的区别和联系,还真是一件不容易的事情。于是他在心中暗暗下决心:本学期一定要好好学习老师开设的旅游文化学课程,等学成后再和他们论输赢。

本章学习目标
- 理解和掌握旅游活动的文化本质。
- 理解和掌握旅游文化的概念与特征。
- 理解和掌握旅游文化的结构与分类。
- 理解和掌握旅游文化的地位与功能。

第一节 旅游活动的文化本质

随着现代社会的飞速发展,大众化的旅游热潮已经兴起。旅游正成为一种备受青睐、生机盎然的生活方式和行为方式,成为人们生活中不可缺少的组成部分。据世界旅游组织预测:到2020年,全世界每年将有16亿人次到外国旅游;每年的国际旅游花费是2万亿美元,全世界日均有50亿美元的花费用在国际旅游上;游客数量年增长率为4.3%,旅游收入的增长率达6.7%。到2020年,中国将超过其他国家,成为世界第一大旅游目的国、第四大客源输出国,届时将有1.37亿人次来华参观、访问和游览,中国也将有1亿人到世界各地区旅游。按国际旅游和国内旅游1:10的比率推算,到2020年,中国每年将有160亿人次在国内旅游,花费达20万亿美元。① 随着旅游的兴起,人们对文化因素对现代旅游活动的影响的认识日渐清晰和深刻,认为"现代旅游现象,实际上是一项以精神、文化需求和享受为基础的,涉及经济、政治、社会、国际交流等内容的综合性大众活动"②。旅游,从本质上说是一种文化现象,"文

---

① www.chinattn.com/infocenter/info_showcenter.asp?id=447.
② 喻学才.近七年旅游文化研究综述.旅游经济,1997(2):60.

化是旅游者的出发点和归结点,是旅游景观吸引力的渊薮,是旅游业的灵魂"①。文化因素渗透在现代旅游活动的各个方面,从某种意义上说,旅游活动无不笼罩着文化的氛围,旅游活动的产生、发展都是在一定的文化空间进行的。离开了文化,旅游活动便失去了赖以产生和发展的基础。

一、旅游主体的文化追求

从旅游活动的主体——旅游者的角度说,旅游行为是一种文化消费行为,与日常商品消费所不同的是,它主要表现为一种获得精神享受和心理满足,在于寻求一种对异质文化的体验,这种文化需求就是旅游动机产生的直接原因。旅游文化消费根据心理学的研究成果,人类天生具有好奇心,具有求美、求新和探索的本能。马斯洛的需要层次理论认为,当人们的物质生活需求基本满足之后,由本能所激发的对精神生活的需求日益迫切,旅游活动是满足这种需求的最佳途径。虽然旅游活动的发生是旅游三要素——旅游主体、客体和中介即旅游者、旅游资源和旅游服务企业三者共同构成的,但其中任何一个因素都不可能独自构成旅游,也不可能产生旅游文化。然而,在三者中,旅游主体更具有本源意义,其文化需求直接促成了旅游消费行为的发生,然后才有所谓的旅游客体和旅游介体的产生。国家旅游局调查资料显示,英、美、日、德、法、澳等国的旅游者无一例外地把"与当地人交往、了解当地文化和生活方式"当做出境旅游的三大动机之一,而各国去欧洲的旅游者中,有65%的人所进行的旅游是文化旅游。②

旅游文化的产生源自旅游文化主体的文化需要,而旅游文化的终极目的恰恰也是为了满足旅游文化主体的文化需求,这其中存在着一种内在的、必然的联系。旅游者的旅游行为是一种文化消费行为,旅游者外出旅游的动机和目的在于获得精神享受和心理满足;而旅游经营者要达到赢利的目的,则须提供一种能满足旅游者文化享受的旅游产品。无论是自然旅游资源,还是人文旅游资源,其要吸引和激发旅游者的旅游动机,就须具有魅力无穷、独具特色的民族性和地域性文化内涵,以满足旅

---

① 马波.现代旅游文化学.青岛:青岛出版社,2001:33.
② 转引自张国洪.中国文化旅游——理论·战略·实践.天津:南开大学出版社,2001.

游者对科学、史学、文学、艺术和社会学等方面的需求。鉴于此,对旅游者文化需要心理的满足,应当成为旅游经营者和旅游服务者工作的出发点和归宿。旅游业必须通过为旅游者提供赏心悦目的游览景观、舒适惬意的住宿条件和热情周到的服务,使旅游者高兴而来,满意而归,将旅游的美好回忆变为自己最关心的终极产品。

二、旅游介体的文化经营

从旅游活动的中介体看,首先,文化是一个国家旅游业保持自身特色的决定因素。常言道:"民族的东西是独特的,文化的流传是久远的。"①世界上的一切有形的物质都可以模仿,唯独无形的文化很难模仿。文化是旅游业的特色和灵魂,一个国家的旅游业若缺少了本民族传统文化的底蕴,不能反映出本民族独有的精神内涵,便失去了强大的吸引力。因此,文化是一个国家在发展旅游业过程中保持本民族特色的必然要求。其次,文化蕴藏着巨大的经济潜能。"旅游是以一国一民族独特的文化招徕旅客赚取外汇的文化经济。"②为此,世界上许多旅游业发达的国家先后实行了"文化经济"新战略。美国洛杉矶文化旅游负责人罗伯特·巴雷说:"文化旅游大概是美国增长速度最快的旅游项目。因为各个城市发展文化旅游可以获得相当可观的收入。"③意大利政府曾对文化遗产投入和产出效果进行全面系统的计算,结论是,国家每年对文化性参观旅游业征收的增值税收入是保护费用的 27.5 倍。此外,旅游业还能提供就业岗位,带动建筑、商业和交通运输,促进科学文化的发展。他们由此认为,"文化遗产是该国最丰富的宝藏,内中蕴藏着巨大的经济潜能,是政府永不枯竭的财政来源,应视为战略资源和国家基本生产结构的重要组成部分,决定自 1985 年开始实行全国'文化经济'新战略"。④ 以达到保护文化、宣传自己、经济受益一箭三雕的目的。韩国也积极采取多种措施,大力发展文化旅游业,"意欲将文化、旅游培育成

---

① 孙玉波.展示深厚的文化底蕴——北京胡同旅游带来的启示.经济参考报,1995 – 06 – 17.
② 李刚.宗教文化——重要的旅游资源.天府新论,1990(1).
③ 玉东.美国旅游业中"增长最快的项目"——文化旅游.北京日报,1997 – 06 – 27.
④ 游天.新兴产业奏鸣曲.北京财贸学院学报,1994(4).

21世纪的国家战略产业"①。从我国旅游业发展的实践看,"文化搭台、经济唱戏",已成为发展旅游业的一大特色和主要经验之一。再次,文化是提高人的素质和管理水平的关键。旅游业的管理者及其从业人员文化素质的优劣,经营管理水平的高低,直接影响旅游者能否获得良好的审美享受和精神满足,直接关系到旅游资源能否得到合理的开发和利用,进而影响到旅游业的发展。而未来旅游业的竞争主要是文化方面的竞争,人们对旅游资源、旅游服务的需求更趋于文化性强、科技水平高,并富于参与性的项目。因此,旅游业管理者和从业人员的文化素质与经营管理水平必须相应地提高,才能适应时代的要求,同国际先进水平看齐,并最大限度地满足旅游者的需要,使中国的旅游业立于不败之地。最后,文化是旅游业创名牌,提高竞争力的法宝。在旅游活动中,旅游者物质方面的需求是较低级的需求,易于满足,而精神文化方面的需求,是一种高级而复杂的需求,很难得到满足,但又影响全局。旅游企业若不能满足旅游者精神文化的需要,也便失去了存在的价值。同时由于文化具有地域性、民族性、传承性等特点,往往为一个国家和地区所独有,很难模仿和复制。因此,在竞争中就减少了可比性,具有垄断的地位,易形成强有力的竞争能力,也易于创出自己的特色和名牌效应。名牌是旅游业竞争中的一种无形力量,更是促使旅游业走上可持续发展道路的一种宝贵的文化资源。

三、旅游客体的文化蕴涵

从旅游活动的客体角度看,无论是自然旅游资源,还是人文旅游资源,其要吸引旅游者,激发旅游者的旅游动机,就须具有独具特色的文化内涵,满足人们对文化的需求。在自然旅游资源方面,"山不在高,有仙则名;水不在深,有龙则灵"、"天下名山僧占多",正是文化对自然旅游资源重大甚至是决定性影响的真实写照,自不待说;文化在人文旅游资源中的核心地位,更是不争的事实。实践表明,"举凡旅游业昌盛之国,莫不以旅游文化取胜。奥地利的旅游,几乎都与斯特劳斯等奥国音乐大

---

① 秦玲.文化旅游:下个世纪的国家战略产业——韩国大力发展文化旅游业.科学时报,1999-11-05.

师紧密关联;巴黎街道的命名,每每蕴涵法兰西民族的历史掌故"。① 维也纳是华尔兹的故乡,也是欧洲许多著名音乐作品的诞生地,享有世界音乐之都的盛誉。为了充分发掘音乐文化内涵和增强文化底蕴,维也纳人按照"珍惜、挖掘、展现、渲染"的思路,刻意创造并形成了音乐专题旅游的整体环境和氛围。到维也纳旅游,到处可见与音乐有关的遗迹,到处可以听到优美歌声和悦耳乐曲。维也纳人在音乐家的诞生地、故居、逝世地都建有纪念馆,大量收集并陈列他们的手稿、乐器和生前用过的物品;维也纳人也大量雕建音乐家塑像,修建"音乐家公园",那皇宫花园内"冥思创作"的莫扎特、广场上"怀着希望凝视远方"的贝多芬、那"为人类的命运沉思"的勃拉姆斯、在城市公园里"思索着他那未完成的交响曲"的舒伯特、那"拉琴演奏蓝色多瑙河"的施特劳斯……无不向人们展示着维也纳音乐底蕴的深厚和音乐天才的苦苦追求。维也纳市内有近百家剧院,其中1/3以上是歌剧院,各式各样的音乐厅遍布全城。奥地利国家歌剧院已有百年的历史,它除每年除夕都举行隆重的歌舞晚会,向35个国家转播,全世界收看的观众达5亿多人。市内许多街道、礼堂、会议大厅都以音乐家的名字命名,甚至连城西部、南部丘陵地带的密林也以施特劳斯的圆舞曲"维也纳森林的故事"命名。来到维也纳,你顿时会感到音乐文化无处不在,音乐在时刻召唤你、在包围你、在拥抱你,甚至连呼吸的空气都充满音乐的味道,令每一个来到维也纳的人无不感到一种全身心的陶醉,一种赏心悦目的怡然。正是这浓厚的音乐文化氛围,强烈地吸引着世界各地成千上万的游客来到维也纳,"每年外国旅游者都达本国总人口的两倍,外汇收入的1/3来自旅游业,旅游外汇收入占全世界旅游业总收入的6%"②。

综上所述,无论是从旅游主体的角度,还是从旅游客体,或是旅游中介体的角度看,旅游活动都是一种文化行为或文化现象,旅游者外出旅游中欣赏和感受的是文化,旅游中介体创造和经营的也是文化,旅游客体显现和展示的同样是文化。整个旅游活动都笼罩在文化的氛围中,任

---

① 许宗元.论茶文化在旅游文化中的地位.转引自喻学才.近七年旅游文化研究综述.旅游经济,1997(2):63.

② 路紫,胡锋涛.从维也纳音乐旅游环境创造看邯郸"赵文化"旅游资源开发的软对策.河北学刊,1996(4):105-108.

何旅游活动都是在一定的文化空间中发生、发展的。因此,旅游活动的本质是一种文化现象。旅游活动的文化本质,为中国旅游业的发展指明了前进的方向。中国旅游业要获得快速、健康和持续的发展,并立于世界旅游强国之林,就必须高度重视旅游文化的建设,深入挖掘旅游资源的文化内涵,精心建造高品位的旅游文化产品,并全力营造旅游文化的环境和氛围,建立一整套具有中国特色的旅游文化体系。

第二节 旅游文化的概念与特征

一、旅游文化的概念

继经济学家于光远于1978年提出"旅游文化"的概念之后,1984年出版的《中国大百科全书·人文地理卷》首次将"旅游文化"作为专有名词收录其中。此后,许多学者从不同角度对这一概念进行了探讨,并由此形成了众多内涵各异、表述不一的旅游文化的概念,主要观点如下:

1. 相关文化说

该观点认为,"旅游文化是人类过去和现在所创造的与旅游有关的物质财富和精神财富的总和"。[①]

2. 民族文化说

此观点认为,旅游文化即旅游主体在旅游过程中所传播的本国文化和所接受的异国文化的总和。"所谓旅游文化,指的是某个民族或某个国家在世世代代的旅游实践中所体现出来本民族或本国家文化。"[②]

3. 主体文化说

这一观点认为,旅游文化是指"旅游者或旅游服务者在旅游观赏或旅游服务中所反映出来的观念形态及其外在表现"[③]。

4. 客体文化说

该种观点认为,"旅游文化是指与自然风光、古迹遗址有关的历史

---

① 陈辽.漫谈旅游文化.中国旅游报,1987-11-10.
② 喻学才.山以贤称 境缘人胜——中国旅游文化的重人传统.湖北大学学报,1987(6).
③ 冯乃康.关于旅游文化概念的探讨.旅游研究与实践,1991(2).

掌故、民俗文化、文学艺术、传说故事及百科知识等"。①

5. 主介体文化说

此观点认为,旅游文化是旅游者和旅游经营者在旅游消费或旅游经营服务过程中所反映、创造出来的观念形态及其外在表现的总和。②

6. 体验介入文化说

此观点认为,旅游文化是人们的旅游体验与介入过程及其精神产品的总和。③

7. 三体碰撞说

此观点认为,"旅游文化是旅游主体、旅游客体和旅游媒介体相互作用产生的物质和精神成果"。④

8. 特殊生活方式说

这一观点认为,旅游文化可以初步界定为通过旅游这一特殊的生活方式,满足旅游者求新、求知、求乐、求美的欲望而形成的综合性现代文化现象。或者说,是通过对异国、异地的文化消费而形成的现代特殊生活方式。⑤

9. 文化交流与对话说

此观点认为,旅游文化是基于人类追求自由、完善人格而要求拓展和转换生活空间的内在冲动,其实质是文化交流与对话的一种方式。它是世界各区域民族文化创造基础上的或现代全球化趋势中大众的、民间的休闲消费文化。⑥

以上诸种观点可谓各有千秋,各具特色,都有一定的合理性,对于旅游文化的深入研究具有一定的指导意义,但这些观点又都在不同程度上存在一定的缺陷。

民族文化说的合理性在于,它指明了旅游文化的民族性特征,民族性是旅游文化的一大重要特征,各民族的旅游文化之所以异彩纷呈,各

---

① 周谦. 泰山旅游文化发掘初议. 旅游经济,1990(6).
② 马波. 现代旅游文化学. 青岛:青岛出版社,2001:37.
③ 邹本涛,谢春山. 旅游文化学. 北京:中国旅游出版社,2008:41.
④ 冯乃康. 首届中国旅游文化学术研讨会纪要. 旅游学刊,1991(1).
⑤ 魏小安. 旅游文化与文化旅游. 旅游论丛,1987(2).
⑥ 章海荣. 旅游文化学. 上海:复旦大学出版社,2004.

具魅力,根本原因在于各民族文化的差异。但以一局部特征代替旅游文化本体,难免有以偏赅全之嫌。

主体文化说,它把旅游文化视为旅游者或旅游服务者的"观念形态及其外在表现",从旅游主体的角度为旅游文化研究开辟了新视野,所得出的结论也值得重视,但其只研究旅游活动的主导部分,而忽略旅游客体和旅游中介体,没从整体上把握旅游活动的全部,因此,得出的结论很难令人信服。

客体文化说,它把旅游文化归纳为"历史掌故、民俗文化、文学艺术、传说故事及百科知识",这本没有错,这也是我们通常狭义上的"文化"的概念,但是割裂旅游主体和旅游客体之间的联系,没考虑旅游主体——旅游者的因素,而只考虑旅游客体,仍没能全面认识和理解旅游文化。

主介体文化说,它强调旅游主体旅游者和旅游介体旅游经营服务者都是旅游文化的主体,凸显出旅游者和旅游经营者在旅游文化创造中的重要作用,具有相当程度的新意与合理性,但仍存在以点带面,以偏赅全的问题,毕竟旅游文化的创造者除了旅游者和旅游经营者之外,还有政府、社会领域的其他参与者。

体验介入文化说,它主张旅游文化由旅游者创造的旅游体验文化和旅游介入者创造的旅游介入文化两部分构成,认为二者在旅游文化整体结构中的地位是不同的,即旅游体验文化居于核心地位,而旅游介入文化则居于边缘地位。此观点具有较强的科学性与合理性,但刻意强调旅游文化为"精神产品的总和",则缩小了旅游文化应有的范围。

三体碰撞说,它主张旅游文化是旅游主体、旅游客体、旅游客体相互作用而产生的物质和精神成果,其合理性在于,比较全面地考虑了旅游活动的诸要素,但得出的结论很难经得起推敲。因为,尽管旅游文化的部分内容是在经碰撞后产生的,但仍有部分内容是先于碰撞就已存在的,如部分旅游客体,之所以把其纳入旅游文化的范畴,是因为他们和旅游活动发生了密切的联系。因此,碰撞后的产生物和因碰撞而发生的联系物,并不是同一层次的概念。

特殊生活方式说和文化交流与对话说,看似有一定的新意,语言表述也合情合理,但明显存在着将研究视角当成研究对象的错误,即旅游是一种特殊的生活方式,而旅游文化则不是如此;旅游的实质是文化交流与对话的一种方式,而旅游文化的实质则并非如此。

由于以上各种旅游文化的定义都存在一定的局限性,都没能很好地解释旅游活动中的文化现象。因此,使人们对旅游文化的认识仍处在一种混沌不清,界限不明的状态,以致有的学者甚至不承认有"旅游文化"这一概念。这说明我们在旅游文化的研究方面还须进一步努力。但之所以有众多的不同观点,起码说明旅游文化这一现象已引起学者们的注意,这也是好事,是一个良好的开端。

我们认为,旅游文化是旅游活动中的文化现象,而这种"文化现象",应该是广义上的概念,而不是狭义上的概念,即"文化是人类在不断否定野蛮和愚昧的漫长而曲折的过程中创造出来的物质财富和精神财富的总和。文化是人类区别于动物界的根本标志。文化具有民族的和发展的两个基本的性质"。旅游文化是人类文化的一个组成部分,文化先于旅游文化而产生,旅游文化是人类文化发展到一定阶段的产物。当人类有了旅游的需要,并开始了旅游活动时,原先早已存在的文化便成了旅游文化。因此,我们可以将旅游文化定义为:因旅游活动而产生和为旅游活动所整合的文化。其中,前者为全新的旅游文化,可称为原生性旅游文化,而后者则是对业已存在的文化的加工、利用、包装,可称为非原生性旅游文化。虽然二者有一定程度的质的差异,但都是旅游活动中的文化现象,都是指向旅游活动并和它有不可分割的关系。判断一种文化是否为旅游文化,应看它是否同旅游主体的旅游活动相联系,或者说是否为旅游活动所用。凡是同旅游主体的旅游活动相联系,或者说能为旅游活动所用的文化就是旅游文化,否则,就不能称为旅游文化。我们不能简单地用"是"或"非"来评判旅游文化,这是一种静态的、孤立的观点,而应用一种动态的、联系的观点。同时,旅游文化既是精神的,又是物质的,它是精神内涵和物质外显的统一,不能人为地将其划分为互不统属、相互独立的两个部分,如同人的精神和躯体须臾不可分离一样。因此,旅游文化不宜运用狭义的精神文化的概念,以避免狭义概念将整个物质文化拒之门外的尴尬局面。在广义概念的背景下,从某种意义上而言,我们可以将旅游文化视为"旅游活动中的文化现象"、"旅游活动中的文化因素"、"旅游活动中的文化影响",或在文化空间或文氛围笼罩下的旅游活动中各种外现或内隐的文化现象,这将有利于解释旅游活动中的文化现象和各种具体问题。

二、旅游文化的特征

特征是一物区别于另一物的标志。把握旅游文化的特征,不但便于识别旅游文化与非旅游文化的差异,更有利于深入分析和理解旅游文化的内涵与本质,把握旅游文化的运动规律,充分发挥旅游文化在旅游业发展中的作用。

近年来,学者们在旅游文化特征的探讨方面提出了许多颇有见地的观点,可谓众说纷纭,莫衷一是,诸如综合性、地域性、民族性、继承性、变异性、时代性、新奇性、服务性、多样性、大众性、直观性、自娱自教性、季节性、宗法性、封闭性、伦理性、实用性、多元二重性、双向扩散性、阶层性等。应当说,上述对旅游文化特点的观点和看法是积极而有益的,不少观点也很有见地。然而,上述不少的特征并不是旅游文化的专有特征,而是文化的一般属性。将文化的一般特征看成是旅游文化的特征,显然忽视了旅游文化的特殊性。因此,从理论上而言,"文化的一般属性,严格地说,是不能算作旅游文化的特征的",[①]但旅游文化毕竟是文化的一个分支,将文化的个别同旅游活动密切相关的属性视为旅游文化的特征,未必是不可行的。这既可减少人为分割文化和旅游文化之嫌,也能很好地解决旅游文化实践中的一些实际问题,具有可操作性。因此,在探讨旅游文化的特征时,我们不妨遵循两个标准:一是尽量找出旅游文化的特殊性,即纯粹意义上的旅游文化的特征;二是尽量找出文化的一般属性中的和旅游活动联系最紧密的部分,将其视为旅游文化的特征。沿着此思路考察和分析,我们认为旅游文化的特征应包括以下几个方面:

1. 对立统一性

旅游作为人类心理状态与环境状态相矛盾并在追求调和的过程中产生的一种行为,[②]必然导致旅游文化呈现出相互矛盾而又统一在旅游活动中的对立统一性质,主要表现在:首先,旅游文化各组成文化要素之

---

① 马波.现代旅游文化学.青岛:青岛出版社,2001;38.
② 谢彦君.论旅游的现代化与原始化.旅游学刊,1990(4):50.

间的对立统一。旅游客源地的社会环境、旅游主体、旅游中介、旅游客体、旅游目的地社会环境之间几乎每两个要素之间的关系都呈现出矛盾对立而又统一的状态,如旅游客源的社会环境文化,总是会限制或促进旅游主体的旅游活动,而旅游主体的旅游活动,又总是表现出对作为文化母体的旅游客源的社会环境文化的某种程度的超越与回归;在旅游活动中没有旅游主体,也就无旅游客体,同时"旅游主体与其客体之间又存在着相互制约的关系,主体总是想征服和欣赏客体,而客体又总是抗拒着主体,'无限风光在险峰','藏在深山人未识',就是对这对矛盾的生动描述"①。其次,个体旅游活动和整个人类旅游活动之间的对立统一。作为一个个体的旅游者,其外出旅游的时间通常只会持续几天或数周,是其日常生活的暂时停顿、转换和补充,不可能永不停止地进行下去。然而就人类整体而言,旅游活动自产生以来就未曾停止过,也永远不会停止。"一个旅游者的一次具体的旅游行为结束了,整个社会的旅游活动则还在继续进行,旅游文化还在不断地向前发展。"②最后,文化的求异性与求同性的统一。旅游活动的异地性特征,决定了旅游文化的文化求异特征。旅游者外出旅游的一个重要原因就在于在时间和空间上对新与异、奇与美的追求,在空间上,他们极力追求一种文化空间上的跨越,要求体验和探索异域文化的独特魅力,寻求一种别样感受,暂时逃离看似枯燥无味的日常生活的约束;在时间上,他们努力寻求一种超越,表现为对后向文化或前向文化的向往。然而,如果只有求异而没有认同,那么,求异也便失去了存在的基础。文化认同是文化求异的前提和基础,旅游文化在其发展中始终是在文化认同与文化求异中寻找一种动态的平衡。旅游文化的求异与求同的特征对立统一于旅游活动中,旅游活动才千百年来不断地运行下去,并焕发出勃勃生机。

2. 传播性

旅游文化具有传播性,这突出地表现在由于旅游主体的移动,它便将自身所负载的客源地的、民族的、地区的文化以及它自己的思维方式、价值观念、行为方式等文化观念传播给目的地,强烈地冲击并对目的地文化形成影响。同时,旅游目的地异质文化也强烈地吸引和反作用于旅

---

① 谢贵安,华国梁.旅游文化学.北京:高等教育出版社,1999:23.
② 马波.现代旅游文化学.青岛:青岛出版社,2001:38.

游主体,迫使旅游主体在一定程度上接受和容忍目的地文化,显现出对母体的客源地文化的一种反叛和背离,并通过旅游主体向旅游客源地的回归,将旅游目的地文化带入旅游客源地,对旅游客源地文化造成一定的影响。然而,旅游文化这种看似平等的双向传播,实际上是不平等的。由于旅游客源地文化往往是一种高势能的文化,它对旅游目的地文化的影响远比旅游目的地文化对旅游客源地的影响大得多。旅游者的大量涌入,不但会使接待地的物价上涨、水电粮的供应紧张,最终造成接待地的经济结构发生变化,社会环境和自然环境开始恶化,且会给接待地的语言文字、习俗、道德伦理、思维方式、价值观念等文化领域带来强烈的影响,给旅游目的地带来严重后果,造成旅游目的地原有淳朴民风丧失、良好社会秩序遭受破坏、地方旅游产品特色消失、民族自尊心与自信心消亡、盲目攀比与崇洋媚外心理滋生,等等,所有这一切都在时刻冲击着目的地文化,在一定程度上甚至会彻底瓦解目的地固有的传统文化。而旅游目的地文化对旅游主体的影响最常见的是,旅游者表现出对旅游目的地某种文化要素的偏爱,如身着当地的衣服,戴上当地的帽子,品尝当地的美味佳肴,或模仿当地人的行为,所有这些充其量都是一些表象,即所谓的文化漂移,远未达到意识形态改变的"文化涵化"层次。至于旅游目的地文化经由旅游者的携带到达旅游客源地后对旅游客源地的影响,一般而言,颇为有限。

3. 民族性

每个民族都有自身历史形成的较为稳定的习俗、行为模式、思维方式、价值观念,有专为本民族全体成员所共同具备而有别于其他民族的特殊属性。文化的民族性对旅游主体的旅游活动产生深远影响,从而使不同民族的旅游文化表现出巨大的民族差异。以旅游主体的旅游性格为例,多数中国旅游者较为内敛稳健,而多数西方旅游者则较为外向、好冒险;中国人旅游特重视内心的体察,而西方人旅游则钟情于对外部世界的观察;中国人倾心于旅游的道德塑造功能,富于人文情怀,而西方人则看重旅游的求知价值,充满科学精神。① 此外,在审美观念上,各民族的差异也是明显的,如在色彩方面,中国人视红色为喜庆之色,而西方人

---

① 谢贵安,华国梁. 旅游文化学. 北京:高等教育出版社,1999:36.

则视红色为圣餐和祭奠(耶稣的血为红葡萄酒色)之色,深红意味着嫉妒或暴虐,是恶魔的象征,而粉红色则象征着健康;中国人视黄色为帝王之色,象征着皇权和高贵;而基督教则将黄色作为犹太衣服的颜色,是最下等的颜色。正是由于旅游文化的民族差异,旅游主体才会对旅游目的地的风俗人情产生强烈的好奇,在文化的反差中体验和感受异质文化的独特韵味。同时也正是由于有了旅游文化的民族差异性,才使一个民族在旅游活动中焕发出独特的魅力,增强旅游吸引力。因为,民族的东西越独特,文化的流传越久远。

4. 地域性

古语说"千里不同风,百里不同俗",旅游"只有当人们对他所居住的环境以外的事物产生广泛的兴趣时,只有出于他本身的意愿去注重与陌生而新鲜的事物建立联系,并能估价和享受它们时,才有可能性"①。因此,地域文化的差异是旅游所以产生的一个基本条件,这使旅游文化表现出地域的差异性。首先,它表现在旅游资源的空间分异上,白山黑水的东北旅游区、北国胜景的华北旅游区、西北雄姿的西北旅游区、东南秀色的华东旅游区、川汉河山的华中旅游区、南国丽容的华南旅游区、青藏奇观的青藏旅游区、宝岛风光的台湾旅游区等都在地域上显现出各异的特征,以其独特的魅力吸引着旅游者。其次,旅游文化的地域差异表现在旅游者的旅游动机上,一般而言,经济发达地区的旅游者愿到经济不发达甚至落后的地区旅游,最好该地"土得掉渣",长期处于落后的原始状态,以满足他们对文化原始状态的回归;而经济不发达地区的旅游者外出旅游却对经济发达地区情有独钟,总想感受富裕的、先进的旅游信息,寻求一种求新、求异的体验,以满足自身对文化的现代化憧憬。最后,旅游文化的区域性也表现在不同区域文化传统的差别上,如整个中华文化圈中的齐鲁文化、关陇文化、三晋文化、吴越文化、荆楚文化、巴蜀文化、岭南文化等亚文化都在建筑、装潢、遗址、遗迹、风俗、服饰、发饰、饮食、语言、思维、行为方式、精神风貌等方面发出独特和耀眼的光彩,从而使自身同其他的文化区别开来,成为特殊和独具魅力的旅游吸引物。此外,旅游市场的分布、旅游客流的流向、旅游活动的展开等都呈现出一

---

① [美]罗伯特·麦金托什,等.旅游学——要素·实践·基本原理.蒲红,等,译.上海:上海文化出版社,1985.

定的地域性。

5. 阶层性

从旅游主体的角度看,旅游文化呈现出明显的阶层性。同一社会中不同阶层的旅游者,由于不同的经济地位、教育程度、职业性质、居住环境、闲暇时间、思维方式、价值观念、行为模式、兴趣爱好而呈现出不同的特征。一般而言,"中等阶层往往比下等社会阶层的人通常自信得多,更爱冒险……对旅游有更大的兴趣。出生下等社会阶层的人通常以较为狭隘与惶恐的眼光看待世界。他可能认为去欧洲或某个遥远的地方旅游是不必要的……"[①]因此,上层社会的旅游者一般是较矜持和庄重的,中层社会的旅游者大多较为自信并富于冒险精神,而下层社会的旅游者则较为保守和怯懦。并且在旅游活动中越是下层的旅游者越是易于以实用价值代替观赏价值,越是社会上层旅游者越是倾向于用超越实用的眼光,即审美的视觉来欣赏、体验旅游客体或旅游景观。正如清人张潮在《幽梦影》中所言"有山林隐逸之乐而不知享者,鱼樵也,农圃也,缁黄(僧道)也;有园亭姬妾之乐而不能享、不善享者,富商也,大僚也"。旅游文化的阶层性对于旅游客源市场的细分,开展个性化旅游具有重要的意义。

6. 大众性

20 世纪 60 年代以来,世界各地掀起了"大众化"旅游热潮,这种大众性旅游参加人数之多,涉及范围之广,社会关系之复杂,是以往任何时期的旅游所不可比拟的,这使旅游文化呈现出明显的大众性特征,"它不是书斋文化,而是民间文化;不是高堂文化,而是庶民文化;不是雅文化,而是俗文化。因而,它具有相当广泛的群众性"[②]。当然,我们说旅游文化呈现出大众性,并不是说旅游文化只包括低级层次的俗文化,而将只有少数社会上层和社会精英所拥有的精英文化、雅文化拒之门外。相反,旅游文化应该是雅文化、俗文化合二为一的雅俗共赏的文化复合体,之所以强调旅游文化的大众性,其一因为旅游文化的"大众化"特点同旅游文化的"精英化"相比具有更多的普遍性;其二因为旅游文化一定要面向社会大众,适应时代和社会发展的需要,不能"曲高和寡",忽

---

① 谢贵安,华国梁. 旅游文化学. 北京:高等教育出版社,1999:37.
② 何渊耀. 旅游文化散论;白槐. 旅游文化论文集. 北京:中国旅游出版社,1991:74.

视大众旅游的需求。否则,旅游活动,特别是旅游开发和旅游经营活动必将"门庭冷落",对旅游及旅游业的发展带来不利的甚至是灾难性的影响。

7. 愉悦性

旅游文化"从本质上讲是一种和谐欢乐的文化,是一种满足人类的求新奇、求愉悦、求享乐本能的文化"①。现代旅游活动从来都是一种旅游者心甘情愿的自主、自觉的娱乐性活动。在这种自娱自乐的旅游活动中满足了自己本能的需求,激发起对生活和生命的深刻而强烈的感受与体验,激发起对生命和生活的热爱,认识到人作为社会存在的本质力量,从而更加充满自信,以更加积极乐观的态度对待生活与生命,笑傲人生,挥洒自如。旅游文化的这种自娱自乐性即是旅游者的追求,反过来又极大地推动和呼唤着旅游者开展更大范围、更高层次上的、新一轮的旅游活动。由此而言,旅游活动便生生不息,千百年来人们乐此不疲,甚至不惜付出生命的代价。李白"五岳寻仙不辞远,一生好入名山游",陶渊明"性本爱丘山"、"久在樊笼里,复得返自然",屈原"登昆仑兮四望,心飞扬兮浩荡",杜甫"我生性放诞,雅欲逃自然",王维"空知返旧林",郭熙视山水为"盛世补偿",陶弘景"山中何所有,岭上多白云。只可自怡悦,不堪持赠君"等都是旅游文化能满足旅游者愉悦性,或旅游者在旅游活动中追求愉悦性的最佳写照。

第三节 旅游文化的结构与分类

一、旅游文化的结构

所谓结构,是指事物的构成要素与构成方式。剖析旅游文化的结构,不仅有利于把握旅游文化的内在机制,也有利于把握旅游文化的外部特征。旅游文化的内涵十分丰富,外延也相当宽泛。"既涉及历史、地理、民族宗教、饮食服务、园林建筑、民俗娱乐与自然景观等旅游客体

---

① 郝长海,曹振华.旅游文化学概论.长春:吉林大学出版社,1996:28.

文化领域;也涉及旅游者自身文化素质、兴趣爱好、行为方式、思想信仰等文化主体领域;更涉及旅游业的服务文化、商品文化、管理文化、导游文化、政策法规等旅游介体文化。"[1]此外,还涉及旅游学、旅游心理学、旅游市场营销学、旅游管理学、旅游社会学、旅游文化学、旅游美学等对旅游活动进行研究的综合领域。因此,分析旅游文化的结构是一件较为困难的事情。尽管如此,学者们还是进行了大量可资借鉴和富有指导意义的研究工作,其中具有代表性的观点有窦石(1986)的金字塔结构说、卢云亭(1991)的三体结构说、邓祝仁(1991)的四大要素说、马波(1998)的消费——经营结构说、刘卫英(1998)的三层结构说、谢贵安(1999)的线性结构说、李学江(2004)的综合结构说和邹本涛(2008)的体验—介入结构说等。

如果我们将旅游文化作为一个整体来看,它的结构可分为横向、动态的线性结构和纵向、静态的层面结构。

(一)线性结构

旅游文化的横向线性结构由旅游客源地社会环境、旅游主体、旅游介体、旅游客体和旅游目的地社会环境五个环节的文化因素构成。其中旅游主体起至关重要的作用。旅游主体的兴趣、爱好、对自由的追求、对超越的渴望,必然使其不断地试图跨越时空局限,将更大范围的文化空间及其包围的旅游客体纳入自己征服和观赏的对象之中。正是由于旅游主体的旅游活动,才使这五个原本分散的、互不相干的文化因素结合、串联起来,形成一个完整的旅游系统。旅游客体是旅游主体的旅游对象,包括自然旅游景观和留有文化印记的人文景观,它是吸引旅游主体游览、招徕游客观赏的重要物象,对旅游主体文化人格的形成起积极的促进作用。旅游中介体是联结旅游者和旅游客体之间的媒介,它是旅游主体的自由追求与限制自由的客观条件之间发生矛盾的必然结果。旅游中介体在便利旅游者的旅游活动的同时,又不断地弱化并消磨旅游者的自主意识和征服意识,反过来又制约和限制旅游者的旅游活动。旅游客源的社会环境文化对旅游者的影响是巨大的,旅游主体的价值取向、兴趣爱好、思维观念、行为模式无不在一定程度上促进或限制旅游者的

---

[1] 林永匡.弘扬优秀文化,强化阵地意识.中国旅游报,2000-01-17.

旅游活动。旅游目的地社会环境文化的开放程度、对旅游者的接受和容忍程度,旅游目的地社会环境文化独特的文化氛围和无穷的魅力,也必将对旅游活动形成强烈的影响。由于旅游者的移动是线性的,或者是直线、或者是曲线,旅游文化在横向上就是一个由旅游者旅行游览过程中各个环节连接成的线性结构,并且这个线性动态结构中的各个环节之间亦是一个相互联系、密不可分的综合体,任何一个环节出现问题,都会导致旅游活动不能达到预期的目的,甚至不可能进行下去。

(二)层面结构

旅游文化的纵向静态结构包括物质文化、制度文化、行为文化和心态文化。最外层的物质文化,如建筑、园林、器物、工具、饮食、服饰等,都是有形的,有能被人的感知器官所能感受到的物质形态。旅游文化的中间层次包括制度文化和行为文化两个方面。制度文化是旅游者和旅游经营者处理个人与他人、个体与群体之间关系的产物,包括旅游活动参与者应遵守的法律、规章以及职业道德等约束机制,它是旅游行为的定型化、程序化、道德化,主要由政府、集团、机构等运用强制手段制订和实施。旅游行为文化,则主要是指旅游者和旅游经营者在旅游活动中约定俗成的习惯定式行为,如礼俗、礼仪、民风、民俗、行为举止、服务方式等。它实际上是旅游者或旅游经营者的个体自发性行为,是他们内在的价值观念、审美情趣、思维方式等因素在他们行动中的表现。旅游文化的核心层是精神文化,它是旅游活动参与者的文化心态及其在观念形态上的表现,包括社会心理和社会意识形态,由价值观念、审美追求、道德情感、思维方式等主体因素构成。这四者之间的关系是由客体到主体紧密相连、不可或缺的关系。物质文化是旅游文化的外在显现或外在的物化,能够直接为人所感知,也因其有形故易于模仿和创造,但要真正具有魅力,必须在物态化的背后体现出创造者的一种精神、观念和追求。精神文化是旅游文化的核心,必须有意识地外化于物态,才能为人所感知,为人所了解,从而使自己的观念、追求、情趣、情感等能引起他人的共鸣。因此,物质文化和精神文化互为表里地对立、统一于整个旅游活动中。而制度文化和行为文化则是由物态到心态的中间性过渡环节,具有承上启下和不可替代的作用。制度文化是保证服务质量,提高旅游层次,促进旅游业健康发展的必不可少的因素,具有保证方向和指南的意义。而行为文化对于提高旅游业的经营管理水平、保证服务质量、增强竞争力等方面同样是不可或缺的。旅游服务人员标准、优雅的服务，能使旅游者感到旅游的莫大快乐；旅游者良好的行为举止，既是人类文明的象征，也能减少与接待地居民间的无谓冲突。

旅游文化的横向线性结构和纵向层面结构互为一体，纵横交错，密不可分，不能人为地割裂它们之间的联系，孤立地抽出某个部分加以分析。从线性结构看，旅游客源地社会环境、旅游主体、旅游中介体、旅游客体、旅游目的地社会环境五个环节中，每个环节的文化要素几乎都可分为物质文化、制度文化、行为文化、精神文化等不同的层面；而旅游文化的纵向层面结构又都是旅游文化线性结构中不可缺少的连接点。因此，我们从旅游文化整体的高度几乎很难对其进行科学的分类，只能从一定的角度和视野，找准一个切入点，对旅游文化的结构和内涵进行分析探测。正确而深刻地理解和把握旅游文化的结构，对于深入认识旅游文化的内涵，把握其规律性，加强旅游文化建设，都具有重要的理论和现实意义，它将使旅游文化建设更具有针对性、目的性和实际操作性。

二、旅游文化的分类

所谓分类，就是按照一定的标准，如性质、特点、内容、结构、功能等，将事物划分为不同的门类或类别。一般而言，分类基本上有两种方法。其一是外部分类法，它是依据事物的外部特征所进行的一种人为的分类，如将各种商品分门别类，陈列在不同的柜台里以便于出售；其二是本质分类法，它是根据事物的本质特征进行分类，如生活在海洋中的鲸鱼，虽然体形像鱼，但根据其胎生、哺乳，身上没有鳞片、不用鳃而用肺呼吸等特征将鲸鱼划为哺乳类而非鱼类，就是一种本质的分类。对事物进行科学规范的分类，是对事物形成科学理解和认知的必要条件之一。按照不同的标准将旅游文化划分为不同种类，不但可以将内容复杂、形式多样的旅游文化条理化、系统化，更可以为人们认识和把握旅游文化的本质与内涵及其运动规律的理解提供理论指导。

（一）按物质形态分类

按照物质形态划分，旅游文化可以分为旅游物质文化和旅游精神文化两类。

旅游物质文化,主要指能够为人的感知器官所感知的处于物质形态或行为方式的旅游文化,如体现在旅游资源、旅游产品、旅游景区、旅游服务、旅游设施、旅游管理,以及旅游建筑、旅游民俗、旅游节庆、旅游饮食中各种有形的文化形态和文化载体,它是旅游文化精神内涵的外显形态。

旅游精神文化,主要指不能为人的感知器官所感知而需通过概念、判断和推理等认知的旅游文化,如旅游体验或旅游经营管理与服务中的理念、意识、需要、动机、兴趣、爱好、情感、意志等,它是旅游文化的核心,在一定程度上制约和决定着旅游物质文化的内容与形式。

(二)按旅游要素分类

按照旅游的构成要素划分,旅游文化可以分为旅游主体文化、旅游客体文化和旅游介体文化。

旅游主体文化,是指影响旅游者进行旅游决策的文化因素及旅游者本人在旅游过程中表现出来的各种文化现象。前者包括旅游者的旅游需要、旅游动机、兴趣爱好、情感意志、文化素养、道德情操等;后者包括旅游者的旅游审美、旅游消费、旅游认知、旅游情感、旅游交往等方面的心理、行为及其结果。

旅游客体文化,主要指体现在旅游资源、旅游景观、旅游产品,以及历史遗迹、园林建筑、民俗节庆、饮食娱乐、旅游纪念品等客体层面的文化形态。旅游客体文化是物质外显和精神内涵的统一,是吸引和招徕旅游者的重要因素。

旅游中介文化,是指体现在各种旅游中介体中的文化形态,如旅游企业管理、旅游服务、饭店服务、景区服务、导游服务、旅游购物、旅游交通、旅游宣传中的文化理念及文化行为等。旅游中介文化在一定程度上体现出旅游管理与服务的质量和水平,对提高旅游者旅游体验的质量具有决定性的作用和影响。

(三)按文化层面分类

一般而言,按照构成层面划分,文化可以分为物质文化、行为文化、制度文化和精神文化四类。同理,按照文化层面划分,亦可将旅游文化分为旅游物质文化、旅游行为文化、旅游制度文化和旅游精神文化。

旅游行为文化,则主要是指旅游者和旅游经营者在旅游活动中约定俗成的习惯定式行为,如礼俗、礼仪、民风、民俗、行为举止、服务方式等,它是旅游者或旅游经营者内在的价值观念、审美情趣、思维方式等因素在他们行动中的表现。

旅游制度文化是旅游者和旅游经营者处理个人与他人、个体与群体之间关系的产物,包括旅游活动参与者应遵守的法律、规章,以及职业道德等约束机制,它是旅游行为的定型化、程序化、道德化,主要由政府、企业等运用强制手段制订和实施或由社会舆论来引导。

旅游物质文化和旅游精神文化前已阐述,在此不赘言。

(四)按发展历程分类

按照发展历程划分,旅游文化可以分为古代旅游文化、近代旅游文化和现代旅游文化三类。

古代旅游文化多指原始社会末期至18世纪中叶之间的旅游文化。中国古代旅游文化在先秦秦汉时期以修身养性、以人为本、稳健内敛为主流;魏晋南北朝隋唐时期在旅游观念、旅游体验、旅游服务、旅游景观设计等方面有了长足的进步,总体水平领先于世界;明清时期旅游行为方式雅俗竞胜,旅游心理取向内外并行,传统旅游进入全面反思阶段,旅游服务文化丰富多彩,古典景观设计进入集成时代,标志着中国古代旅游文化达到了最后的辉煌。

近代旅游多指18世纪中叶至20世纪40年代末之间的旅游文化。中国近代旅游文化的显著特点是受鸦片战争及一系列对外战争失败的影响,掀起了域外探险新奇和国内研究国情的旅游高潮,同时在交通服务、饭店服务、旅行社服务、景区开发及旅游宣传方面均取得了较大的成就。

现代旅游文化指20世纪50年代初至今的旅游文化。中国现代旅游文化的总特点是经过50~70年代因受政治影响而停滞不前的阶段后,于70年代末走向快速发展的辉煌阶段。无论是旅游体验的内容与形式,还是旅游景区景点建设,抑或是旅游产品开发、旅游服务供给、市场营销等方面均实现了快速而多样化的发展,为中国旅游业的发展奠定了坚实基础。

(五)按创新程度分类

按照创新程度划分,旅游文化可分为原生性旅游文化和非原生性旅游文化。

原生性旅游文化,是旅游自身所创造的文化,它是旅游者、旅游业者在旅游活动和旅游经营活动中所创造的,如旅游主体在旅游体验中的旅游审美、旅游情感、旅游认知、旅游情感心理和行为,以及旅游服务文化、旅游企业文化中高度创新的部分。原生性旅游文化的特点,即它是伴随旅游活动的产生而产生的一种全新的文化,在旅游活动产生之前是不存在的,并随着旅游活动的发展而不断发展。

非原生性旅游文化,是旅游业者根据旅游需要对一般民族文化或观念文化进行开发后转化为旅游文化的,如旅游主体的日常文化心理、兴趣爱好、情感及旅游资源开发、旅游产品与旅游景观设计中的文化因素的发掘等。非原生性旅游文化的特点,即它是先于旅游活动而产生的一种独立存在的文化形态,后因旅游活动或旅游经营活动的需要而被利用或整合到旅游活动中来,从而成为旅游文化不可分割的部分。需要注意的是,根据矛盾的主要方面决定事物本质属性的原理,一旦非原生性旅游文化的创新部分大于对现有文化的应用部分时,可将非原生性旅游文化视为原生性旅游文化。

此外,旅游文化还可以按照国别、地域、功能、形式等不同的分类标准划分为不同的类型,在此亦不赘言。

第四节 旅游文化的地位与功能

一、旅游文化的地位

所谓地位,即人或物所占的地方或位置。地位决定着人或物的功能的发挥程度和作用的大小。认识和理解旅游文化在旅游活动、旅游业发展和文化繁荣中的地位,有利于对旅游文化的功能和作用形成科学的认知,进而充分发挥旅游文化的积极作用,以促进旅游和旅游业的持续健康发展。

(一)旅游文化在旅游活动中的地位

这主要表现在两个方面,其一,旅游文化是旅游活动的核心;其二,旅游文化在化解旅游矛盾的过程中具有重要作用。

首先,旅游文化在旅游活动中处于核心地位。旅游者是旅游活动的核心要素,既是消费者,也是创造者。在旅游者的旅游活动中,无论是消费旅游服务文化,还是创造旅游体验文化,都是现代旅游活动的核心内容。从旅游活动的属性看,虽然旅游活动既有经济性,也有文化性,但经济性所表现的购买行为只是手段,而不是目的,只有旅游者在活动中的消遣、娱乐、审美、求知,才是旅游者真正的终极需求。因此,文化性是旅游活动的第一属性。

其次,旅游文化在化解旅游矛盾过程中具有重要作用。旅游文化本身是一个综合体,它置身于复杂的环境中,内外矛盾十分突出。旅游矛盾既是推动旅游发展的动力,也是破坏旅游和谐的原因。旅游文化强调不同文化的交融,在一定程度上增进了人们的相互理解和认同,减缓了人与人、人与环境的摩擦;旅游规范文化要求人们遵纪守法,恪守道德,在一定程度上约束了人们的肆意妄为,遏制了矛盾的发生。因此,旅游文化是旅游矛盾的调节器。

(二)旅游文化在旅游业中的地位

旅游文化在旅游业中占有极为重要的地位,主要表现为它是旅游业的灵魂,也是旅游业发展的动力源泉。

首先,旅游文化是旅游业的灵魂。众所周知,旅游活动的本质属性是文化性,这种文化属性集中体现在旅游体验文化上,体验在旅游者在旅游活动中的旅游审美、旅游认知、旅游情感、旅游交往等文化动机和需求上,进而直接决定旅游企业的发展方向。无论是旅游资源的开发,还是旅行社、旅游饭店的经营管理,不了解旅游者的文化需求特征,不寻求与旅游者之间的沟通,必然迷失方向,找不准旅游市场。因此,开发出满足旅游者旅游体验要求的高质、特色产品,始终是旅游业不懈的追求和努力的目标。

其次,旅游文化是旅游业发展的动力源泉。企业所经营的目标是获得利润最大化,但经济效益、社会效益和生态效益是相互关联与相互制约的。旅游文化总的来说是追求先进文化的发展方向,它会兼顾社会和生态环境效益,从而使经济发展有一个良好的环境;旅游文化的价值与价值取向推动旅游业追求经济、社会和生态环境的综合效益,使之朝着健康的方向发展。因此,旅游业发展中的文化创意、文化经营、文化包装、文化宣传等,是旅游业在发展中打破各种瓶颈限制和政策约束,实现快速、持续、健康发展的智力支撑与动力源泉。

(三)旅游文化在文化中的地位

这表现为,旅游文化是文化的重要分支和组成部分,且是文化发展的推动力。

首先,旅游文化是文化的重要分支。旅游文化是一种隶属于社会总体文化的分支文化,是社会总体文化的一个组成部分。旅游文化,既具有与社会总体文化一样的地域性、民族性、时代性、传承性、多样性等共性特征,也具有其独有的流动性、开放性、多质性、情感性、适应性、易变性等个性特征。作为一种分支文化,旅游文化的发展依赖于社会总体文化,在方向上与社会总体文化一致,并受社会总体文化发展的环境和规律制约、牵引;作为依托旅游活动而产生的特殊文化类型,旅游文化又相对独立于社会总体文化,有其自身特有的观念、行为规范和发展规律。旅游文化的发展使社会整体文化得到丰富,且使其绚丽多彩、气象万千。

其次,旅游文化是文化发展的推动力。旅游文化具有发展社会总体文化的功能:促进文化交流、加速文化融合、保持文化传承、推进文化转型。旅游文化不但是社会总体文化发展的动力,也是社会其他分支文化发展的动力。以文学与旅游文化的关系为例,丰富多彩的旅游生活激发文学创作活动的活力。在中国文学中,旅游文化占有极重要的地位。从谢灵运、谢朓、王维、孟浩然的旅游诗到柳宗元的《永州八记》,再到袁宏道、袁中道的山水文学都极大地丰富了中国文学的内容。

二、旅游文化的功能

(一)浸染自然

自然先于人类而存在,在旅游活动中,旅游者将人的审美观念、精神理念、理想追求不断地外化、投射于自然界,于是原本的自然存在由于和旅游主体发生紧密联系而成为旅游客体,成为人们欣赏、玩味的旅游对象,使整个自然界都受到人类文化的影响。随着旅游活动的发展,旅游文化的氛围不断地扩散、弥漫于自然界。这样,自然界再也不是纯然意义上的自然,而成为"人化的自然"。旅游文化对自然的浸染主要表现

在下列两个方面:

第一,旅游主体对自然的移情。人类和自然的关系,是从人类对自然的迷茫、恐惧、屈服开始的。由于人类对自然界无知,他们无法理解自然界的山、水、动植物以及风、电、雷、雨等自然现象,对它们充满恐惧,于是人类开始将这些自然现象人格化,认为自然界也和人类一样有血、有肉、有灵魂,并有超人的力量,时刻左右着人类,决定着人类的吉凶祸福。人类开始向自己造就的自然之神屈服谄媚,顶礼膜拜,祈求趋利避害。于是乎各种关于自然人化的神话传说便应运而生。"古代许多关于天地形成的神话,一个共同的模式是:把天地想象成一个巨人,日月是其眼睛,崇山峻岭是其躯干,江河湖泊是其血脉,天下雨是巨人在哭泣,等等。这是从宏观的角度看的。从微观的方面看,初民们在狩猎、捕鱼、农耕生活中发现许多自然物酷似人形,于是赋予这些石人或其他类似人形的自然物以人的色彩,将多情的人生色彩涂抹在那些无情的石人身上,从而创造许多动人的传说"①。久而久之,人类依照自己想象和自然形象而编造出来的充满文化氛围的神话传说便紧紧地附着在自然之上,成为与自然不可分割的部分,以至于今天有的旅游者竟然是先通过神话传说而后才认识自然的,或者是没有记住自然的特征,却记住了相关的神话传说。随着社会的发展和人类旅游活动的继续,人类已不再对自然充满更多的恐惧,于是人类干脆把自己的情感、理想外化,移情于自然界,将自然界视为各种理想人格的化身,视为某种精神的寄托,形成所谓的"山水比德"思想。"仁者乐山、智者乐水"正是这种观念的反映。这样,由于人类被动地或主动地向自然界的移情作用,使自然界最终成为旅游者的旅游对象,成为"人化的自然"。

第二,旅游主体对自然的改造。留于自然界之上的人类的遗迹、遗踪使自然界被深深打上了人类文化的印记。千百年来,人类为求得生存和发展不断地向自然界发起挑战,在探索、征服和改造自然的过程中留下了大量的遗踪、遗迹,这是"人化自然"的结果,亦是人类文化浸染自然的标志。无论是帝王、诸侯的封禅、巡狩,官人、士子的宦游、探察,还是僧人的苦心经营,道士的艰辛劳作,或是文人士大夫歌颂吟咏、民俗观

---

① 喻学才.中国旅游文化传统.南京:东南大学出版社,1995:133.

念的推波助澜;无论是帝王的刻石、文人士大夫的题跋,还是佛家的寺院,道家的宫观,都是人类文化留给自然的痕迹。因此,无数的自然景观,本身并不特异,只是因为有了人类精神的陶铸而声名大振、增色生辉。这些人类的遗迹、遗踪同自然界一起成为人类旅游的对象,强烈地吸引着旅游者。反过来,旅游主体所承载的文化,即旅游文化,又无时无刻不在浸染、雕塑着已经人化的自然,旅游者不断地用自己的审美眼光审视、解读已成为旅游对象的自然界。而现代旅游经营者,为了满足当代旅游者旅游和审美的需要,又不断地开发、美化着自然旅游资源,更加快了旅游文化对自然旅游资源的人文化速度,使我们现在很难找到未被人类文化浸染的那一片自然净土。随着时代的进步,旅游越是向前发展,旅游文化对自然界的浸染也就越深。

(二) 完善社会

社会完善,意味着从简单走向复杂、从封闭走向开放、从分散走向统一。社会完善具体表现在经济发展、制度健全、意识形态进步等方面。旅游文化在浸染自然的同时,也不断地完善着人类社会本身。从某种程度上说,现代社会的完善同旅游文化的功能有相当程度的密切联系。这突出地表现在旅游活动的开展促进了社会经济的发展,特别是促进了经济贫富差距较大的地区经济的发展趋于平衡。古代商贩的旅游促进了货物在全国的流通,以丰补歉,以供就需,维持了社会的生存和发展。现代旅游者在地理空间上的分异特征就是从经济发达地区流向经济落后或不发达地区;从富裕国家流向贫穷国家;从城市流向乡村。这样,由于旅游活动的展开,地区之间的经济发展便会趋于平衡,促进社会经济的协调发展。这也是我们所提倡的扶贫开发的依据所在。此外,旅游对于促进社会各行业、各部门经济的发展;对于为社会提供更多的劳动和就业机会,减轻社会压力;对于优化产业结构,平衡社会分工等方面都起到其他行业所不曾起到的作用。由于旅游活动的展开,在社会中引起了巨大的反响,出现了各种各样的矛盾和问题,各国政府便纷纷制定政策规划、引导、扶持旅游业的发展,积极发掘旅游活动中的积极因素,消除各种不利因素,以促进旅游和旅游业的健康发展。由此而来,旅游文化的制度层面得到了迅速的发展,使整个社会的发展进入到良性循环的状态,推动着社会的进步。同时,旅游活动的展开,促进社会意识形态发生了变化。在旅游中,通过不同地区、不同国别的文化的交流、比较,人们变得较为开放、达观、公正、理智、文明、自信,从而更加热爱生命和生活,更加热爱自己生存的社会和生于斯、长于斯的国土,许多人愿意为社会作贡献,社会风气为之一新。当然,我们不是说,旅游文化只给社会的发展带来益处,而无害处,旅游对某些经济不发达地区的影响有时是巨大的,甚至是灾难性的,但只要我们对旅游文化对社会负面影响有清醒的认识,并采取有力的措施,预防和消除不利因素,旅游文化不失为完善社会,推动社会进步的一大动力。

（三）塑造人格

旅游主体完善人格的形成,即真、善、美情操的确立。旅游文化在塑造旅游主体人格上的功能是相当巨大的。首先,旅游文化使旅游者形成追求真理的科学精神。"读万卷书,行万里路",在旅游中踏着祖先的足迹,读天地之书,品味中华五千年文化的灿烂与辉煌,丰富旅游者的直接经验,开阔旅游主体的眼界,使其在对各种社会和文化的比较中获得对世界真相的可靠认识,提高主体的认识能力,并培养起追求真理的科学品质,形成完美的人格。著名美学家王朝闻先生在《意料之外》中说"旅游对象是我乐于阅读的一部内容广阔的活书,它能够意外地丰富我,也就是我在被动中求主动地创造自我",真切地道出了旅游文化充实旅游主体,给人以思想启迪、精神鼓舞、艺术熏陶的功能。其次,旅游文化陶冶了旅游者的情操,使旅游者形成高尚的道德品质。旅游主体在旅游活动中通过与不同国别、地域异质文化的交流与交融,将会形成对本民族、本地区文化的清醒而理智的认识,养成"善"心。当吴越清风、秦陇劲气、燕赵豪情吞吐于胸,民间的质朴亲情、古迹的历史幽思、都市的浪漫风采融会于心的时候,旅游者便会逐渐摆脱其狭隘、保守、残忍和愚昧,变得更加开朗、开放、善良和文明,道德品质得到提高,精神境界得到升华。最后,旅游文化培育旅游者的审美意识,提高旅游者的审美鉴赏力。旅游是一种高雅文明的精神审美活动,旅游者在旅游的过程中,或者在美感陶醉中获得精神愉悦,或者在广闻博见中得到充实自我的精神满足,或者在移情、寄情中产生情感释放,其审美层次的每一次提高,都是人类文化人格的进一步完善。爱美之心,人皆有之;山水之美,古今共谈。大自然以它的形象、色彩、声乐,以它的节奏、和谐、完整,以它的活力、风采、性格等多姿多彩的美,给人以符合生理快感、符合心理需要的美的享受。由感官美到心里激动,引发了旅游主体畅神和骋怀的审美愉悦。旅游过程中知识、智慧、思想的每一步积累,都会使旅游者油然而生一种精神满足的胜利感和自豪感,人类的审美层次获得提升。旅游过程中旅游者或情化为景,或景融于情,情景交融,意境合一,在景物中发现自我,发现与人的精神相切合的意蕴与品格,使人的精神、性格、品质等在最有美质的自然物中"对象化"。如,我们常以黄河比喻母亲;以高山比喻坚强、崇高;以江河水流比喻时光易逝;以兰竹比喻品德高洁,以松柏比喻坚强不屈。这样,"美"便感染到旅游者的心灵深处,使人得到一种发现美、创造美的高级精神满足感。由此可见,旅游文化在提高旅游者审美能力方面的作用可谓大矣。

(四)优化服务

旅游中介体是旅游活动不可缺少的重要组成部分。旅游中介体最根本的宗旨就是为旅游主体的旅游提供最优质的服务,方便旅游者,满足旅游者的需要。无论是在旅游饭店业,还是在旅行社业,或在其他旅游中介体中,旅游文化在强化旅游经营者的服务意识,提高服务质量方面均具有重要的作用。在旅游企业竞争激烈的今天,削价竞争是最低层次的竞争,质量竞争、成本竞争、特色竞争、主体竞争才是更高层次和最有效的竞争,而最根本的,也是最高层次的竞争则是旅游企业的文化竞争。旅游文化在旅游中介中具有教育的功能,它可以提高员工的素质,提升员工的文化层次,强化服务意识,潜移默化地改变人的特点,培养出更多的优秀管理人才和优秀的从业人员。旅游文化能统一员工的价值取向,强化优质服务的理念,形成和衷共济的凝聚力,使旅游中介体产生出优秀的企业精神、良好的企业形象、温馨的人际关系,融洽的工作环境,最终提供高质量的优质服务。

(五)促进交流

旅游是促进国际间交流与合作的重要途径。1980 年世界旅游组织在菲律宾马尼拉通过的《马尼拉宣言》中指出:"旅游在国际关系和寻求和平方面,在促进各国人民之间的相互认识和了解中,是一个积极因素。"旅游作为各国人民之间友好往来的一种特殊的、主要的方式,起到了官方外交所起不到的作用。一个国家和民族的旅游主体在追求自由本性的驱使下,不断地向外出走和超越,其结果,便是实现了国际文化空间的跨越,推动本国和本民族加入世界文化交流与合作的大循环之中。各国旅游者通过旅游这种特殊的方式进行接触,相互交流思想感情,了解各国的文化传统和各民族的民情风俗,增进情感和信任,消除众多由于长期隔绝造成的偏见和误解,加强友好往来与合作。这样,通过旅游主体的传播,旅游文化便增强了不同社会和国际间文化的沟通,加快了世界文化一体化的进程,促进了世界文明和社会的发展与进步。

思考与练习

1. 你如何认识和理解旅游活动的文化本质?
2. 关于旅游文化的概念有哪些观点?你如何评价?
3. 旅游文化有哪些特征?
4. 你如何认识和理解旅游文化的结构?
5. 你认为应如何对旅游文化进行分类?
6. 旅游文化的地位可以从哪些方面理解?
7. 如何认识和理解旅游文化的功能?

第二章 旅游审美文化

引言

依云是旅游管理专业大学三年级的学生,还是一名兼职导游员,并且已有两年的独立带团经历。当她在课堂上听老师讲旅游审美文化时说:"人和自然界之间具有三种关系,即自然界有丰富的资源供人类使用,它与人构成功利关系;自然界作为客观存在是人们研究的对象,它与人构成认识与被认识的关系;自然界的壮美景色可供人们观赏,引起人们的美感,它与人构成审美关系。审美关系,是指人类以一种情感观照的方式来欣赏和体验现实的美,反过来,又按照美的规律来创造美的关系。旅游活动本身就是一项审美活动,在旅游活动中到处会遇到美的现象和美的事物,然而令人遗憾的是,很多旅游者因缺少发现美的眼睛而失去了欣赏和体验美景的机会。"对此,依云深有同感。

记得那次带旅游团去黄山时,一位一天几次上下黄山的地质工程师曾对她说,"这黄山没有什么好看的,全是花岗岩石头,没有任何天然矿物露头",面对工程师的善意,在众多游客面前她只好尴尬地笑笑。后来又听导游员同行们戏言"人说黄山真好看,我来黄山好遗憾"。

看来,在旅游过程中面对大千世界的万种风情和美妙奇观,人们不但要有善于发现美的眼睛,还要有相应的美学知识和素养。只有这样,才能懂得欣赏和体验美,并了解和掌握审美背后的文化蕴涵,而不会对优美的景观熟视无睹,或毫无知觉。

本章学习目标

● 认识和理解旅游活动的审美本质。

- 理解和掌握旅游审美的特征。
- 认识和理解旅游审美的心理要素。
- 理解和掌握旅游审美的感受层次。
- 理解和掌握旅游审美活动的文化因素。

第一节 旅游活动的审美本质与特征

一、旅游活动的审美本质

旅游是一项综合性的审美实践活动。"它集自然美、艺术美、社会美或生活美之大成,熔文物、古迹、建筑、绘画、雕塑、书法、篆刻、音乐、舞蹈、园林、庙宇、服饰、烹饪、民情、风尚……为一炉,涉及阴柔、阳刚、秀美、崇高、绮丽、疏野、沉郁、飘逸、繁缛、明快、悲壮、轻松等一切审美形态,有益于满足人们从生理到精神等不同层次的各种审美欲求。"[1]因此,美学家叶朗说:"旅游,从本质上说,就是一种审美活动。离开了审美,还谈什么旅游? ……旅游活动就是审美活动。"[2]旅游主体在旅游活动中除了物质满足的需要外,还有一种精神自由的需要,其中最主要的是对美的追求。这种对美的追求主要表现在对自然景观美的欣赏和对人文景观美的欣赏上,我们称为旅游审美。旅游审美是旅游文化中旅游体验文化的重要组成部分。人类对自然美和人文美的追求与欣赏是旅游文化形成的两个重要因素。

心理学原理认为,人的情感活动的发生和发展是环境影响与认知过程彼此作用的结果。"当特定的具有审美价值的外在环境刺激物通过人的感官进入大脑,就会为在长期的实践中所形成的认知比较器所辨析推导。这种被称作'无意识推理'的心理过程运动极其神速,以至于意识领域都难以觉察,但如此包含合理因素的认知确实地发生在人的胸臆。它不知不觉地以表面上的不假思索方式引导着情感的萌发。"[3]旅

---

[1] 王柯平. 旅游美学新编. 北京:旅游教育出版社,2000:6.
[2] 叶朗. 旅游离不开美学. 中国旅游报,1988-01-28.
[3] 庄志民. 论旅游的和谐之美. 安庆师院学报(社会科学版),1997(3):15.

游审美形成的基本过程是,自然景观和人文景观不断地给人以美的刺激,使人类产生了审美意识,而这种审美的不断积累和沉淀,又不断地促使人以审美的眼光看待、欣赏这些自然景观和人文景观,在人类的头脑中形成一种关于美的"集体无意识",最终促成了旅游审美文化的形成。

自然景观在旅游审美的形成中起重要作用。自然景观一般由山水草木、风花雪月、云霞鸟兽等自然地理要素和天象、天气要素构成。自然景观之所以打动人,主要在于它的形式美。形式美,是指构成事物外形的物质材料的自然属性,以及它们的组合规律所显示出来的审美特性。构成事物外形的物质材料的自然属性简称为自然美形式因素,指形状、声音、色彩等;形式美的组合规律有整齐一律、对称、均衡、比例匀称、节奏、韵律、调和、对比、和谐等。形状、声音、色彩及其组合规律都具有相对独立的审美价值。形式美,普遍存在于自然物、社会物、艺术作品中,是自然美、社会美、艺术美的组成部分。形式美,具有自然性、客观物质性,又有社会性、主体性;有时代性、民族性、差异性,又有跨越时空的全人类性和共同性。形式美是实物美被人感知的前提。一般来说,人的感官只有首先直接感知形式美,并唤起审美快感和愉悦感时,才能激起人去探讨事物的内容美,从而全面把握事物的美。

自然景观的形式美主要表现在形象美、色彩美、动态美、静态美、声音美等方面,它能使人的感官感到舒服,惬意,进而由感动到心动,满足人的精神需求。"山川之美,古今共谈。高峰入云,清流见底,两岸石壁,五色交辉,青林翠竹,四时具备,晚雾将歇,猿鸟乱鸣,夕阳欲颓,沉鳞竞跃,实是欲界之仙都。"[1]那高耸入云的山峰、那清澈见底的溪流、那色彩斑斓,在阳光下熠熠生辉的两岸石壁、那四时具备的青林翠竹、那将散未散的晚雾、那鸣叫的猿鸟、那欲颓的夕阳、那竞相上跃的鱼儿,分明是一幅幅美妙动人的画卷,每幅画面,无不给人一种赏心悦目的欢快和宁静安逸的怡然。大自然"除了供给人类衣食之需之外,亦满足了一种高贵的要求——那就是满足了人类的爱美之心"[2]。大自然是人类生活的场所,是人的安身立命之处,又是审美的对象。在人和自然的交流中,自然景观的美不断地刺激和强化着人的审美感官,使人产生了审美意识。

---

[1] 陶弘景.答谢中书书.全上古三代秦汉三国六朝文·全梁文.
[2] 王柯平.旅游美学新编.北京:旅游教育出版社,2000:3.

而这种审美意识在历史长河中经过不断的积累和沉淀,最终成为人类审美文化或精神文化的重要组成部分。

除了对自然景观的欣赏、玩味之外,对人文景观的文化内涵的思考和把握,也是旅游主体在旅游中的一大追求。因此,人文景观对人类审美文化的形成同样起巨大的作用。对人文景观的欣赏使人在审美中得到更多的满足和享受,精神得到升华。由于人所生活的时空有限,但人的精神是自由的,人人都有了解历史、了解他人、了解世界的精神需要,有体验不同文化和生活的愿望。因此,随着社会的发展和人的文化层次的提高,人文景观在旅游中的地位已越来越重要。所有这一切必将充实和丰富旅游者的审美文化的内容,并提高旅游者的审美欣赏能力。

二、旅游活动的审美特征

旅游审美活动简称旅游审美,具有显著的特征,主要表现在以下几个方面:

(一)审美追求的精神性

旅游主体在旅游活动中起主导作用,是旅游审美活动中最活跃的因素。旅游主体是旅游审美活动的发出者和承担者,其具有一定的审美欲望和审美能力,其在旅游过程中凭着自己的主观愿望对旅游审美客体或旅游中介中的"美"进行观赏、品味、领悟,从而使旅游审美活动呈现出强烈的主观性,旅游者追求的是一种精神性享受。"在具体的旅游审美活动中,旅游者作为主体追求的是精神享受而非物质享受,是旅游产品的精神价值而非实用价值;在旅游审美过程中,旅游者运用的本质力量主要是精神感觉力量而非实践感觉力量;在旅游审美活动中旅游者的活动主要表现为精神活动而非生理性的本能活动或实践性物质活动。"[1]

(二)审美活动的技巧性

旅游审美活动是一种综合性的对旅游客体和旅游对象的观赏活动。能否获得最佳观赏效果,关键在于观赏方法、技巧的掌握程度。这种技巧直接影响旅游审美主体的审美能力,即审美感觉力、审美想象力、审美理解力的强弱,并对旅游过程中审美精神享受的获得起巨大的制约作

---

[1] 马波.现代旅游文化学.青岛:青岛出版社,2001:102-103.

用。而审美能力的提高有赖于对主体审美结构的理解、对知识的积累和不断的实践,并因此掌握旅游审美的方法和窍门。旅游审美的技巧性具体表现在观赏的方法、时间、距离、角度等方面。技巧的形成需要在旅游审美实践中进行不断地积累,细心体验和仔细地玩味。比如方法,无论是动态的观赏,还是静态的观赏,或是动静结合的方法;不论是联想、还是移情或是理解,都需要领会其内涵并细心品味,才能从中有所领悟,运用自如。再如距离,空间距离太远,我们看不到景物,太近又会只见局部,不见整体,必须在二者之间找到最佳的平衡点。但我们只注意考虑空间距离而不考虑心理距离也是不行的,在一定情况下,心理距离是非常重要的,如果我们不切断自身与客体之间的利害关系,抛开实用的目的与需要,除去个人的私心杂念,把事物摆在适当的"距离"之外,用一种客观和超然的审美心态对审美对象进行欣赏,我们几乎根本看不到美。因此,旅游审美呈现出一定的技巧性。不懂得旅游审美的方法和技巧,就不懂得审美。

(三)审美对象的趣味性

旅游审美的趣味泛指人们的审美理想、审美情趣,包括审美时尚、兴趣以及对艺术的认识、理解、要求等。在旅游欣赏中,"趣"是审美对象,即景观、景点能带给旅游者以美感的一种审美属性,当这种"趣"同旅游者的审美情趣相契合时,旅游者便会产生美感,而觉得有趣味。旅游审美活动是旅游主体见之于旅游客体的活动,要求其必须时刻处在一定的情感中,不断地寻求并发现旅游活动中的各种有"趣"的现象,从中获得快感。否则,就不能进入审美状态。古往今来,大凡卓有成就的人物,无不酷爱旅游,正所谓"读万卷书,不如行万里路",李白25岁辞亲远游,足迹遍布名山大川。杜甫开元后期举进士不第,即漫游神州大地。他们把旅游视为一种历练、一种有"趣"的活动,通过旅游能让人开阔胸襟,文明精神,陶冶情操,增长知识和人生阅历。换言之,旅游活动的开展本身就具有趣味性,人们选择旅游的目的在于"求新、求奇、求特",而这三者又无不与趣味性有密切的联系。因此,旅游审美活动表现出趣味性。

(四)审美感受的立体性

旅游审美活动是一种身临其境的审美欣赏活动,它要求旅游者必须亲赴景观现场,进行多方面、全方位的观察和欣赏。在这种全身心投入的审美活动中,旅游者在自由自在的物我交流中,能够全方位地、直接地摄取审美信息,得到一种全然陶醉的"高峰体验"。这同在书本上通过阅读文字进行的山水欣赏有很大区别。在山水文学审美中,旅游主体并未进入完全自由的心灵状态,在审美感受上受传媒的制约,难以进入超然的境界,只能得到一般体验或称之为"次陶醉"。对此,马波先生在其《现代旅游文化学》一书中比较如下:

表2-1 旅游审美与山水文学审美的差异

场A:读游记《我心中的凌云大佛》	场B:亲游凌云大佛
获文字符号意象	获直观生动的形象
间接的审美过程	直接的审美过程
部分感官介入	全身心投入
在想象中回忆	在参与中体悟
大脑成为映象作者审美经验的"屏幕"	自由独立的主体审美经验
在审美评价上相对被动	在审美评价上相对主动

(五)审美客体的可观赏性

在旅游审美活动中,旅游客体之所以引起旅游主体的注意,首先在于它们本身是美的,是值得旅游主体观赏的,能够满足旅游主体感官、心理和精神的需要。旅游客体的观赏性表现在美的形态、美的色彩、美的声音、美的结构、美的动态、美的静态、美的嗅味等多种美的形式上;此外,还体现在自然美、社会美、艺术美、技术美等不同的类别上。旅游客体的美几乎涉及自然和人类生活的方方面面,它们能够引起旅游主体的美感。

(六)审美功能的陶冶性

旅游是一种休闲活动,也是一种寓教于乐的美育活动。在旅游审美过程中,旅游审美主体通过对旅游审美客体某些特征和规律的观察、品味、领悟,从自然性联想到社会性,从客体联想到主体,从有限联想到无限,从中得到启迪,获得审美愉悦。陆游赞梅"无意苦争春,一任群芳妒。零落成泥碾作尘,只有香如故",领悟如何做人;毛泽东赞梅"俏也不争春,只把春来报。待到山花烂漫时,她在丛中笑",领悟人对社会的贡献;刘海粟赞梅"不是一番彻骨寒,那得梅花扑鼻香",领悟人生真谛;唐云赞梅"留得芬芳启后人",领悟为人的品质。[①] 总之,在旅游审美活动中,旅游者在获得美的享受的同时,心灵得到净化,情操得到陶冶,在对人生、宇宙、时间、空间思考的同时,提高了审美鉴赏力,实现了精神的超越与升华。

第二节 旅游审美的心理要素

在旅游者审美欣赏的过程中,由于他们审美心理的构成要素有别,欣赏的层次和效果也不同。在我们研究旅游审美文化的过程中,只有分析旅游者审美心理的各个构成成分在旅游审美中的不同作用和运行机制,我们才能深刻地理解旅游审美的内在规律性,提高审美欣赏的效果。一般来说,旅游审美心理的构成要素包括感知因素、想象因素、理解因素、情绪因素、情感因素。不同的因素在审美中的作用是有区别的。

一、感知因素

感知,泛指审美对象刺激人的感官而引起的各种感觉和与之俱来的知觉综合活动。人的各种感官活动所产生的感觉如视觉、听觉、嗅觉、味觉、触觉,以及运动觉、肌体觉、平衡觉等都能引起人机体的快感,并通过知觉、思维等感性和理性认识过程形成美的因素。感知因素是导向审美的出发点,在审美活动中,感知因素通常起一种先导作用。人的审美过程的规律是:客观世界——人的感觉(经过一系列其他中间环节)——美感。因此,对于审美活动而言,人的审美感官是沟通客观的美与主观美感的过渡性窗口,感觉是不可逾越的审美门户。

审美感觉能力对审美活动而言,具有至关重要的作用,它不仅直接决定审美联想、审美想象、审美感受,而且是构成美感愉快体验的一个条件和因素。"就美的欣赏来说,从观赏一朵花到观赏一幅绘画,从聆听

---

① 田连波. 旅游审美学. 开封:河南大学出版社,1997:26–27.

一阵莺鸣,到聆听一支乐曲,伴随着对审美对象的感性形式,如色彩、线条、音调、节奏的感知,都会引起审美主体的'娱目'、'悦耳'等感官方面的快适的感受。特别是在欣赏自然现象之美时,这种感官的快适感受在美感中起着很重要的作用。"①

山峦、晚霞、月色、海波、绿洲,无不通过旅游者的明亮眼睛,唤起旅游者的美感。泉流、鸟鸣、猿啼、涛声,无不被旅游者的耳朵听取后,才诱发出美的愉悦。花朵的芬芳、松子的清香、满园的金桂、雅室的馥郁,这嗅觉的感受无不沁人心脾。香脆甘津、鲜嫩可口、甜酸咸辣、醇厚清淡,这味觉的感受无不令人大快朵颐。

此外,月光的"爱抚",春风的"拂面",岩石的"冰冷刺骨",丽阳的"暖人肌肤",无一不是一种曼妙无比的美感。每当旅游者流连忘返于如诗似画的景色中时,感觉所带来的快感都是一种难以拒绝的享受。

知觉是由感觉经过分析、综合、联想而转化来的,它比感觉复杂、完整,往往是多种感觉的结合,虽仍处认识的感性阶段,但由于对感觉材料进行了加工,便为"思维"准备了条件。如马致远的小令《天净沙·秋思》"枯藤老树昏鸦,小桥流水人家。古道西风瘦马,夕阳西下,断肠人在天涯。"从感觉上,它只是十个景物的罗列,而一旦上升到知觉,那就不仅仅是景物罗列,而是一幅耐人寻味的画面:衰飒、凄凉,表现了游子特定环境下的哀愁、寂寞和荒寒的情感。

审美感知美有直接感知与间接感知之分。直接感知是审美感官与审美客体发生直接接触,身临其境,有动态感和立体感;间接感知不直接与审美客体接触,一般指对艺术品的欣赏。无论是前者还是后者,在审美活动中,二者都试图借助物我的异质同构关系,使主体情感得以表现和陶冶。审美感知中有一种类似于"只可意会不可言传"的直觉因素,但它已不是纯然本能意义上的直觉,而是社会意义上和审美意义上的直觉,它积淀和凝结着一定的社会历史内容和"集体无意识",并以感性和直观形式影响人的审美活动。

二、想象因素

想象因素,包括初级形式的联想和高级形式的想象,为美感提供载

---

① 彭立勋.美感心理研究.长沙:湖南人民出版社,1985:59-60.

体,是审美感受的枢纽。在旅游审美中,想象因素的作用是巨大的。以自然景观的欣赏为例,"在自然美的审美鉴赏中,审美者不仅可以由所感知的自然对象联想到另一个自然事物,而且可以由自然对象联想到有关的社会现象、人的性格和思想感情"。它"使美的感知内容得到充分扩充,使自然和人、客体和主体在美的欣赏和艺术创造中达到了有机统一,它对于增强和深化观赏自然的美感,对于实现自然向艺术美的转化,都起着不可忽视的作用"。[①]

联想,是由眼前的事物回忆起有关的其他事物,属于记忆和再现。而想象则是完全离开眼前的事物而创造出新的事物,属于创造。在艺术创作中审美、想象可以弥补、丰富现实的缺憾和不足。艺术家通过审美想象活动,对现实生活进行加工、改造、虚构,能够创造出比实际生活更高、更美、更集中、更理想的艺术形象,这正是艺术的动人之处。

自然美的欣赏也是如此。各种奇形怪状的石头之所以是美的,这与我们把其想象成特定的人或物分不开;流动的溪水之所以是欢快的,是因为我们把其想象成了人们的嬉闹;庞大的建筑之所以是雄伟的,是因为在我们的想象中赋予了它人类特有的气势。总之,自然之物之所以看起来有了活的生命与灵魂,都是人赋予了自己的情感体验并加以想象的结果。

在一定意义上说,审美活动若离开了想象,简直是不可想象的。

三、理解因素

在审美活动中,理解因素的作用同样是巨大的。旅游者经过"感知"和"想象",只有达到了"理解",旅游欣赏才能更深刻、细腻和全面。旅游者在审美活动中,对审美客体的理解是有层次的。

第一层次,是区分现实状态与虚幻状态的理解,即把现实生活中的时间、情节和情感与审美或艺术中的事件、情节和感情区别开来。在旅游活动中,旅游者理解到旅游景观中的"虚",才能真正地体会到审美快感,才能使审美活动在理智的控制下,在热情中保持冷静,在直观反应中保持体验和回味。

---

① 彭立勋.美感心理研究.长沙:湖南人民出版社,1985:82.

第二层次,是对审美形象内容的理解,即对审美对象的题材、人物、典故、背景、故事情节、符号意义、技巧程式等项目的理解。这在旅游审美中也极为重要。如我们在欣赏西方宗教艺术时,不懂得百合花象征圣母玛利亚的童贞,羊羔象征信徒,鹿在池边饮水象征圣徒的欢乐;在欣赏中国艺术时,不懂得"斑竹一枝千滴泪"蕴涵着娥皇、女英哭舜帝的典故,不懂得京剧表演中几人的打斗场面象征千军万马的沙场,我们几乎无法进行审美活动。

第三层次,是对审美内容的深层内在的理解,即对融合在形式中意味的直观性把握,这种意味之于形式如水中盐,有味无痕,性存体匿,其积理性于感性之中,融思索于想象和情感之中,是一种渗透着情感、想象和意志在内的高级心理活动,使美感不断地得以深化。我们在读温庭筠"鸡声茅店月,人迹板桥霜"的诗句时,见不到推理语言中的语法关系及主谓结构,作者也未向我们说明旅人如何的艰辛,而是将这种感情不露声色地融化在诗句揭示的时空结构中,那清早的鸡鸣,那月色朦胧中的竹篱茅舍,那覆盖着白霜尚未有人踏行的木桥,既向我们描述了一幅现实的时空画面,又向我们展示了一幅标示内在情感生活的运动形式的内在画面。[①] 人们在旅游审美活动中达到这种高层次的理解,定会引起心灵的震撼和精神的巨大满足。

四、情感因素

情感,是人对客观现实的一种特殊心理反映。审美情感是审美主体对审美对象肯定的情绪和感情。它不同于审美的感觉、知觉、记忆、思维等心理活动,因为它是对审美对象与审美主体之间某种关系的反映,而不是对客观事物本身的一种反映和认识活动。

情绪,是人从对客观事物所持的态度中产生的一种主观体验,可以从愉快——不愉快,紧张——放松和激动——平静三方面作出描述。情绪发生时往往伴随着一定的生理变化的外部表现,与人的自然需要有关,具有较大的情景性、短暂性。如我们徜徉于绿山青水之中时,总会心花怒放、顿感愉悦;而当独处于"空山不见人"、"返影入深林"的境地时,

---

① 滕守尧.审美心理描述.成都:四川人民出版社,1998:73.

也会深感心净如镜,潜升出"超脱"与"空灵"来。在旅游审美活动中,情绪因素极为重要。高质量的旅游欣赏,往往是那种情化为景,景融于情,情景交融的"审美情绪力"的高度体验。

情感,是人类特有的高级而复杂的体验,具有较大的稳定性和深刻性。旅游审美中的情感因素主要体现在壮美感和优美感两种美感形态中。

壮美感,是审美主体的一种雄浑豪放的审美感受。引起壮美感的,是体积大、力度强的审美对象。获得壮美感精神愉悦的审美主体,处于激越的心理状态。壮美感中有一种崇高感,是高级状态的壮美感。崇高感由那些外貌粗陋、力度极强、突破对称、均衡与和谐的审美对象所引起,是审美主体惊心动魄而又心驰神往的心理状态,包括惊赞、奋发、崇敬、豪壮等情感内容。人们面对崇高的对象,审美主体首先为审美对象的巨大、有力而产生惊奇,甚至是恐惧的情感反应。继而为自己在对象面前感到渺小、平庸或困难而激起了强烈奋发之情,于是感到自己的精神境界提高了,不期而然地产生一种自豪感与胜利感,从而引起一种由衷的喜悦。这种在心理上引起由惊恐转向愉悦,由赞叹转化为振奋的情感反应,乃是崇高感中的情感特点。

优美感,也称秀美感,是与壮美感相对的另一极美感。引起人的优美感的审美对象,是体积较小、力度较弱,具有对称、均匀与和谐形式的事物。获得优美感的审美主体,心情轻松、舒缓。优美感中的情感有别于崇高感中的情感,它偏重于对合规律性的自由形式的玩赏和领悟,始终伴随并增添着赏心悦目的快感;在生理上和心理上都不会出现惊惧、突兀、紧张、紧迫和不可遏制的情绪激动,而是表现出一种平缓、亲切、轻松、随和、闲适、宁静、愉快等心旷神怡的心境。

以上审美诸要素是彼此渗透、互相依赖、密不可分的关系,它们有机地统一于旅游活动中,带给旅游者以全新的审美感受。具体说来,在审美活动中,如果感知没有理解和想象参与,它最多是一种动物性的信号反映,谈不上什么美感;如果想象中没有情感和理解参与,它就失去了动力和规范,成为一种反理性的胡思乱想;如果情感中没有理解和想象参与,它就失去了方向和载体,成为偶然性或本能性的欲望发泄;如果理解中没有想象和情感参与,它就失去了感性的特征和活力,成为在抽象概念中游弋的逻辑思维。因此,在审美活动中,感知因素是导向美感的出发点,想象因素为它提供了载体,情感为它增添了活力,理解为它指明了方向。当这几种心理功能达到自由和谐的状态时,审美愉悦便油然而生了。①

第三节 旅游审美的感受层次

旅游审美文化作为旅游主体文化的构成部分,在旅游文化中占有重要地位。旅游者在审美活动中,欣赏不同的景观或美的形象时,会获得不同的审美感受,有时就是欣赏同一个景观也会因主体感受程度的不同而呈现出差异性。这固然有审美对象差别的因素,也同旅游主体的审美感知相关。旅游审美的感受层次,实际是旅游文化在旅游者心理中的反映程度。对旅游审美文化的层次进行分析,有助于我们理解旅游文化如何引起旅游者感官的舒适,进而上升为心灵的愉悦,最后造成精神震颤的心理过程,这对于我们把握旅游活动中审美文化的规律,提高旅游质量都具有极为重要的作用。

目前,学者们对旅游审美感受层次的分析与研究有多种观点。如有的学者将这些观点概括为"观"、"品"、"悟",认为,观是主体对景观的感性存在的直观把握,主要表现为"耳"得之于声,"目"得之于形、色的感官之娱。观是旅游者审美感受的开端,是以后进入"品"、"悟"的门户,只有经过"观",获得生理和心理的快感和美感后,审美活动才能在此基础上进一步对审美对象进行深层次的把握和领悟。"品"是指审美主体,带着强烈的情感,对审美对象的揣摩研味,并在这一过程中赋予客体以人格或性灵,从而达到内在的情感交流。"品"实际上,是审美主体运用联想、想象、移情、思维等心理活动,去扩充、丰富景观,能动的、再创造性的审美活动。"品"所引起的是一种心理愉悦。"悟"是建立在观品基础上的思索和了悟,它是在"品"景过程中对人生、宇宙、社会的一种感悟。②

---

① 乔修业.旅游美学.天津:南开大学出版社,2000:178.
② 田连波.旅游审美学.开封:河南大学出版社,1997:424.

有的学者将旅游审美层次概括为"身游"、"心游"、"神游",认为"身游"是感知境界;"心游"是心理品位境界;"神游"是哲理感悟境界。还有的学者将旅游审美的层次概括为"悦形"、"逸情"、"畅神"或"游于自然"、"游于人生"、"游于心灵"。

更有的学者试图借鉴王国维事业学问三境界:"昨夜西风凋碧树,独上高楼,望尽天涯路";"衣带渐宽终不悔,为伊消得人憔悴";"众里寻他千百度,蓦然回首,那人却在灯火阑珊处"或禅宗悟道三境界:"落叶满空山,何处寻行迹"——寻找禅的本体而不得;"空山无人,水流花开"——似乎已经悟道但尚未如此;"万古长空,一朝风月"——在瞬间得到了永恒,刹那间已成终古的思维模式来分析研究旅游审美的层次。

应当说以上众家之说千秋各具,互有短长,对于我们分析研究旅游活动中的审美层次都是有益的。但相对而言,李泽厚先生的"悦耳悦目"、"悦心悦意"、"悦志悦神"说,更为简洁、直观,易于为一般的旅游审美者所把握,对于我们在审美层次的分析上具有重要的理论指导意义。

一、悦耳悦目

悦耳悦目,是指以耳目为主的全部审美感官所经验的愉快感受。这是一种直觉感受。这种美感,通常以直觉为特征,仿佛主体在与审美对象的直接交融中,不加任何思索,便可于瞬间感受到对象的美,同时唤起感官的满足与喜悦。

心理学家把人类认识客观世界的方式分为三种,即直觉、知觉和概念,直觉只有形象且只注意于形象。三者的关系如下:

桌子——父亲写字的桌子——头脑中抽象的桌子
形象　　由形象而知意义的认识　离开物象而抽象想象的意义
直觉　　知觉　　　　　　　　　概念

宋代词人张孝祥因遭谗言落职,自桂林北归,途经湖南,曾于月下独游洞庭湖,面对迷人的美景,不假思索地在瞬间通过耳目"悠然心会"到对象的"妙处"。其在《念奴娇·过洞庭》上阕中写道:

洞庭青草,近中秋,更无一点风色。玉鉴琼田三万顷,著我扁舟一叶。素月分辉,明河共影,表里俱澄澈。悠然心会,妙处难与君说。

这"悠然心会"到的"妙处",即是审美客体带给审美主体感观上的舒适感。这种形象的直觉感受使旅游者在审美活动中,一见钟情,开门见山,少走弯路,具有直接性;使旅游者在审美时离开实用观念、科学观念的束缚,任理想的翅膀自由飞翔,具有独创性;使旅游者在审美活动中将思想感情投入对象之中,与之相契合,相拥抱,形成审美交流,具有审美性。当然,这种审美直觉是一种人类存在的感觉能力,不能混同于低级的感觉。它是人类在长期的社会实践中形成的一种高级感觉,其深处隐藏着普遍的社会内容。

二、悦心悦意

悦心悦意,是指透过眼前或耳边具有审美价值的感性形象,在无目的中直观地领悟到对方某些较为深刻的意蕴,获得审美享受和感情升华,进入一种"对心思意象的某种培育"的欢喜状态。这是一种审美领悟。这种美感是一种意会,是一种"只可意会,不可言传"的美感体验。例如,面对一池荷花,不只感到它的色彩和香味,它似乎是一群群素服淡妆、踏波而来的洛河女神;一丛丛的水仙,犹如那玉骨雪肌的凌波仙子,袅袅娜娜,亭亭玉立;那三株两株的翠竹也是扎根深土、头顶蓝天的清高君子。又如,品尝一道名为"鸳鸯戏水"的佳肴,你感到的不只是鸳鸯的可爱形态,同时还包括一种悠然自得、鲜活洒脱的情思意趣;你听壮族姑娘对歌(尽管不知其具体描述的内容),体会到的不只是音色和旋律的形式美,同时还融合充满青春美的心声和甜蜜而淳朴的爱情信息。

在欣赏自然景观的过程中,悦心悦意的审美体验表现得尤为突出。当旅游者置身于奇峰飞瀑、幽林鸣泉、绿色田园或明月平湖的景象中时,似乎"一切鲸鱼皆情话"。随着步移景异或船过景变,游人渐入佳境。周围景物的诗情画意令人心绪豁然开朗,喜不自胜,或赞美宇宙之神奇,或忘却人间之忧愁,或清净慕远而"悠然见南山",或飘飘欲仙而"欲乘风归去"……我们游莫干山、九寨沟或张家界,那充满鸟语花香的清凉幽静之自然生态环境,常常唤起一种"清新放浪的春天般生活的快慰和喜悦",使人在心醉神迷中胜出无限遐想或者超然出世的情怀。

可见,悦心悦意,实际上是旅游者运用形象思维的方式对对象进行的凝神观照,在此过程中,想象、情感和理解等心理功能交相引动,逐渐展开,使感性和理性融为一体,理解和感受合二为一,使审美主体从有限的、偶然的、具体的形象中领悟到蕴涵其中的无限的、必然的、本质的意味。这种美感具有全身心的审美愉悦性、艺术的再创造性、审美领悟的多义性等特点。

悦耳悦目的知觉感受与悦心悦意的审美领悟之间有明显的区别:悦耳悦目以感性或直觉为主要特征,而悦心悦意以知性或理性为特征;悦耳悦目表现为生理基础上的感官快适,而悦心悦意则表现为在认识基础上的观念上的喜悦;悦耳悦目,通常处于直觉状态,限于审美客体的形象结构,而悦心悦意,则处于和谐自由的想象和理解状态,超乎具体形象之外,而又把握其中蕴涵的深广意味;相对于悦耳悦目感性快适而言,悦心悦意的精神愉快具有相对的连续性和稳定性。①

三、悦志悦神

悦志悦神,是指主体在观照审美对象时经过感知、想象、情感、理解等多种心理功能交互作用而获得的精神意志上的完善、飞跃的精神境界的升华。悦志,是对合目的性的强烈追求,对意志、勇敢、斗志的陶冶,这是一种崇高感。悦神,是对理性的探索,这是一种超道德本体而达到人与自然统一的和谐境界。②

在旅游审美活动中,审美客体可以通过刺激人的感官带给人以兴奋和快感,但这不一定是美,"一个号啕大哭的儿童所释放出来的情感要比一个音乐家释放出来的个人情感多得多,然而当人们步入音乐厅的时候,绝没人想到要去听一种类似于儿童的号啕的声音"③。只有这种生理的兴奋和快感转移到心理的恰适和愉悦时,我们才能说这种刺激是美的。而此时,审美境界已经提高一个层次,物我的界限、人我的界限会涣然冰释,人的情感获得某种宣泄和补偿,进而获得陶冶和净化,"对现实不关心,并对外观发生兴趣,这是人性的真正扩大,并且是走向文化的一

---

① 乔修业.旅游美学.天津:南开大学出版社,2000:181.
② 马广先.论人的审美境界.郑州大学学报,2002(3):84.
③ 苏珊·琅格.艺术问题.北京:中国社会科学出版社//徐缉熙,凌陇等.旅游美学.上海:上海人民出版社,1998:230.

个决定性的步骤"①。这样人的心理气质和精神面貌都会发生巨大的变化。人们通过对个别对象的感受,体会观照到其中蕴涵的普遍性,进一步扩大思想的容量,寻求精神的升华。

此外,旅游审美活动能帮助人们从功利性的占有和享受转移到超功利性的旷达和赏玩,在功利性和非功利性的矛盾统一中提高精神境界和思想水平。每当我们乘船游览黄河、长江时,便会情不自禁地发思旧怀古之情,增添深沉崇高的历史感;而当我们登上泰山时,那种"会当凌绝顶,一览众山小"的磅礴气势亦会在心头油然而生,刹那间,什么纷扰烦恼、蝇营私利,什么悲欢离合、宠辱荣枯,均被抛在脑后,胸中只有一股浩然之气与天地同在,顿时自己的精神境界得到升华,情感境界获得超越,一种悦神悦志的精神满足感便油然而至。

这种悦神悦志的美感是一种高级而深刻的美感,体现出主体大彻大悟,从小我进入大我的超越感,体现出个人与对象的高度和谐与统一;这种美感在我国常常表现为"感到自己和自然和整个宇宙合而为一,似乎达到超道德的本体高度"即"天人合一"的至高审美境界;这种美感不是一种在感性基础上的感官快适,也不是一种在理解基础上的心思意向的享受,而是一种在崇高感的基础上寻求超越与无限的审美境界,具有伦理道德意义上追求超越、永恒、无限和必然的特质。

上述旅游审美的三个感受层次,原则上是通过审美知觉、想象、理解和情感等心理机制的交互作用,由低级向高级发展的,但由于不同层次的审美体验表现为逻辑意义上的不断深化过程,人的审美情趣也会因地、因时而产生差异。对审美经验丰富和鉴赏力强的人们来讲,不同美感同步发生的现象并非不可能。相比较而言,"悦耳悦目"突出感性功能与生理快适;"悦心悦意"突出认识功能与愉悦心境;"悦志悦神"则具有突破而不舍弃感性形象,探求理性内容与追求自由无限等特点。三个审美层次恰如一个正、反、合的辩证发展过程。如果说悦耳悦目的审美体验是以感知或直觉为主要特征,是生理上的愉快,那么悦心悦意就是在认识基础上的一种精神的愉快,而悦志悦神则是在伦理道德基础上达到一种超道德的高级境界。

---

① 席勒.审美教育书简//徐缉熙,凌陇,等.旅游美学.上海:上海人民出版社,1998:230.

第四节　旅游审美活动中的文化因素

在旅游审美活动中文化因素是大量存在的,并在其中起着至关重要的作用。文化因素不但影响旅游者的审美选择,同时也在一定程度上决定旅游审美活动的质量。

一、旅游审美主体的文化需要

就旅游主体而言,其审美心理和审美意识受到其文化背景的强烈影响,这导致不同国别和地区的旅游者的审美观念存在巨大差异,如东西方审美文化中对"月亮"这一审美对象的认知和喜爱程度就截然不同。在西方文化传统中,西方人对日神的崇拜几乎达到了狂热的程度,"一切自然现象基础上产生的神话,全部都是太阳神话,或者是与朝霞、晚霞相关的神话"。这种日神崇拜铸就了西方人阳刚的个性,一旦他们进入太阳普照的典型场景时,便不由自主地产生强烈的审美感受。虽然西方人并不讨厌月光,但并没有给其与太阳同等的地位。在西方一些作者的游记中,夜色往往被写得十分死寂,透露不出一丝的生机。"与西方人看重日出和白日相比,中国人更倾心于落日的余晖,这与中国先民的集体无意识原型存在着深层的心理联系。中国人温柔内敛,不习惯于咄咄逼人的烈日,而希慕着温馨的月色。"①在中国文化里,月亮是母亲和女性的原型与象征,又是和谐静谧的中国智慧与超群脱俗、潇洒飘逸的士大夫风范的象征。因此,在中国旅游者的心目中,月亮格外受到关注和珍爱,"但愿人长久,千里共婵娟",从来都是中国人对亲朋最美好的祝愿和思恋念。

由于文化传统的差异,中西方在旅游审美文化上存在着重人和重物的巨大的美学思想的差异。"中国人偏于抒情,重在意境的创构;西方人偏于写实,重在形式的创造。中国人偏于理想美的寄托;西方人偏于现实美的享受。"②在中国古典美学中,形神关系,虚实关系,以及"传神

---

① 谢贵安,华国梁.旅游文化学.北京:高等教育出版社,1999:206-207.
② 马波.现代旅游文化学.青岛:青岛出版社,2001:127.

写照"等命题无不表现出强烈的写意倾向。北宋时期,画院在选拔人才时多用唐朝诗句,例如"踏花归去马蹄香",具体如何画,全凭考生自己的领悟,有考生这样:画了几只蝴蝶追随马后,暗示"马蹄香",但画面并没有直接表现出踏花的场景,给人留下想象的空间;又如"野水无人渡,孤舟尽日横",有考生这样:画一船夫躺在船上吹笛子,一方面表现无人渡河,另一方面又使得画面静中有动,充满诗意。二者都体现了中国艺术追求的"韵外之致",不是简单的形似,追求形似内在的神似;不知满足于实的意象,而更重视虚的意境;是从有限到无限,从有到无的过程。

中国人追求一种美与善的统一,而对西方人来讲,外形美与内在的思想品质美则属于不同的范畴。子谓"韶","尽美矣,又尽善也"。谓"武","尽美矣,未尽善也。"这种尽善尽美的标准,这种美与善的统一,是孔子由自己的体验而产生的对音乐和艺术的基本规定与要求,体现了道德活动在古人审美中的地位。在中国人看来,将英雄壮举、楷模人物列入崇高的范畴是天经地义的事情,而这在西方美学著作中则看不到相关的记载。西方美学认为,外在美与内在美之间没有必然的联系。莱辛在《拉奥孔》中指出:"一个丑陋的身体和一个优美的心灵正如油和醋,尽管尽量把它们拌和在一起,吃起来还是油是油味,醋是醋味。它们并不产生一个第三种东西;那身体讨人嫌,那心灵却引人喜爱,各走其道。"在西方人看来,既然古希腊的伊索相貌有缺陷,但绝不能因为他的正直、善良和绝顶聪明而认为他的相貌也漂亮。

综上所述,造成中西方审美感念和审美心理差异的根本原因,其实就在于双方各自的文化传统和文化背景的差异。文化因素与旅游审美活动之间是一种双向的互动关系,一方面,文化因素决定着旅游审美对象的选择和审美活动的质量与效果。西方人多愿意选择到环境险恶的崇山峻岭、峡谷皇马、原始深林中去探险,以证明人的力量和对自然界的征服,中国人则选择平和高山平湖、小桥流水、草长莺飞的环境中去休闲,以体现人和自然之间的和谐相处。即使是在对同一审美对象的审美观照上,东西方人也会产生截然相反的审美反应。另一方面,对文化的追求与体验是旅游审美活动的重要目标之一。无论审美观念和审美心理的差异多么强烈,东西方旅游者对于审美活动过程中文化因素的追求一直存在,甚至在旅游活动中占有重要的比例,只是由于文化背景的差异,表现的形式不尽相同而已。随着现代社会的发展和人们文化素质的提升,为了满足旅游审美主体的文化需要,文化因素在旅游审美活动中的地位将会越来越重要。

二、旅游审美客体的文化蕴涵

就旅游客体而言,无论自然旅游景观,还是人文旅游景观,其所以成为旅游主体的欣赏对象,除了它们具有形象美、色彩美、动态美、静态美等形式美的要素之外,还具有深沉的文化内涵,否则,绝不会令旅游者心神向往,如痴如醉。

山水景观之所以美,除了具有形式美的要素,符合形式美的规律外,还在于它能够引起人们的思考,使人在思考的过程中精神得到升华。在中国传统文化中,儒家学派在对待人和自然的关系时,一直强调"比德"说,即将自然物视为人格道德的象征物,某种自然物之所以成为人的审美对象,一个重要原因就在于它们已不是原本的自然状态的自己,而是人类的某种品格的象征,甚至就是人类的象征。即"仁者乐山,智者乐水",或"我见青山多妩媚,料青山见我应如是"。

不但中国是这样,西方亦如此。爱默生说:"自然界用些许简单的风云变幻,竟然使我们生超凡入圣之感!赋予我以健康与一天的光阴,足可使帝王的赫赫威严黯然失色。朝霞灿烂如锦,那就是我的亚速帝国;夕阳西落,明月从东山顶上升起,那就是我的百福赐和不可思议的仙子之乡;昊昊阳午,那就是我的英国——常识和理智的故乡;神秘的黑夜,那就是我的德国——神秘哲学和梦想的国土。"[①]由自然现象联想到亚速帝国、仙子之乡、英国、德国,显然此时的自然界已被笼罩在浓浓的文化氛围中。

如果说在审美活动中自然景观的文化意蕴还嫌有些牵强,那么对人文景观的欣赏则实际上就是对文化的欣赏。"人文景观是人类文化的表现形态,也是具有历史学、地理学、人类学、文化学和美学价值的表现形态。"[②]人文景观是人类社会实践的产物,蕴涵着丰富的历史文化意蕴,是历史文化的物质载体和见证,不仅展示出人类不同时代和不同社

---

① 王柯平. 旅游美学新编. 北京:旅游教育出版社,2000:3.
② 徐缉熙,凌陇等. 旅游美学. 上海:上海人民出版社,1998:36.

会的历史生活形态,而且反映出某种思想观念、价值取向、情感模式和行为方式。

人文景观是人类生活方式的反映。北京周口店猿人遗址中数十万件石器材料和用火的灰烬遗迹,真实地反映了旧石器时代早期人类用木棒、石器捕食鸟兽、采集植物根茎果实为生,并能使用火的生活状况,使我们看到了人类早期生活的沧桑与艰辛,油然而生一种责任感和使命感。

人文景观是人类文化的标志。因人文景观凝聚、积累着人类文化的内容,所以,人们在领略这些景观时感受到人类的智慧和创造力,以及人类文明的光辉。雨果在颂扬巴黎圣母院时说:"这是人民的贮存,是世纪的积累;这是人类社会不断蒸发而剩下的沉淀……这个可敬的建筑物的每一个面,每一块石头,都不仅是我们国家历史的一页,也是科学和艺术史的一页。"[1]雄伟的万里长城是人类建筑史上独一无二的建筑,被称为"中华国宝,世界奇观"。当登上长城的时候,除了感受到长城的大气磅礴,长城的蜿蜒曲折,长城的雄风万里之外,更会深深地意识到长城是中华民族的铁骨脊梁,是中华民族勤劳、勇敢和智慧的象征。登上长城,豪情万丈,激情满怀,会使每一个炎黄子孙顿增民族自信心和民族自豪感。

人文景观是历史的承载。欣赏人文景观不仅可使我们缅怀历史,发思古之幽情,更可激起我们的爱国情感。号称"万园之园"的北京圆明园,曾是当时世界上无与伦比的建筑,是中西合璧建筑的典范,然而,1860年英法联军的一场大火将圆明园化为灰烬后只留下西洋楼皇帝宝座的台基和石雕屏风,以及两侧巴洛克式的石门,向人们述说着它曾经有过的辉煌壮丽和侵略者对人类文明的肆意践踏。国人至此,无不在沉重的悲思中,增添一种使命感,一种责任感。而当人们来到天下名楼岳阳楼时,范仲淹那"先天下之忧而忧,后天下之乐而乐"的宽广胸怀与"洞庭天下水,岳阳天下楼"的名句,交相辉映,韵味隽永,一种浓浓的文化氛围仿佛在包围你,在拥抱你,令人流连忘返。

凡此种种,不一一赘述。在旅游过程中倾听历史和时代的回声,观

---

[1] 陈志华.北窗集.北京:中国建筑工业出版社,1993:185.

赏名胜、浏览古迹、了解民风、寻根问祖，无不因深厚的文化内涵和丰富的审美价值而对旅游者产生强烈的吸引力。

三、旅游审美介体的文化创意

就旅游中介体而言，它在旅游审美活动中也渗透着一定的文化内涵。旅游中介体作为连接旅游审美主体和旅游审美客体之间的桥梁与纽带，为了更好地服务于旅游主体的审美活动，必须精心做好旅游服务的文化创意与文化经营。

对旅游审美主体而言，旅行社、旅游饭店，以及旅游服务人员、旅游营销人员等，必须在深入了解旅游者的文化背景和文化需求的基础上精心为旅游者设计文化蕴涵丰富的旅游产品或旅游线路，既要满足旅游者求新、求奇的需要，又不能使旅游者对目的地过于陌生而产生不安全感。也就是说，旅游中介要在旅游审美主体的陌生感和熟悉感之间找到一种平衡，即所谓的"似曾相识，而又陌生"，这就决定了旅游中介体必须时刻处在两种文化的交融状态，最大限度地满足不同文化背景的旅游者的不同需要。以大连为例，大连是中国北方著名的滨海旅游城市，多年来日本和俄罗斯一直是大连重要的客源国。日、俄客人之所以愿意到大连来旅游，一个重要原因在于大连一度处在日、俄的殖民统治下，保存有众多的日、俄文化遗迹，来大连旅游可以找回他们自己或祖先的文化印记，满足其文化需求。正是在对日、俄客人文化需求有清晰、准确了解的基础上，大连的旅行社和相关的旅游中介机构，便为日、俄客人精心设计了旅游线路，重要景点涵盖旅顺日、俄文化遗址、俄罗斯一条街、日本风情一条街等，深受日、俄客人的欢迎。曾经有一个在北京大学读书的俄罗斯女学生，在旅顺见到俄式建筑时顿时潸然泪下，感慨万千，令在场的导游和其他游客也备受感染。足见，旅游中介体精心设计的旅游线路和其中的文化创意对旅游者旅游审美活动的巨大影响。

对旅游审美客体来讲，旅行社及旅游饭店等旅游中介体也必须在充分了解和掌握旅游目的地、旅游景观及旅游产品的文化蕴涵与文化品位的基础上进行恰到好处的文化创意与文化经营活动，既要满足旅游者的审美观赏和文化体验的需要，也不能超出目的地文化容忍的范围，否则，必然遭到目的地文化的抵制和反击，使文化的冲突达到不可调和的地步。在经济利益的驱动下,某些地方的传统民间习俗和庆典仪式不断地被"失真"地反复表演,而为了索取可观的小费,身着民族服装的女服务员常常强拉客人与自己举行"婚礼",这类闹剧令不少旅游者望而却步,甚至感到厌恶;而节假日期间旅游者大量地涌入目的地、他们中的一些人传播不良思想和文化、对当地居民的穿着表示不满等行为,这些都会引起目的地居民的强烈抵制,导致旅游审美活动受到严重影响。因此,旅游中介体也必须在目的地文化对外来文化的可接受和不接受之间找到一种平衡,要通过精心的文化创意和文化营销,恰如其分地体现客源地和目的地的文化精神,并使之达到相容的状态,以此来满足旅游者的文化体验,进而提高旅游审美的质量和品位。

总之,旅游审美活动无论是就旅游主体来说,还是就旅游客体和旅游中介而言,都渗透和包含着众多的文化因素。在一定意义上讲,旅游审美活动就是一种文化审美活动,因此,旅游审美活动是旅游文化学研究的重要课题之一。

思考与练习

1. 你如何认识和理解旅游活动的审美本质?
2. 旅游审美有哪些特征?
3. 你如何认识和理解旅游审美的心理要素?
4. 旅游审美的感受层次是如何划分的?你如何理解各层次美感的特点?
5. 影响旅游审美活动的文化因素有哪些?你如何理解?

第三章 旅游消费文化

引言

小张是一位资深导游员,从事导游工作多年,接待过来自不同文化背景、不同年龄、不同职业的游客。使她感受颇深的是,来自不同文化背景下的游客,在旅游消费过程中的消费行为存在明显的差异。比如日本游客在旅游活动中喜欢集体活动,纪律性强,有自制力;英国游客在旅游活动中大都遵守时间,守纪律,服从安排,静观默瞧,很少提出计划外的要求;而法国游客在旅游活动中则异常活跃,少拘束,喜欢自由活动。为什么文化背景的不同会使旅游消费行为存在如此差异呢?通过本章的学习会使你对这个问题有明确的认识。

本章学习目标
- 了解文化给旅游消费带来的影响。
- 理解旅游消费的文化蕴涵。
- 了解旅游消费的中西方差异。
- 了解旅游消费文化的未来发展。

第一节 文化对旅游消费的影响

未来学家约翰·托夫勒在《第四次浪潮》中指出:人类社会的第三次浪潮是服务业的革命,第四次浪潮是信息革命,第五次浪潮是娱乐和旅游业的发展。随着世界经济的发展和社会文明的进步,特别是国民收入水平和人均收入水平的提高,在世界范围内引发了强烈的旅游消费欲望,旅游消费已成为普遍的社会现象。一些西方经济学家研究认为:当人均国民生产总值(GNP)超过300美元时,就会产生强烈的旅游欲望,当人均国民生产总值超过1 000美元时,就会产生洲内跨国旅游的欲望,当人均国民生产总值超过3 000美元时,就会产生洲际旅游的欲望。随着世界经济的不断发展,各国旅游业发展迅速,旅游者的人数不断增长,旅游收入水平逐年提高。《中国旅游年鉴》统计资料显示,2010年我国全年共接待入境游客1.34亿人次,实现国际旅游(外汇)收入458.14亿美元,分别比2009年增长5.8%和15.5%;国内旅游人数21.03亿人次,收入12 579.77亿元人民币,分别比2009年增长10.6%和23.5%;中国公民出境人数达5 738.65万人次,比2009年增长20.4%,旅游业总收入1.57万亿元人民币,比2009年增长21.7%。目前,旅游业已超过汽车、钢铁、石油等传统产业,成为世界第一大产业。旅游已从少数权贵豪富的特权享受进入寻常百姓家庭,成为现代生活方式的一个重要组成部分。旅游消费的内容和形式日趋多样化,各类旅游产品和旅游项目层出不穷。旅游消费被人们视为拓宽消费领域、提高生活质量,有利于"建立健康文明的生活方式"的有效途径。它的发展不仅带动了一个较长的产业链条,促进了商业、饮食业、娱乐业、交通运输业、加工制造业等一系列产业的发展,带来了巨大的经济效益;同时还蕴藏着巨大的社会文化功能,旅游消费在促进人的文化素质的提高、发掘弘扬民族优秀的传统文化,培育社会文化肌体,提高全民的科学文化水平,促进人类文明的进步等方面都有不可替代的作用。高质量的旅游消费,对人的发展,对社会经济的发展,对社会文化的传播,对社会文明和社会的全面进步,起到越来越大的作用。因此,在对旅游文化的研究中,对旅游消费文化的研究就显得尤为重要。

　　具体而言,旅游消费有狭义和广义两种含义。狭义的旅游消费,是指旅游者的购买行为及其对旅游产品的实际消费。广义的旅游消费,是指从旅游消费需要的产生、消费计划的制订到实际消费,以及其后产生满意程度的全过程。无论是狭义,还是广义的旅游消费,都和文化有千丝万缕的联系,"旅游本质上是一种通过物质和非物质产品组合,以服务为中介的精神文化消费。它从交换方面讲是经济活动,从旅游者获取的感受方面讲是精神和文化活动,可以满足多层次、多方面的文化追求。旅游消费本身是文化消费现象,旅游者在旅途中会获取综合文化享受"。[①] 因此,从一定的意义上讲,旅游消费也是一种文化,它包含两方面的含义,其一,是文化对旅游者消费行为的影响;其二,是旅游者在消费过程中的各种文化表现,即文化背景下的旅游消费行为和旅游消费中的"文化"化。这两层含义互为因果,相互促进,事实上很难区分。旅游消费行为在本质上是旅游主体在旅游消费活动中寻找旅游客体的文化内涵和旅游主体背景文化之间沟通的过程。其中,旅游主体的背景文化能否接受和容纳旅游客体的文化内涵,往往是旅游消费活动能否展开的关键。因此,在旅游消费文化的两层含义中,文化对旅游消费行为的影响是第一位的,而旅游者在消费过程中的文化表现是在旅游活动开始以后的事情,则是第二位的。基于这种认识,在此,我们主要从文化对旅游主体的消费行为影响的角度,对旅游消费文化作一简要的分析和研究,虽然同时也涉及旅游者消费行为中的一些文化表象,但主要目的还是想从这些文化表象中,寻找影响旅游者消费行为的文化根源。

创立了消费行为社会心理模式的社会心理学家维不雷宁认为,人类是一种社会性的动物,其需求和购买行为一般受到社会文化和亚文化的影响,并遵从其所处的相关群体、社会阶层和家庭等特定的行为规范。上述社会因素往往直接形成和改变人们的价值观、道德观、审美观和生活方式,进而在很大程度上决定消费者的购买行为。据此,马波先生将影响消费者消费行为的因素归结为心理的、个人的、社会的、文化的四类,认为这些因素分别属于不同的层次,对消费者的消费行为有不同的影响(如图3-1所示)。

由此看来,消费者的消费行为首先受到心理因素和个人因素的影响,但个体作为社会的一员,其消费行为是整个社会生活消费的一个组成部分,又受到其本人所处的社会历史条件和社会文化因素的影响。而无论是心理因素、个人因素或社会因素的影响,归根结底几乎都可概括为社会文化的影响。因此,文化是旅游消费的统治者,它从根本上制约着旅游者的活动和行为。我们只有从社会文化的角度和高度来透视大

---

① 宁士敏.影响中国旅游消费的经济和社会因素分析.经济科学,1999(6):54.

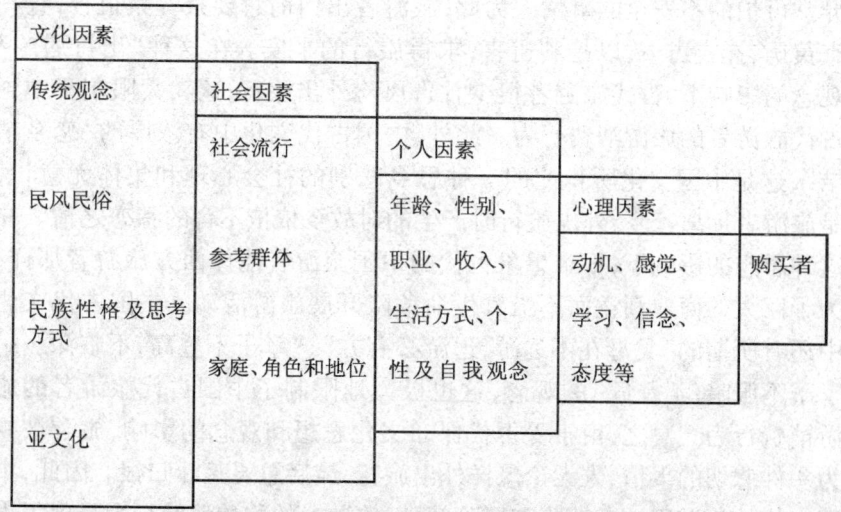

图 3-1 影响消费者行为的要素示意图

(资料来源:马波.现代旅游文化学.青岛:青岛出版社,2001:66)

众的消费活动,才能够科学地解释消费行为,找出消费活动的规律,并为消费行为的预测提供切合实际的理论依据。① 这一观点对于我们深入研究文化对旅游消费现象和消费行为的影响理论具有指导和借鉴意义。

我们抛开影响旅游者消费的心理的、个人的、社会的因素,而从更大范围的文化因素的角度看,文化对旅游消费者的影响主要表现在以下几个方面:

一、影响和控制旅游消费观念

任何旅游者个体都是其所属社会中的一员,其所属社会的道德观念、价值取向、思维方式、行为模式等文化因素必然对旅游者的消费观念造成巨大影响。以中国为例,古今旅游者的消费观念存在着明显差异。由于地理环境的险恶和人类征服自然的能力低下,中国古代旅游者认为,旅游途中充满着超自然的神仙鬼怪,具有种种磨难,外出旅行是一件

---

① 马波.现代旅游文化学.青岛:青岛出版社,2001:66.

异常可怕的不安全的事情。为此,旅游者出门前总要祭一祭道神,查一查黄历,择吉占卜,以趋利避害,求得旅行的平安。在这种"出行遇凶"观念的影响下,古代旅游者很少甘冒风险外出旅行,这大大限制了中国古代旅游者的旅游消费行为。此外,中国古代文化中有浓厚的"恋乡情结",这是中国文化所积淀的一种思乡悲别的社会心理和集体无意识,是旅游者远离家乡、外出旅行时产生的对故乡依依不舍的眷恋之情。在这种思想的影响下,很难想象古代的中国旅游者能像西方旅游者那样,为了巨大的商业利益而不惜冒生命危险开展旅游活动。中国古代文化中还有所谓的"父母在不远游,远游必有方"、"孝子不登高,不临深……孝子不服暗,不登危"的观念,这也极大地限制了中国古代旅游者的旅游消费行为。总之,由于受古代保守文化思想和观念的影响,旅游被视为一件悲切的事情,人无论怎样外出旅行,最后总要落叶归根。因此,中国古代的旅游很缺乏探险和冒险精神,旅游者的旅游消费行为受到很大的限制。进入现代,特别是近十余年来,由于思想的解放和观念的开放,旅游成为人们求知、求美、求真,对外交流、净化心灵、陶冶情操的必经之路。旅游被看成身份、财富、地位和荣誉的象征,成为人们生活不可缺少的组成部分,再也不是那种令人恐怖的事情。在这种文化观念的影响下,现代旅游空前发展,各种旅游方式和消费形式层出不穷,变化迅速,使旅游消费的范围几乎扩及所有范围。

就中西方旅游文化的对比来看,由于受传统社会环境和文化传统的影响,中国旅游的概念,以及由"旅"和"游"所组成的相关概念,负载着丰富而深厚的社会文化信息,具有群体认同性及伦理归属感等民族特征。它倾向于表达旅游的社会形式,尤其是伦理规范,既反映出中国社会重等级、崇道德的伦理特征,又反映出中国旅游者对宗法、伦理关系的执著追求。而西方在18世纪以前一直将旅游当做征服自然的旅行和探险活动,旅游的概念倾向于表达人与自然的关系,反映出旅游者对长途旅行可能遇到的种种困难的恐惧。直到现在,西方学者对旅游概念的阐发仍然注重旅游活动的客观方式,而不涉及旅游者的阶级属性和身份地位。毋庸赘言,在这两种截然不同的文化观念指导下,中西方的旅游消费观念存在着巨大的差异:中国的旅游消费观念指向社会及其伦理规范,以符合社会规范和伦理道德为荣;而西方的旅游消费观念指向自然,以探索、冒险为乐。

二、影响和控制旅游消费行为

文化不仅影响旅游者的消费观念,使不同时代、不同国别、不同民族的旅游消费观念呈现出千差万别之势,同时还深深地影响旅游者具体的消费行为。从某种程度上讲,旅游者在旅游消费中的行为表现都可以找到文化蕴涵和文化禀赋的影子。

由于不同民族、不同国别的文化背景、文化传统的不同,旅游者的旅游消费行为往往有很大的差别。一般说来,日本人好胜,办事认真,感情细腻不喜外露,注重礼节,注重小节。在旅游活动中喜欢集体活动,纪律性强,有自制力。旅游者聚在一起会根据某些基准如年龄、地位等意识到相互间的排列名次,然后相应地约束自己的行动,一般不会背离集体而采取独自的行动。在听导游讲解时,从不大声喧哗,而是静静地默听,"规规矩矩"服从导游的安排,走起路来整齐有序,从不松松垮垮,杂乱无章。在发表意见时,往往会察言观色,根据对方的心情和态度谨慎地选择措辞与语言。这和日本文化中的服从上级、服从长者,以"集体为中心"的观念一脉相承;而美国人则开朗、大方,喜欢新奇,看重实力,爱结交朋友,喜欢讲话,随随便便,无拘无束。在旅游活动中他们往往是想什么,就说什么,喜欢直截了当地向导游员提出自己的意见和要求,哪怕是临时想出的新主意。在他们看来,导游员举着小旗领着大家,像个牧羊人,而游客像群羊,这简直是不可想象和难以接受的。美国旅游者在旅游活动中的行为表现,实际上就是其文化传统中"以个人为中心"思想的外显。此外,由于所受文化熏陶的不同,英国人矜持、冷静,尊重妇女,有绅士派头,一般不轻易表露自己的意见,在旅游活动中大都遵守时间,守纪律,服从安排,静观默瞧,很少提出计划外的要求;法国人则热情、豪放,不拘小节,爱与人交往,酷爱自由,容易激动,在旅游中异常活跃,少拘束,喜欢自由活动。

即使是同一个民族的成员,由于年龄、性别、受教育的程度、所从事的职业、所处社会阶层的不同,其所受本民族文化的影响和熏陶同样存在着巨大的差异,致使其旅游消费观念和行为也存在着明显的不同。大体说来,男旅游者多开朗、随便、务实、好表现;而女旅游者则表现谨慎、喜欢倾听、自制力弱,爱购物。男、女旅游者的这种表面差异实际上是文化影响的结果。美国学者梅奥在谈到美国男、女旅游者在旅游活动中的行为差异时说,"男女行为之间的许多差异实际上都是由人们从所生活的文化环境中习得角色差异而造成的"。如果说许多美国妇女不积极参加野外闲暇活动,例如狩猎、钓鱼,等等,那么实际上并不是因为任何体力或情感上的因素,而是因为美国文化一直教导妇女将这些活动归于男人的活动。美国文化还教给美国男、女各自应担当的旅游角色,心理学家梅奥提出:男子开车,选择目的地以及办理旅馆登记手续等;女子照料孩子、途中做饭。应当说梅奥的观点,对于我们分析男、女旅游者在旅游活动中的行为表现背后的文化蕴涵有重要借鉴意义。不仅美国的男、女旅游者如此,其他各民族的男、女旅游者行为表现的背后也都蕴藏着本民族文化的影子,这是左右和影响旅游者行为表现的内因。

在旅游活动中,不同年龄旅游者的行为表现是不同的。青年旅游者好表现、易冲动、富于幻想,将旅游想象得十分美好,游兴浓厚,不怕辛劳,精力旺盛;中年旅游者稳重、求实、追求舒适,在旅游过程中较多地考虑饭店的等级、用餐的标准、景点的优劣、旅途舒适的程度,基本上将旅游视为一种人生的享受;老年旅游者则害怕孤独和寂寞,喜欢热闹,愿同导游员讲话和交流,怀旧心理强烈,对名胜古迹、老朋友、老年人的生活状况等表现出浓厚的兴趣。年龄差异在一定意义上也是文化的差异,这种差异必然在不同年龄者的行为中表现出来。梅奥等人在经过对不同年龄人们的行为研究后得出如下结论:"看来似乎是与年龄有关的行为模式并不一定是由生物学因素所造成的,而在很大程度上乃是文化的和社会的现象。"[①]旅游者由于职业、地位、阶层、兴趣、爱好及旅游目的的不同,在旅游活动中充当着不同的角色,在旅游消费中表现出不同的行为特征。张卫先生在其编著的《旅游消费行为分析》一书中详细分析了15种旅游者的5种主要角色行为,列表如下(见表3-1)。我们可以看出15种旅游者的角色行为之所以不同,说到底还在于文化影响的不同,足见文化,特别是旅游文化对旅游消费行为的巨大影响。

---

① 马波.现代旅游文化学.青岛:青岛出版社,2001:69.

表 3-1 15 种旅游者的 5 种主要角色行为

旅游者类型	五种最明显的角色相关行为(按每个行为的重要性排列)
观光旅游者	拍照,购买纪念品,参观名胜,在一个地方短暂停留,不去了解当地居民。
旅行家	在一个地方短暂停留,品尝地方菜肴,参观名胜,拍照,私下考察一些地方。
度假旅游者	拍照,参观名胜,避免社交,购买纪念品,为当地经济作贡献。
豪华旅游者	生活奢侈,关心社会地位,寻欢作乐,喜欢与地位相同的人交往,参观名胜。
商务旅游者	关心社会地位,对当地经济作贡献,不拍照,乐于与同行交谈,过奢侈生活。
暂时移居者	力图克服语言障碍,愿同与自己境遇相同的人交往,不想了解当地居民,不过奢侈生活,不想从当地人那里获得利益。
环境考察旅游者	对环境感兴趣,不买纪念品,不想从当地人那里获得利益,自己去考察,拍照。
探险旅游者	自己去一些地方考察,对环境感兴趣,喜欢身体方面的冒险,不买纪念品,深入考察当地社会。
传教士	不买纪念品,寻找生活的意义,不过奢侈生活,不寻欢作乐,深入考察当地社会。
外国学生	尝试地方饭菜,不想从当地人那里获利,拍照,深入考察当地社会,不拒绝身体冒险。
人类学者	深入考察当地社会,自己去一些地方考察,对环境感兴趣,不买纪念品,拍照。
"嬉皮士"游客	不买纪念品,不过奢侈生活,不关心社会地位,拍照,不为经济作贡献。
国际运动员	不拒绝社交,不想在当地获利,不去了解当地居民,自己考察,探究生活意义。

续表

旅游者类型	五种最明显的角色相关行为(按每个行为的重要性排列)
外国记者	拍照,深入考察当地社会,参观名胜,冒险,自己去一些地方考察。
宗教朝拜者	探究生活意义,不过奢侈生活,不关心社会地位,不在当地谋利,不买纪念品。

(资料来源:陈友发.导游学概论.上海三联书店,2006:81-82)

此外,文化对旅游消费行为的影响还表现在"文化控制个体某些心理欲求,禁止和限制某些本社会、本民族不允许或不赞成的旅游动机得到满足","文化通过社会风气、参照群体等支配旅游消费需求满足的发展方向"等。"总之,文化是旅游消费的统治者,它从根本上制约着旅游者的活动和行为。"[①]因此。旅游消费行为本质上是一种文化,它是旅游文化,特别是旅游主体文化的重要组成部分。

第二节 旅游消费的文化蕴涵

一、旅游消费的文化观念

旅游消费,具有一般消费的特点,即在消费过程中要获得一定的回报。但它又与一般消费有所不同,即在旅游活动和过程中,旅游者付出时间、金钱和精力,获得的回报不是具有实际价值的物品,而是一种心理上、精神上的满足和知识的收获,亦即,旅游消费是一种文化性的消费,注重文化意蕴的传播和获取,是一种较高层次的消费活动,其根本目的是满足人们的精神需要。

旅游者在旅游消费的过程中,从对旅游景区、景点的选择、旅游方式的选择,到对旅游产品和服务的选择,都受到旅游者本身的性格、经历、学历以及旅游价值观所影响。关于旅游活动的满意程度,也取决

---

① 马波.现代旅游文化学.青岛:青岛出版社,2001:70.

于旅游对象和旅游产品与旅游者兴趣和旅游需求的匹配,同样的旅游对象和旅游产品,不同的旅游者有各自的审美感受,获得不一样的旅游体验。

观光旅游虽然被认为是一种初级游览方式,但由于它展示着大自然的神奇、承载着悠久的历史文明,仍然是目前被广泛接受和推崇的旅游活动。这种现象说明,旅游景观,包括自然景观和人文景观,对众多旅游者存在着长久的吸引力。这种吸引力的来源,是由于景观本身所具有的深厚的文化内涵和丰富的文化属性。旅游景观,从自然的形貌之美到内在的符合社会人的道德和价值标准的精神美,其丰富的美感特征,多层次的审美价值,对于不同时代和不同民族、年龄的旅游者群体,产生不同的影响和吸引力。[1]

在不同国家、不同民族的文化背景下的旅游者之间,旅游消费方式相互影响,相互促进,使旅游方式越来越多样化。但总体而言,各类旅游消费方式的源头都与文化传统有密切联系。例如,欧洲古希腊时期的旅游活动具有浓厚的宗教色彩,人们参加宗教节日和具有宗教性质的奥林匹克运动会以及朝圣活动,成为中世纪欧洲最主要的旅游方式之一。素称"音乐之都"的维也纳,凭借众多著名音乐家的遗迹,成为欧洲著名的文化旅游中心。当今颇为风行的专题游览项目之一,是以亲身体验虽已消失,但仍然留在人们记忆中的某些生活方式为主题的怀古文化旅游。如坐落在詹姆斯河与约克河间的美国古城威廉斯堡,由于完整地保存了18世纪英国殖民地时代的城镇风貌,使参观者仿佛时间倒流了200多年,从而成为美国最重要的历史名胜之一;亚洲的泰国故城、香港宋城和北京大观园也都以模拟古代生活方式而成为门庭若市的文化旅游胜地。这些旅游方式的出现和发展,都带有极其浓厚的背景文化色彩。

随着世界旅游业的快速发展和经济文化交流的不断深入,各种旅游方式不断兴起,并被广泛接受,人们对于旅游消费方式多样化的要求也逐渐提高,旅游体验等以追求精神和心理上的愉悦为主的活动方式受到普遍欢迎,世界范围内旅游消费活动的文化观念越来越浓重。

---

[1] 姚昆遗,贡小妹.旅游文化学.北京:旅游教育出版社,2010.

二、旅游消费的文化行为

(一)旅游消费文化行为的产生

1. 旅游者文化层次的提高,对旅游消费的文化性要求增强

"旅游者外出旅游就是希望得到文化享受,旅游的过程就是旅游者对旅游资源文化内涵进行体验的过程,这种文化感受以赋存文化内涵的旅游景点为载体,体现了对旅游者审美激发和教育启示的功能。"①同时,旅游者本身的文化素质对于旅游者在旅游过程中的感受也有较大影响。旅游者内心的审美机制是其本人在成长学习过程中所获得的各种文化特质相互整合的结果,景观之"美"的体现与旅游者的文化素质,尤其是审美认同和审美能力有密切的关系。换言之,当下,人们的文化素质越来越高,旅游者的文化层次不断提升,无可厚非,发生的是具有文化行为的旅游消费。

2. 时代的快速发展,社会消费观念的文化性变化带动旅游消费文化行为的产生

旅游消费具有时代性特点。② 一方面,旅游活动过程中所依托的客体以及媒介的发展状况取决于当时社会生产力的发展水平;另一方面,人们对于旅游对象的选择、欣赏和理解受当时的认识水平与文化发展水平所制约。例如,在魏晋南北朝以前,人们对自然的认识非常有限,不能用科学的眼光去看待山水自然景观,当时的旅行活动仅仅是少数人的选择:帝王的巡游、使节的出行、商贸旅行以及登山采药,等等,都只是依托于特定活动而顺便进行的简单游览活动。魏晋南北朝开始,"旅游"一词在我国正式出现,这时在社会上对于自然山水的审美欣赏较之以前任何一个时期都更加蔚然成风。③ 那一时期,正值旅游实践蓬勃发展,对自然美的审美意识迅速分化独立的时期,当时的山水诗文和山水画就突出地表现了这一点。到了唐代,文人各领风骚,他们满怀盛世的自豪和文化的自信,仗剑去国、辞亲远游、山林隐居的行为表现出豪迈的人生追

---

① 陈晓强,赵海霞. 旅游发展的文化因素影响浅析. 肇庆学院学报,2004(6):43.
② 谢彦君. 基础旅游学. 北京:中国旅游出版社,2011:85.
③ 谢彦君. 基础旅游学. 北京:中国旅游出版社,2011:85.

求,带有浓厚的浪漫色彩。时代不同,文化氛围也就不同,不同的文化思潮影响下的旅游消费文化也就不尽相同。

不同时期的社会消费观念对旅游消费的文化行为有重要影响。一定的旅游消费文化总是经特定的社会历史发展过程、及与此相适应的创造能力、适应能力而形成,它是经过长期的历史发展过程沉淀下来的,渗透在人们的灵魂深处。由于历史原因,我国经历了长期的贫穷落后,消费观念相对保守。在过去很长一段时间内,人们的消费只着眼于衣、食、住、行等基本的生活需要,是为了满足温饱而不得不进行的必要消费活动。如今,随着生产力水平的提高,经济的快速发展,人们的闲暇时间和可支配收入逐渐增多,消费观念也发生了很大的变化,消费的目的开始转向对生活质量的追求上。在这样的消费观念指导下,旅游消费开始为大众所接受和认同,旅游者在消费过程中更加注重自身体验的舒适性和愉悦性,因此,对旅游景区、景点的文化因素要求逐渐增多,旅游消费的文化行为表现得愈来愈明显。

(二)旅游消费的文化行为

1. 对旅游目的地的选择

旅游者所处的居住地与旅游目的地的距离远近、区域文化差异的大小,影响和激发游客的好奇心理和主观想象,从而激发出游动机。旅游目的地以对山水自然景观的游览、休闲度假和体验当地民俗风情为主,但也存在多元化发展趋势。游客在选择旅游地时,很大程度上取决于旅游者自身文化的素养,或是进行悦耳悦目的直觉游览,例如桂林山水的峰林奇景,黄果树瀑布的惊心动魄,以及大海的浩瀚无边等,这是广大旅游者最为喜爱的旅游目的地,旅游者在旅游消费过程中能够获得生理上的愉悦,体会到初级的审美感受;抑或是进行旅游体验活动,包括旅游求知体验、旅游交往体验以及旅游情感体验等,尤其是旅游求知体验,它是旅游者通过旅游探求知识的过程,这要求旅游者对于知识文化有相当程度的热爱和追求,从亚里士多德到罗伯特·拜伦,从司马迁到顾炎武,不胜枚举。因此,旅游者对旅游目的地的选择在一定程度上体现出旅游消费的文化行为。

2. 对旅游产品的需求

旅游产品,是指集知识性、娱乐性、参与性于一体,由旅游经营者提供给旅游者购买的完整的旅游经历,它所包含的吃、住、行、游、娱、购六大要素,均与旅游资源有密切关系。随着旅游行为的普及,旅游资源的不断开发,使人们对旅游项目越来越精挑细选,逐渐由满意型向择优型转变。新型的旅游产品主要有以下几种:

低碳旅游,顾名思义,即是一种降低"碳"的旅游,也就是在旅游活动中,旅游者尽量降低二氧化碳排放量。即以低能耗、低污染为基础的绿色旅行,倡导在旅行中尽量减少碳足迹与二氧化碳的排放,也是环保旅游的深层次表现。其中包含政府与旅行机构推出的相关环保低碳政策与低碳旅游线路、个人出行中携带环保行李、住环保旅馆、选择二氧化碳排放较低的交通工具等方面。

保健旅游,是一种既达到旅游目的,又达到健身目的的专项特殊旅游项目。旅游者在旅游过程中可一边旅游一边学习武术、学习气功,进行医学学术交流和求医治疗等,可使旅游者在旅游过程中既了解中国的传统文化,又学到了一些健身养生的方法。

生态旅游,以吸收自然和文化知识为取向,尽量减少对生态环境的不利影响,确保旅游资源的可持续利用,将生态环保与公众教育同促进地方经济社会发展有机结合的旅游活动。

除此之外,还有红色旅游、文化旅游、科学探险旅游等众多旅游产品,细细琢磨,这些旅游项目无一不渗透出其自身的文化内涵,在旅游消费中表露了旅游者的文化程度,体现出旅游消费的文化行为。

三、旅游消费的文化影响

文化因素贯穿于旅游消费的各个环节中,其所具有的差异性、时代性、导向性和传承性等特征,将对旅游主体、旅游客体和旅游中介产生重要的影响。具体如下:

(一)对旅游主体的影响

旅游消费,其本质是精神消费,终极目的是提高自身素养。[①] 马斯洛的需要层次理论指出,人只有在满足最基本生理需要的前提下,才会产生更高一层次的追求,旅游是在满足精神需要这一层面上发生的,这

---

① 袁武,袁仁琮.旅游消费中的文化需求.贵州大学学报(社会科学版),2010(7):132.

就决定了旅游消费的基本性质——精神消费,而其终极目的——提高自身素养,则从侧面说明旅游消费对文化内容的追求。一方面,旅游消费的文化性吸引着旅游主体的购买,尤其是文化层次相对较高的人群,或者是对文化有较热烈追求的人群,他们对旅游产品的消费,在很大程度上是由于其中所蕴涵的文化价值,例如参观秦始皇陵兵马俑和参加佛教、道教等宗教团体举办的盛大活动等;另一方面,旅游主体的文化素养制约旅游消费的文化行为,文化内涵是一个人内在的素养,在潜意识里控制人的行为选择,也就是说,什么样的人,决定了什么样的旅游消费方式,或是对衣、食、住、行的基本消费,或是旅游体验的文化消费,这取决于旅游主体本身。

(二)对旅游客体的影响

文化因素对旅游客体的开发、可持续发展有重大的影响,而旅游消费的文化性又对旅游消费提出了新的要求。一方面,挖掘文化内涵是旅游产品开发的内在要求。纵观旅游活动的发展,不同时期、不同地域的旅游表现形式不尽相同,但其在本质上有一共同之处,即旅游者在旅游消费中不断增加对文化因素的追求。这一点作用在旅游产品的开发层面上,要求旅游企业熟悉目标市场的文化底蕴,注重以文化因素维系主客关系,把其作为旅游产品开发的理论指导,为旅游业创造最大的经济效益。另一方面,旅游客体的持久吸引力是保持旅游业可持续发展的重要条件。在区域旅游的发展中,本民族或本区域的特色文化是最重要的吸引因素,所谓"越是区域的,越是世界的"就是这个道理。旅游者在旅游活动过程中,目的就是寻求与自身文化不相同或截然相反的文化。因此,对旅游客体的开发,抓住旅游者在旅游消费中的文化追求,寻求本地旅游资源文化与旅游者背景文化的沟通渠道,开发具有文化特征和特色的旅游产品,是区域旅游业可持续发展的重要途径。

(三)对旅游中介的影响

在旅游消费过程中,旅游主体和旅游客体的参与必然不可缺少,但是也离不开旅游中介的参与。旅游企业所开发的旅游产品,尤其是旅游路线,是确保旅游活动正常进行的根本保证,这就使得旅游企业在开发过程中要了解旅游者旅游消费的特点,尤其重视旅游者旅游消费的文化性,从而在开发过程中融入更多的文化因素,以及体现自身企业文化的东西。除此之外,旅游消费的文化性使旅游者对旅游从业人员的服务有了更高质量的要求,简单的语言讲解不再适合当今旅游者的需求,而是要求旅游从业人员注重自身的文化修养,重视对本地文化内涵的把握,掌握个性化、多元化以及智能化的旅游服务技能,全面配合旅游消费的文化增长要求。

第三节 旅游消费的中西方差异

由于中西方文化传统和文化背景的不同,使中西方旅游者在旅游消费观念和消费行为上存在较大的差异。现分述如下:

一、旅游消费性格差异

民族旅游性格是国民性或民族性的一种特殊形态,是民族性在旅游活动中的表现,是一种民族旅游精神,体现为旅游主体的群体特征。民族旅游性格的形成是不同文化生态陶铸的结果。不同的文化造就出不同的民族旅游性格。一般说来,中华民族的旅游性格主要表现为稳健和内敛。所谓稳健,表现为在旅游观念上注重伦理,讲究"游亦有道",提倡适度旅游,反对过于张扬和冒险,主张"无游于逸"、"非礼勿动"。在旅游行为上注重仪态和安全,反对失态和冒失,主张"不行险以侥幸"。所谓内敛,表现为旅游时,注重内心的感受和道德修养,而不注重对外在事物的观察;乡土感和家园意识十分强烈,不易融入到旅游目的地的异乡异俗中去,即使青年时"背井离乡",到老时也主张"叶落归根",难离故土;无意追求蓝色的大海及海外旅游,而深深地迷恋生于斯、长于斯的大陆和沃土。而西方民族的旅游性格则主要表现为冒险勇进和胸襟开阔。在观念上西方民族的求胜意志强烈,要求无限的超越和发展,试图将自己的创造、征服、占有自然和社会财富的能力充分发挥出来,使人获得强大的生命力。因此,他们很少有安土重迁的观念,在俄罗斯、波兰、匈牙利、德国、丹麦、荷兰和英国,经常可以发现被人们抛弃的村庄的遗址。在行为上,西方民族的旅游者,行为张扬,喜欢表现自我,勇于冒险和探险,热衷于征服海洋和世界的航程。西方外向的性格又使他们习惯于对自然和客观世界的探察,这和中国旅游者注重内心的体验大相径庭。①

二、旅游消费动机差异

因受各自传统文化的影响,总体上而言,西方人的旅游动机比中国人的旅游动机要强。由于地理上濒临海洋,经济上商贸发达,政治上开明和民主,意识形态上雄劲扬厉,使西方传统文化特别强调人对自然的支配,强调着眼于未来,强调个人主义、强调破浪逐利和勇往直前,塑造了西方外倾性的旅游性格,旅游动机十分强烈。正如一句英国谚语所言"世界像本书,不外出旅行,仅读了其中的一页"。在西方人眼里,人类本身是主体,宇宙自然是客体,主体通过对客体的观察、探索和征服,可以发展和完善主体,故无论男女老少,均将外出旅游视为完善主体人格的有效途径。而半封闭的大河大陆性地理环境,以农为本的自然经济,宗法专制的政治制度,求稳求静、观物修身的意识形态,使传统的中国文化特别强调安土重迁、知足常乐、"好出门不如歪在家"、"在家千日好,出门一时难",由此形成了中国旅游者内向性的旅游性格,旅游动机相对疲弱。梁实秋在《雅舍小品·旅行》中说:"中国人是最怕旅行的一个民族",他的外祖母"一生住在杭州城内,八十多岁,没有逛过一次西湖"。此话,虽然有些偏颇,但也不无道理,反映了多数中国人对旅游的看法。

上述旅游性格不同和旅游动机的强弱,直接导致中西方旅游者对旅游动机类型的选择出现巨大差异。大体上,西方旅游者的旅游动机主要表现为通过旅游寻求强烈的感官刺激,在征服自我、征服世界的过程中获得以我为主的人格意识,满足个人的好奇心,体现人的本质力量,自视为自然和世界的主宰。因此,西方人的旅游需求往往是多样性和复杂性的。而中国旅游者的需求则是单一性的,他们在旅游中寻求平衡、和谐、休闲、无冲突的倾向十分突出,试图通过旅游活动回归自然,找寻精神家园,在天人合一、物我交融中得到心灵慰藉和道德升华。对中国人的此种心态,林语堂先生在《中国人》一书中有过精彩而诙谐的描述:"我们

---

① 谢贵安,华国梁.旅游文化学.北京:高等教育出版社,1999:161-163.

(中国人)看待人生用的是一种清醒的眼光,而不是带着昨日梦境中的浪漫色彩。我们会毫不犹豫地放弃那些捉摸不定、富有魅力却又难以达到的目标,同时紧紧抓住仅有的几件我们清楚会给自己带来幸福的东西。""我们对探险南极或者攀登喜马拉雅山实在毫无兴趣,一旦西方人这样做,我们会问:'你这样干的目的何在?你非得到南极去寻找幸福吗?'……我们在荡舟湖心之时并不渴望走到山脚下,我们在山脚下时也并不企求翻越山顶。"虽然梁先生所说的中国人已同现代的中国人在旅游的观念和动机上有了很大差别,但就中国人的整体来说,此言对于我们分析当今中国人的旅游消费观念和旅游消费行为仍具有重要的借鉴意义。

三、旅游消费行为差异

由于上述旅游性格和旅游动机上的差异,导致中西方旅游者在旅游消费行为上呈现出不同的特征。在旅游目的地的选择上,在天人对立自然观的指导下,西方人特别强调冒险勇进的精神。因此,他们往往选择波浪滔天的大海、挺拔雄峻的高山、水流湍急的江河、险象环生的森林、民族文化浓郁的村寨、人迹罕至的荒原、浩瀚无垠的沙漠等充满惊险、充满刺激的旅游目的地,以在对这些旅游目的地的征服中获得快感,感受到人的力量的伟大。而在天人合一思想熏陶下的中国人,则多钟情于小桥流水、流云飞鸥、波澜不惊、草长莺飞、平湖秋月式的平和景观,以在对其静观默想中获得内心的审美体验,感受人与自然的和谐。受个人主义思想的影响,西方人的独立意识较强,在旅游目的地的选择上很少受他人的指点和左右;而在群体观念指导下的中国旅游者从众意识突出,在很多情况下对旅游目的地的选择是他人和社会影响的结果。在旅游的组织形式上,为了尽情享受属于自己的时间和空间,西方旅游者往往单独外出旅游度假,认为与人结伴或与家人同行,很不自由,会损害自己的旅游效益;而中国人则喜欢结伴而行,认为这样既可热热闹闹,轰轰烈烈,有旅游气氛,人际间又可以相互照应,获得安全感。在消费支出上,中国人在选择行住的条件时注重"经济实惠";重视有形物品的消费,轻劳务性的消费;重视纯娱乐性消费,轻发展性消费。而西方旅游者在选择行住的条件时则注重"情调";比较重视劳务性的消费,愿意花钱聘请导游和购买各种有偿服务；对于光顾博物馆、艺术馆等有利于提高文化知识，有利于开发智力或培养某种技能的发展性消费比较热衷。中国人在进餐时讲究大吃大喝，讲究热烈，喜好劝酒，甚至灌酒，这在西方人看来则是不可思议的。

第四节 旅游消费文化的发展

随着旅游业成为第一大产业的新时代的到来，国际和国内旅游市场出现了明显变化，这就是旅游者的消费行为发生了很大的变化，一种全新的旅游消费模式正在形成，并将在今后未来一段时间内成为旅游消费的主流和方向。因此，对旅游消费文化发展的特征和趋势进行总结与预测，对于抓住时机，促进旅游业的发展，无疑具有重要的意义。

通过对当前国内外旅游消费活动现状的考察和分析，我们可以清晰地看到现代旅游消费文化呈现以下几个显著特征：

一、旅游消费的文化层次进一步提高

根据世界旅游发展的趋势来看，旅游早已不再被人们视为一般的游山玩水，不再仅仅停留在低级的观光层次。随着旅游消费活动的进一步发展，人们对旅游消费的认识不断提高，除了需要在旅游中享受大自然的美丽风光外，人们越来越热衷于高层次的文化旅游和各种特色旅游，注重发掘旅游消费的文化内涵，希望通过参加旅游活动提高自身素质。现代旅游消费者越来越看重旅游消费的文化功能，他们试图在旅游中接受历史文化和近现代文明及各种外来文化，以摆脱蒙昧和无知，获得科学文化知识；并试图通过旅游活动增进人们之间的社会交往和相互了解，改善人际关系，寻求社会的和谐和文明的进步；还试图通过旅游获得感官愉悦和精神享受，达到益智和发展个性，形成完美人格的目的。总之，随着现代社会的发展，旅游者在旅游消费中对文化因素的追求显得越来越突出。据世界旅游组织的估计，文化旅游在所有旅游活动中所占的比例为37%，近几年将以15%的速度向前发展。此外，生态旅游、工业旅游、农业旅游、森林旅游、体育旅游、医疗保健旅游、修学旅游等各种

特色旅游亦大有蔓延之势。所有这一切,都将会大大提高旅游消费的文化层次。广西大学商学院赵赞以南宁市大学生为例,对大学生"毕业旅行"消费行为进行抽样调查,从"毕业旅行"旅游选择来看,采用多项选择的原则,发现南宁市大学毕业生最感兴趣的是休闲度假旅游,达45.8%;其次是民族风情旅游,达28.5%;再次是探险型旅游,达21.8%;而对观光旅游感兴趣的大学毕业生只占很少部分。[①] 大学生们对旅游商品的硬件要求低于往年,但对旅游商品文化附加值的含量与品质却提出了明确要求,这说明我国旅游消费趋于成熟化。在现代社会中,由于旅游者受教育程度的提高,文化素养的提升,特别是由于人们思想观念的进步,认识到文化对经济、政治乃至人类未来发展的重要性,加之世界经济一体化发展的趋势,使国家之间、地区之间、民族之间的交流和联系愈加密切。因此,尽管现代旅游者的需求趋于多样化,但文化旅游的动机得到明显强化,出于求知的欲望,希望学习和探索异国他乡的文化、历史、艺术、风俗、语言、宗教的旅游者日趋增多,文化旅游成为一种颇受青睐、生机盎然的旅游形式。

二、旅游消费的个性化不断增强

随着现代旅游活动的进一步深入,旅游消费者渐趋成熟起来,使旅游消费呈现出明显的个性化特征。具体表现在"散客"旅游者的增多和自助式、自选式、组合式旅游形式的兴起。散客,意为去异地独立旅游者,这种旅游往往预付一定旅费,没有陪同,人数多在5人以下,具有自主性、灵活性、多样性的特征。自20世纪80年代以来,散客游在世界旅游市场掀起了热潮。据资料显示,这种旅游形式在欧美各主要旅游接待国的市场份额已达70%~80%,有的甚至达90%。这样,经营接待散客旅游的能力已被视为衡量一个国家或地区旅游业成熟度的重要标志。虽然目前我国散客旅游的比例比发达国家低,但已占我国旅游客源市场的一半。散客旅游热潮的兴起,必然要求旅游方式的改变。自助式旅游者虽然可能购买旅行商提供的服务,但他们完全按照自己的兴趣、爱好制定旅游路线和日程,甚至自行预订机票和客房,体现出强烈的自主性,

---

① 赵赞.大学生"毕业旅行"消费行为实证研究——以南宁市大学生为例.消费经济,2010(5):65.

发展势头较旺,目前各种"自助游指南"、"自助游手册"比比皆是即是证明。采取自选式旅游形式的旅游者可以先向旅行代理商提出关于旅游目的地和旅游路线的具体要求,然后由旅行代理商去组织落实,这种旅游方式也备受欢迎,在我国的一些城市已开始盛行。组合式的旅游形式即通常所说的"异地成团",客人通过向旅行商预订之后,从不同的客源地出发,前往同一目的地,抵达后就地成团,由当地旅行社接待。这种旅游方式,游客自由选择和活动的机会较多,颇受青年旅游者和家庭式旅游者的欢迎。"散客"旅游热潮的出现和旅游者旅游方式的改变,其根本原因在于旅游消费者个性化追求的增强。随着旅游者经验的积累,他们不再将旅游视为畏途,在旅游中越来越充满自信。这些日渐成熟起来的旅游者对旅游的感受不再满足于传统的旅游观光,而是将目光放到更大的范围中,将旅游的目标上升到体验人生、完善人格、寻求自由与超越、实现自我价值的高度。加之现代交通、通信设施的不断进步,旅游管理和旅游服务的不断完善,大大方便了旅游者的外出旅行。因此,当传统规范化的旅游模式不能满足旅游者个性化的要求之后,必将被新的旅游方式所取代。因此,散客旅游既是旅游者追求旅游个性化的产物,又是旅游业进入更高层次、更新阶段的产物,是旅游业发展的必然。对此,旅行社业必须进行文化观念的更新,改变过去那种以自我为中心的经营理念和僵化的管理方式,面向市场,面向旅游者,采取灵活多样的经营方式和理念,适应时代发展的需要。

三、旅游消费回归自然的趋势将会加强

人和自然的关系,在各个时代具有不同的特征。按照美国教授米勒的观点,在狩猎、采摘为主要生产方式的原始社会,人在自然中生活,人是自然的一部分;农耕社会由于生产力的提高,人类开始了和自然的对抗,但小农经济的生产规模还难以从根本上改天换地;工业革命以后,人类进入了与自然相抗衡,进而主宰自然的时代;后工业文明的人类和自然重建和谐将成为理想的生活模态。[1] 在工业时代,人类在取得征服自然的空前成就的同时,也带来了前所未有的生态恶化、社会危机。在现

---

[1] 庄志民.后工业文明与回归自然的旅游——关于我国旅游经济发展战略的文化思考.旅游学刊,1995(6):13.

代社会中,人们被社会生活分割成不同的角色,各种人格面具变换频繁,很难在社会文化环境中形成一个完整的自我,使人们身心疲惫,精神紧张。在这样的背景下,人们非但未拥有征服自然后的快感,而是越来越不快活,痛苦、迷茫、惆怅,痛感精神家园的失落。"原始家园丧失的一个重要标志是人与自然的分离,人不是自然的一部分而是自然的对立面,理性使人与原始家园的家族成员——动植物割裂开来,因此,在人类寻找家园之际总是要泯灭物我的分离,找回物我浑融、天人合一的原始领地,人在自然面前不再是以主人自居,而成为整个大自然的一部分。"①于是,人们纷纷离开身居之所的闹市,前往清净、优美、开阔、洁净的山林川泽、海滨河畔,去雪域登山、森林漫步、小溪漂流、沙滩休憩,由对自然的把握而赋予自然以生命,同时扩大自己的生命,使主客体在融合中同时得到升华。因此,返璞归真、追求淳朴、回归自然、享受自然的旅游动机在全世界范围内得到强化。据有关资料显示,欧美、日本等发达国家的旅游者普遍偏重自然风光,乡村旅游流向增长迅速。西班牙旅游部经过抽样调查发现,52%的旅游者愿意到恬静的环境中度假。而中国近年来,西藏、丝绸之路、神农架、西双版纳等地的探险旅游成为热点,也是人们回归自然旅游趋势强化的反映。

回归自然旅游趋势的加强,固然是日益恶化的外界环境逼迫的必然结果,但也和人类本身追求自由的本性有关。回归自然的旅游有深刻的主观因素。自然界孕育了人类,自然资源养育了人类,同时自然环境又限制和束缚着人类,在这种二律背反的矛盾中,在追求自由的本性的驱使下,人类自诞生之日起,便开始了逃离自然、征服自然和超越自然的历程。在一定意义上讲,这是人类旅游的起点。然而,毕竟人是自然的一部分"他只有在与自然的交流对话和自由审美中,在超脱了他与自然的功利关系后,才能回顾自身的本源和初始,体验到人的本质,得到一种对于宇宙与人生意义的悟性,使人重新肯定物与我的各自实在及其价值。"②美国作家爱默生(1803—1882年)在《论美》中这样写道,"人假如朝夕营营,为俗物所累,或者惯于同俗人交往,会觉得身心受到束缚;一旦回到自然界去,自然就可以发挥其医疗的妙用,恢复身心本来真知。

---

① 傅道彬.晚唐钟声——中国文化的精神原型.北京:东方出版社,1996.
② 谢贵安,华国梁.旅游文化学.北京:高等教育出版社,1999:367.

商人和律师走出纷扰的市街,搁下处世的心机,抬头看看天空、树木,就会觉得他们的人性又恢复了。在自然永恒的寂静中,他们悟出了自己的本来面目"。因此。人类对大自然的游览与回归,是人类自身的一种复元,或者说是人类心底深处蕴藏的寻找和回归自然的古老而又原始的本性的再一次被激发。

四、旅游消费者的年龄结构进一步年轻化

在现代大众化旅游的进程中,旅游消费主体的年龄结构在发生着改变,中青年所占的比例逐步增加。据美国一家公司组织的抽样调查显示:据国外的一份抽样调查资料显示,在世界各旅游目的地,青年旅游者在全体旅游者中的比例为:美洲42.9%,欧洲49.0%,非洲34.0%,亚洲38.7%,大洋洲34.0%。《中国旅游年鉴》2010年入境游客抽样调查综合分析报告显示,入境旅游者的年龄呈明显的年轻化态势。在被调查的4.3万人中,14岁及以下游客273人,占0.6%;15~24岁的4 692人,占10.0%;25~44岁的22 209人,占47.1%;45~64岁的16 233人次,占34.4%;65岁以上的3 724人次,占7.9%。很显然,在入境游客中年轻人占了绝大多数。而我国国内的旅游,自20世纪80年代青少年旅游者的加入,亦呈现出年轻化的趋势。旅游正成为我国中青年的一种新时尚。某一调查公司的调查资料表明,在中国35岁以下的年轻人中,有4个最受追求的目标,其中之一就是旅游。旅游消费主体呈现出年轻化趋势的原因主要有两个。其一,在于思想观念的变化。过去西方国家普遍推崇少壮努力工作,暮年以后以丰厚的积蓄广游世界的观点,即所谓的"年轻时拼命挣钱,老时拿钱买命(享受生活)"。因此,老年旅游者在世界旅游市场中占的比重较大。但在第二次世界大战以后成长起来的受过良好教育的中青年中,这种老来旅游的观念正在被享受生活的享乐主义思潮所代替。这批充满进取精神的中青年,除了在紧张工作之余外出旅游度假,以寻求身心的放松,丰富人生的经历,以更好地投入到工作中去以外,更把消遣性旅游度假看成是一个人成功的标志,认为这是身份和地位的象征。不仅个人如此,一些大公司所进行的所谓"奖励旅游"、"带薪度假旅游"等各种带有鼓励对公司作贡献人士的旅游活动和措施,更是对中青年旅游者加入到旅游消费大军中来,起到了推波助澜的作用。其二,在于社会分工所造成的一批年轻而又富有的社会阶层的兴起。近年来,随着一些新兴产业的兴起,使一大批掌握高新技术的年轻人迅速发达起来,他们不再像他们的父辈那样,要经过一辈子的努力和创造才能富裕起来,他们几乎是在一夜之间成为世界上最富有的人,比尔·盖茨成为这些人的杰出代表。有资料显示,在西方特别是在信息技术业,如果一个人在30岁之前,还没有功成名就,恐怕到了35岁将会面临"下岗"。这些主要由商界、高新技术人员组成的年轻富有的消费者阶层具有比他们的前辈高得多的消费水平,在消费方式上普遍提倡晚婚、晚育,追求生活享受。他们喜欢外出度假,向往去遥远的地方旅游。因此,消费观念的改变和经济地位的提高使在全世界范围内,旅游消费者的年龄正趋于年轻化。

此外,随着可持续发展思潮在全世界的兴起,旅游消费也将会与此相呼应,提倡旅游消费的可持续化发展。史延廷先生曾在中国旅游报上专门发表文章呼吁各界要关注旅游的可持续消费,认为"旅游可持续消费是一种通过选择不危害环境,又不损害未来各代人的旅游产品与旅游服务来满足人们生活需要的一种理性消费方式。旅游可持续消费既充分尊重了地球生态系统的极限,又保证了未来各代人和当代人拥有同样的选择机会,是一种科学的消费方式。它不是介于因贫困引起的消费不足和因富裕引起的过度消费之间的折中,而是一种新的、先进的、合理的消费方式,是一种直接服从于全球可持续发展目标的消费形式"[①]。因此,在未来的旅游消费中,在提高人们旅游消费质量的同时,改变不合理的旅游生产方式和消费方式,提高旅游资源的利用效率,以一种利于人类发展可持续的旅游生产和生活方式进行旅游消费将会得到普遍的赞同。同时,随着现代旅游的发展,旅游消费者的旅游需求正在趋于多样化、细分化,旅游者的参与意识明显增强;为适应旅游消费者的需求,旅游商品将越来越注重特色化。

思考与练习

1. 文化从哪几个方面影响旅游消费?

---

① 史延廷.要关注旅游的可持续消费.中国旅游报,2000 - 02 - 15.

2. 简述旅游消费的文化蕴涵。
3. 中西方旅游消费动机有什么差异?
4. 中西方旅游消费行为有什么差异?
5. 论述旅游消费文化的发展趋势。

第四章  旅游服务文化

引言

又到"五一"小长假了。今年,小刘计划去北京旅游。相比于自助游,跟着旅行社的行程计划,最大的优势就是省心了。于是,小刘报名参加了北京旅游团,与同团的20多人同游北京。

4月29日早上,旅行社有专人和小刘取得了联系,告诉小刘"五一"的北京天气情况,让小刘带上T恤、运动服等夏季服装,并告诉了小刘4月30日下午到火车站指定地点集合。

4月30日下午,小刘如约到了火车站候车室等候区,在旅行社旗帜和领队的带领下,到了火车卧铺车厢。小刘被分配到了上铺,刚好是自己最喜欢的。"哦,原来……"小刘欣喜于报名登记时,他所询问的是不是上铺,被旅行社接待人员记下了……

5月1日晨,大家有序下火车后,旅行社大巴就把小刘他们带到了天安门广场。天安门广场聚集着四面八方赶来的人们。下了大巴,小刘随着导游员到了离国旗台适中的位置,刚好看到国旗护卫队在人民广场牌坊前开始列队。随后,整齐的队列,有力的踏步,擎旗手、护旗手、指挥员、护卫队队员,随着军乐队奏响军乐,齐步迈向国旗台。……这是小刘第一次亲眼观看完整的升国旗仪式!

观看升国旗仪式后,小刘一行在导游员和领队的安排下,入住酒店。按照日程计划,随后是参观故宫、逛北海、登长城……

这次北京之旅,小刘和同团的20余人,乘兴而去,尽兴而归,大家无不感叹旅行社日程安排的巧妙、入住酒店的舒适、景区指示和说明的到位……每一流程和环节,无不满含着服务的温馨和文化的意蕴。

本章将对旅游服务中涉及的旅游服务文化的相关问题进行讲述。

本章学习目标
- 了解旅游服务文化的兴起和影响。
- 理解饭店服务文化。
- 理解景区服务文化。
- 理解旅行社服务文化。
- 理解导游服务文化。
- 掌握旅游服务文化的特征。
- 了解旅游服务文化的发展趋势。

第一节 旅游服务兴起及其影响

一、旅游服务的兴起

(一)服务

服务,是近年来社会生活中出现频率最高的词之一,如各个部门开通的"服务热线、服务中心"等服务机构,或是提出的"热情服务"、"服务至上"等标语,无一不以服务为重点,甚至在电脑中,一个管理资源并能够为用户提供服务的计算机软件也被命名为"服务器"。"服务"从其悄悄渗入人们的生活开始,就显露出广泛传播之势,并在顷刻间弥漫人们生活的各个角落。

"服务"一词在英语中的对应词为"service",其基本含义是"为他人做有用的事情",即服务是指为他人做事,并使他人从中受益的一种有偿或无偿的活动,它不以实物形式,而是以提供劳务的形式满足他人某种特殊需要。

自20世纪五六十年代市场营销学界将研究的领域从物质产品拓展到服务产品领域而开始关注服务概念至今,虽然不同学者或组织对服务的定义有所不同,但其作为一种新的观念形态和行为方式,服务在现代社会中无时不在,无处不在,它深入到社会的每个角落,联系着每个消费者。国家旅游局将服务定义为"为满足顾客的需要,供方与顾客接触的活动和供方内部活动所产生的结果"。

不论贫富,不论愿意与否,人人都必须接受服务,依赖服务。服务的普遍化在一定程度上促进了旅游事业的发展,例如:随着手机第三代移动通信技术(3G)视频服务应用的普及,很多景区开始推出景区无线视频监控系统,通过手机对远程信息点进行实时监控;游客也可以利用视频服务,更形象、真实地了解景区景点情况,进而作出旅游目的地的选择。那么具体来说,旅游服务的含义是什么?它是如何兴起的呢?

(二)旅游服务

1. 旅游服务的概念

旅游服务,是现代服务业的重要组成部分,是指旅游业服务人员通过各种设施、设备、方法、手段、途径和"热情好客"的种种表现形式,在为游客提供能够满足食、住、行、游、购、娱等需要过程中,营造一种和谐的气氛,产生一种精神的心理效应,从而使游客在接受服务的过程中产生惬意、幸福之感,进而乐于交流、乐于消费的一种活动。

世界旅游组织将旅游服务定义为:"一切由旅游企业提供的满足旅游者需要的服务内容,包括旅游及旅行相关服务、娱乐、文化和体育服务、金融服务、运输服务等12个类别。"

2. 旅游服务的特点

随着旅游业的蓬勃发展和现代服务业的兴起,旅游服务和旅游服务文化备受关注。根据相关研究和定义,为了更好地认识和了解旅游服务,我们可从以下几个方面对旅游服务进行分析和探讨:

(1)旅游服务具有非实体性。它是旅游服务者为满足旅游者的旅游需要而提供的一种劳务,是服务行为和服务过程的统一,但不具有实物形态。

(2)旅游服务是一种或一系列的行为。虽然有时被视为服务型旅游产品,但它同一般的物质型旅游产品有巨大的差异。

(3)旅游服务在一定程度上具有生产与消费的同步性。旅游服务是一种面对面的服务,旅游服务既不能提前生产,又不能事后储存,服务与被服务必须处在同一时间维度。

(4)旅游服务具有参与性。旅游服务是服务者与被服务者共同完成的一系列互动的行为和过程,在一定程度上需要旅游者的直接参与。

(5)旅游服务具有经济属性和文化属性。旅游服务的目的在于通过向旅游者提供食、住、行、游、购、娱等方面的服务获得旅游收入,具有明显的经济属性。但在服务提供的过程中不可避免地涉及服务者与旅游者之间的文化交流与碰撞,具有一定的文化属性。

通过以上多视角、多层次的分析,我们认识和理解了旅游服务的基本概念以及相关特点,即旅游服务是为旅游者的旅游活动提供食、住、行、游、购、娱等需要的一种劳务活动,换言之,旅游服务在时间上一定产生于旅游活动开始之后。现在我们就对旅游服务是如何兴起的问题探讨如下。

3. 旅游服务兴起的原因

(1)世界经济的发展和交通工具的改进。就整个世界的情况而言,19世纪初期,旅行活动的发展开始具有了当今意义上的旅游活动的特征。18世纪60年代开始的英国工业革命,在19世纪30年代末在英国基本完成。1784年,瓦特发明的蒸汽机成了交通工具的动力。18世纪末,蒸汽机轮船的问世以及铁路运输的出现,这些新兴的交通工具增加了旅行方式的多样化,降低了旅行的交通费用,而且大大缩短了旅行所需要的交通时间,加之铁路运营地域和运营网络的不断扩大,使人们外出旅游活动的半径得以增加。

经济的发展以及交通工具的改进,促使英国人托马斯·库克在1841年7月5日利用包租火车的方式,组织了一次从英国中部地区的莱斯特前往洛赫伯勒的团体旅游。该次旅游参加人数达570人之多,往返24英里,往返票价1先令,目的是参加禁酒大会。这是世界上公认的第一次商业性旅游活动,被称为"伟大的创举",并普遍被视为近代旅游业的开端。

1845年,托马斯·库克在莱斯特创办了世界上第一家商业性旅行社,旅行社一开始就以"为一切旅游公众服务"为宗旨,并于当年夏天组织了一次真正意义上的团体消遣旅游,从莱斯特出发,途中在若干地区停留和访问,最后到达终点——海港城市利物浦。托马斯·库克为这次旅游活动做了充分的准备,旅游活动前的市场调查和宣传,组织张贴旅游海报,使前来报名者极其踊跃。在旅游活动过程中,托马斯·库克沿途做了大量的实地考察,以确定沿途所要停留的地点以及所要开展的参观游览活动,特别是注意了解当地有无足够的廉价旅馆。从市场宣传、销售组团、安排和组织路线,直至提供陪同和导游并雇用地方导游等一整套服务工作,托马斯·库克的组织方式与方法体现了当今旅行社的基本业务,成为今后旅游行业从业人员的效仿模板,开创了旅游服务的先河。

(2)旅游主体服务需求的日益增长。

①对旅游企业服务的需求。旅游者进行旅游活动,不仅仅是为了获得视觉享受,更重要的是获得心理满足。因此,除了对旅游目的地的有所选择外,对旅游企业的服务也有所要求。

第一,要求旅游饭店服务高标准化。饭店服务的供给是旅游者旅游活动得以展开的物质基础,对旅游者的旅游体验活动具有较大的影响。饭店不仅要为旅游者提供安全、卫生、健康、便利、有特色、文化含量高的旅游食品和住宿设施,而且要保证其所供给的不仅仅是一种餐饮、一种美食,而是一种风情、一种民族的风韵和美丽。

第二,要求旅游景区服务的人性化。旅游景区是旅游者进行旅游活动的主要吸引源。旅游景区的自然存在景观是既定事实,但是只对自然景观的游览还远远不够,旅游者在游览过程中希望感受到旅游景区周到而又个性化的服务安排,例如,游玩项目的排队口处安装防晒伞、景区内的外语翻译等,从细节着手,提供人性化的服务。

第三,要求旅行社服务的多样化。旅行社服务的多样化既包括对不同旅游产品的组合上,也包括针对不同时期、不同旅游群体作出的线路设计调整方面。正是因为旅游主体日益增长的服务需求,为了更好地服务旅游者,旅游服务应运而生,并受到广泛的关注。

②对导游服务的需求。旅游者初到某一旅游地必会产生茫然感,同时会产生孤独感、拘谨心理,以及强烈的不安全感,一方面,需要他人为旅游者引路、指点,为其解决语言不通等问题,以求避免因不明当地习俗而产生误会和不愉快,避免因语言不通而带来的困难;同时也需要有熟悉的人员陪同,为旅游者解决餐饮、住宿和旅行过程中遇到的种种问题,帮助他们获得心理安慰,达到心态平衡,从而能心情愉悦且精力充沛地投入到旅游活动中去;另一方面,由于文化和地域的差异,旅游者在游览

过程中因不同的民族观和审美观,若无旁人指点,定会感到无从欣赏那些具有异国情调或异地风俗的自然美、社会美和艺术美,也就领会不到融会在风景名胜中的文化真谛。因此,为了能让旅游者在短时间内了解到异国他乡的自然风光和民俗风情,导游人员在旅游过程中精彩生动的讲解是必不可少的。

③旅游业发展的需要。随着旅游活动大众化时代的到来,旅游业日益壮大,旅游人群逐渐庞大,相应的服务需要也随之增多,旅游活动中涉及的事项开始复杂。又由于旅游业本身的综合性,它的兴起自然而然地带动相关产业的发展。

旅游者旅游活动的开始,需要旅行社的参与;旅游活动进行过程中蕴涵的巨大商机使所在地的旅游商品受益;旅游者的购物消费刺激当地的经济收入,使旅游服务部门使出浑身解数提供优质服务;旅游景区花巨资营造优美的景观是为了得到旅游者的好评以及二次消费。

旅游业的发展可促进各相关领域共同发展的同时,也需要各部门的支持和配合,责任共担、同舟共济、利益共享、协调发展。旅游业是一项经济事业。旅游企业经营的组合旅游产品,多是以无形的物化劳动出现,提供综合性的服务,亦即旅游产品的销售和使用是在无形中进行的,主要贯穿于旅游活动的全过程,即旅游企业主要通过向旅游者提供高质量的旅游服务,特别是有特色的旅游服务来实现其经营目标,增强其在旅游市场的竞争力。

总的来看,旅游活动的蓬勃发展和旅游服务的兴起二者是相辅相成,相互促进,旅游活动的诞生就决定了旅游相关服务的兴起实属必然。

二、旅游服务的影响

旅游服务在现代旅游和旅游服务业的发展中具有重要的地位与作用。旅游服务是旅游接待的核心问题,其服务质量的优劣、服务水平的高低,直接关系到旅游者旅游体验的质量和水平,对旅游者的旅游活动产生巨大影响。在一定意义上讲,离开了旅游服务,现代旅游活动便无法进行。

(一)高质量的旅游服务有利于旅游企业的品牌建设

质量是旅游企业品牌的生命,没有质量保证的任何旅游服务产品的变化、任何服务内容的更新都是没有价值的。

1. 创建品牌是旅游企业增强竞争力的关键

旅游活动中,旅游企业按优质服务的标准,做到每个服务项目质量不打折。按质量标准,做好对每位游客的服务,杜绝随意化行为,保证为旅游者提供全程高质量、高标准的服务,可以从根本上创造和维护旅游企业的品牌。

2. 旅游服务是旅游企业品牌建设的核心元素

在旅游市场中,旅游企业的竞争越发激烈,而旅游产品作为企业间竞争的焦点,它是由多种成分组合成的混合体,是以服务形式表现的无形产品。即"旅游业中产品和服务基本上是可以画等号的。正是由于这种特殊性,企业能否在旅游市场上获得成功,不仅要靠具有优良品质的产品和服务,更重要的是要拥有公认的名牌"[①]。

因此,创建品牌就成为旅游业增强竞争力的关键,而旅游服务作为品牌建设的核心元素,其质量的高低对旅游企业的品牌建设起关键作用。

(二) 个性化的旅游服务能够增强旅游企业的竞争力

"旅游个性化服务是随着旅游经济的不断发展和旅游市场竞争的日益激烈而出现的,且被认为是现代旅游企业实现优质服务的主要途径。"[②]

1. 旅游者的个性需求日益显现

伴随着人的主体性回归和个性化需求时代的到来,张扬个性、体现自我,以及在消费中得到最大限度的心理满足,成为一种时尚,消费者开始重视旅游过程的体验和心理享受,从而表现出来的个性化需求非常明显。

2. 旅游者是旅游企业发展和竞争的动力源泉

随着我国加入世界贸易组织(WTO)和国外相关企业的进入,旅游企业将面临更激烈的竞争。旅游企业在未来的激烈竞争中求得生存和

---

① 董华,马月华.旅游业的服务创新与品牌建设.青岛科技大学学报(社会科学版),2003(1):53.
② 刘又堂.论体验经济与旅游个性化服务.社会科学家,2005(1):148.

发展,若要保有一席之地,必须在服务理念、营销方式等方面有所创新和改变,尤其是作为企业改变自身驱动力的服务理念必须相应有所提升。换言之,旅游企业若想立于不败之地,就得从旅游活动的主体——旅游者着手,在旅游产品的创新与营销上,充分考虑到游客的需求,要突出旅游企业的特色,力求做到"人无我有,人有我新,人新我特"。不断为游客带来新鲜的旅游感受。要求推出的旅游产品的环境、项目、活动与游客自己的日常生活环境要有差异,要与竞争对手存在差异。

也就是说,前者可以实现游客的个性化需求,后者可以保证旅游项目的竞争力,即从旅游服务的个性化层面增强旅游企业的竞争力。

(三)多样化的旅游服务能够为旅游者提供身心愉悦的旅游经历

随着旅游消费观念的变化,游客在选择旅游产品和旅游服务时更加理性,更倾向于多样化的旅游服务,选择旅游产品的主要依据也从价格因素逐渐转移到服务品质方面上来,单一内容,重复面孔的大众旅游、团体旅游已无法满足多样化、多层次的需要,人们出游的动机变得越来越灵活。[①] 为了适应旅游者的心理需求变化,旅游企业开始着眼于旅游服务的多样化。

1. 专项旅游线路的推出

许多旅游企业陆陆续续开始推出不同的旅游产品,像自助式背包游、家庭式的度假游、浪漫的蜜月游、出国求学游等专项旅游,由于专项旅游的个性化特征很明显,它带给旅游者的经历印象非常深刻,大部分经验丰富的游客开始追求这些不同于传统的观光旅游方式。

2. 体验型旅游服务的产生

旅游企业使旅游服务变得更加细腻化,通过细微化、延伸化、人本化等多样化的服务,让消费者在旅游活动过程中产生欢喜、惊讶、激动、感叹等情感体验,引发旅游者的情感共鸣,从而为旅游者留下深刻的记忆。

3. 参与式旅游体验的提供

旅游活动不仅仅是简单的游览、旁观,为了让游客更好地参与其中,"旅游企业为每个消费者设计和提供参与性强、兴奋感强的活动和

---

① 陌上桑.个性化旅游呼唤个性化服务.中国旅游报,2003-06-12.

项目,让游客在游览过程中能够与企业及其员工进行双向互动,从难忘的经历中获得愉悦的体验,留下美好的记忆"。① 因此,参与式的服务技能不仅能让游客获得旅游体验,而且能够使其获得自我价值的成就感。

事实上,多样化旅游服务并没有一个确切的定义,它是许多种旅游服务的总和,是以满足不同群体旅游者的多样化旅游需求为目的的旅游服务方式的组合,最终目的在于为旅游者提供愉悦的旅游经历。

第二节　旅游服务的文化蕴涵

作为连接服务者和旅游者的纽带,旅游服务在满足旅游者食、住、行、游、购、娱等需要的同时,又是一种面对面的文化交流活动,主客双方不同的文化背景、文化理念、文化模式、文化行为,不断地在此际遇、碰撞、整合,最终使两种异质文化实现相互理解、相互认同、相互包容、相互融合,完成文化的交流。

旅游服务文化,是为旅游者的旅游活动提供旅游服务而产生的一种精神文化。因此,无论是就个体旅游者的具体旅游活动,还是整个人类整体的旅游活动而言,旅游服务在时间上一定产生于旅游活动开始之后,而不会产生于旅游活动之前,或者与旅游活动同时产生。具体而言,旅游者有了旅游需要和动机并付诸旅游活动后,才会与旅行社签订合同,接受旅行社提供的服务,入住某一饭店,享受各种餐饮和住宿的服务,进入旅游景区游览,会有来自景区的各种服务,跟随导游员的旅游活动,会有导游员提供的讲解等服务,整个旅游活动的环节就是一个统一的整体,而旅游服务文化始终贯穿于其中。

一、旅游饭店服务文化

1. 旅游饭店服务文化的内涵

饭店服务文化是饭店文化的一个重要组成部分,饭店文化也称为

---

① 刘又堂.论体验经济与旅游个性化服务.社会科学家,2005(1):149.

"饭店气息",它是饭店的外在形象和内在机制的统一。旅游饭店服务文化,主要是指在旅游者餐饮和住宿的供给过程中体现的一种精神文化,包括食宿供给的理念、行为和最终的服务产品等方面。

对于饭店而言,舒适的客房、迷人的大堂、美味的佳肴等这些看得见、摸得着的有形物质构成饭店所提供服务的基础,但如果离开饭店服务人员的积极参与,这些有形的产品都无法满足客人的需求。服务人员是提供服务的关键因素,服务人员的行为举止是对客服务中对服务的升华。住宿服务文化、餐饮服务文化、服务人员工作过程中的服务文化三者是旅游饭店服务文化的主体部分,增强了饭店的文化氛围。

2. 旅游饭店服务文化的组成部分

(1)旅游住宿与客房服务文化。旅游住宿的形式多样,豪华饭店、商务酒店、会议型酒店、度假宾馆、休闲疗养所、汽车旅馆、青年旅社等各种形式层出不穷,各具特色,其所提供的客房服务是旅游饭店服务文化的重要组成部分。有学者将客房服务的艺术要领概括为"热情、礼貌、整洁、舒适、周到、安静、安全",实际上也是对旅游住宿服务文化行为层面上的要求。因此,就行为层面而言,旅游住宿服务文化主要体现在旅游服务者的仪容仪表和言行举止上。服务者的形体、服饰、发型、面部表情、服务态度、服务程序与标准、服务技巧与水平、服务的敏感度等都对旅游住宿供给的质量和水平产生较大的影响,进而影响旅游者的旅游体验活动。

(2)餐饮服务文化。餐饮过程是旅游企业的餐饮供给和旅游者的餐饮享用的统一。在此过程中,菜肴讲究营养,原料讲究新鲜搭配,烹调讲究技巧,用餐讲究养生,环境讲究情调,服务讲究品位,膳食讲究内涵,器具讲究搭配,拼摆讲究色调等原则和要求贯穿始终。有些旅游者更是把餐饮活动比做是品味文化大餐;把舒适、典雅的就餐环境和良好的服务态度比做是享受文化风情;把边吃边喝边欣赏周围的装饰、摆件、书法、字画比做是体味文化氛围……甚至连服务人员的言谈举止、一颦一笑、衣着服饰都被列入有无文化素养的表现;连店铺的装潢设计、店招牌匾、楹联字画亦被列入有无文化含量的重要标志。上述内容,在一定程度上反映出旅游者对饭店服务中餐饮服务行为层面的要求。

3. 旅游饭店服务文化的特点

(1) 饭店服务文化，是服务人员对客服务中体现出的一种文化。服务文化不仅仅是指优质服务、满意服务，还指饭店服务文化要把以往平凡的服务上升为一种艺术。从客人入住饭店的那一刻起，服务就已经产生，并在进行中。也就是说，服务人员在提供服务的同时，顾客也在享受或消费服务，即服务的生产与消费的同步性，因此，员工在工作岗位上的一言一行是对客人的一种艺术展示，而不是简单重复性的体力劳作。根据相关的研究表明，服务最重要的特性就是其过程性，尽管服务结果是必要的，但顾客对服务过程的感知却更为敏感。如服务员在为客人进行上菜是一种服务行为，在服务提供的过程中，服务员专业的摆放、热情的态度、细致认真的工作态度、恰如其分的解说服务能给客人留下良好的印象。事实上，客人对于这种服务的评判是取决于服务员的服务过程，而不是服务员上菜这一动作本身。服务人员的服务行为是饭店服务文化中最重要，也是最难以把握的部分，对饭店服务文化的构建产生重大影响。

(2) 就旅游饭店服务文化的产品形态而言，旅游饭店的供给是一个系统的动态过程。从入店的瞬间开始，旅游者就以自身的兴趣、爱好、需求、观念等对服务人员的仪容仪表、语言表达、技能水平、服务效应等方面进行观察、品评。因此，旅游服务行为要保证质量，赢得游客的满意，必须注意每一个细节。近年来，为了满足旅游者的不同需求，一些饭店纷纷推出个性化、特色化的服务举措，受到旅游者的普遍欢迎。此后诸如绿色服务、全方位服务、超常服务、整体服务、微笑服务、细节服务、超前服务、家庭式服务、癖好服务、超值服务等概念亦经常见诸报端，大大丰富了旅游饭店服务文化的内涵，代表了旅游饭店服务文化的发展方向。

4. 旅游饭店服务文化建设

(1) 特色与精品建设。从饭店服务文化建设的角度看，无论是住宿设施与服务，还是餐饮设施与服务，要真正打动并吸引旅游者，必须在突出地方与民族特色、精心创造旅游精品方面加大力度。傣族的吊脚楼、内蒙古的蒙古包、陕西的窑洞、东北地区的"龙泉山庄"等旅游住宿设施和各地独具风韵的餐饮小吃等深受欢迎，再次证明了旅游饭店服务文化内涵的独特魅力。

(2)体验型饭店服务文化建设。随着文明的进步和文化的积淀,人们对于因进餐和住宿而带来的精神上的快乐与需求越来越急切,对于旅游者来说,饭店食宿的供给虽并不能最终左右其旅游体验质量的高低,但就整个现代旅游活动的发展趋势而言,旅游饭店的供给正发挥着越来越大的作用,在一定程度上决定着旅游体验活动的展开与发展,旅游饭店只有形成了一种积极健康的服务文化氛围,才能在激烈的市场竞争中占得先机,让每一个来酒店消费的宾客,去充分感受饭店的优质服务,以及由此而带来的美好享受。毕竟,每一个外出旅游的人在结束愉快的旅游体验而享受饭店服务的时候,都迫切需要一种"家"的感觉。尽管旅游饭店远不是"家",但饭店服务向"家"的方向靠近,应当是其未来发展的方向。

二、旅游景区服务文化

1. 旅游景区

旅游景区,是指具有吸引国内外游客前往游览的区域场所,能够满足游客游览观光、消遣娱乐、康体健身、求知等旅游需求,并具备相应的旅游服务设施,以及能提供相应旅游服务的独立管理区。

作为一种特殊的自然—经济—文化的空间载体,旅游景区具有观赏、文化、环保、科研等多重价值。它是旅游业的核心要素,是旅游产品的主体成分,是旅游产业链中的中心环节,是旅游消费的吸引中心,是旅游产业面的辐射中心。

人们在选择旅游目的地、安排旅游行程时,首先考虑的是旅游景区,其次才是交通、住宿、餐饮等因素,所以说,旅游景区是旅游业六大要素中的核心因素,不仅为旅游者提供旅游吸引,而且其服务质量在很大程度上影响着旅游者的旅游体验和对旅游活动的评价。

2. 旅游景区服务文化的内涵

旅游景区服务文化,是指为旅游者在旅游景区游览过程中提供服务而产生的一种精神文化。

旅游景区服务,是为向游客提供、满足他们在整个游览过程中多种需要的一系列活动,这些活动是在游客与有形资源以及服务人员之间的互动过程中进行,通过服务人员的周到、热情的服务,游客最终获得了旅游经历和感受。

3. 旅游景区服务的特点

(1)共性特点。景区服务是一种过程性的服务,其具有一般服务的共性,也具有景区服务的个性。景区服务共性特点表现为:无形性、生产与消费的同一性、不可贮存性、不可转移性等特征。

(2)个性特点。旅游景区服务自身的特点表现如下:

①景区服务的复杂性。一方面景区的服务内容丰富、形式多样,既包括游览、休闲等核心服务,又包括在游览过程中维持正常生活的基本服务;既包括设施、设备等硬件设施,又包括导游服务、咨询服务、票务服务、购物服务等软件服务。[①] 另一方面旅游景区服务对于游客来说是一种经历、一种体验,由许多服务细节所组成,要求服务人员在服务过程中要事无巨细,事实上,只要有一个方面的细节让游客感到不满意,游客很可能对之前所接受的服务有所质疑,对景区服务质量的判定可能会产生负面印象。

②景区服务过程的连贯性。旅游景区大多是由一系列具体景点或活动项目所组成,景区任何一个服务环节的失误都会影响游客的整个行程。因此,景区服务系统必须流畅连贯,不让游客在任何一个环节上花费太多的时间等待,从而影响整个旅游游览活动。

③景区服务的易受影响性。旅游景区服务所凭借的资源一般位于室外,这使景区的服务质量易受到外部环境的影响。这就对旅游景区服务人员的应变能力提出了较高的要求,应该在遇到一般应急事故时保持头脑清醒,并稳定游客情绪,然后进行妥善处理。事实上,游客对旅游景区的满意与否,在很大程度上源于景区服务文化建设的成熟与否。

4. 旅游景区服务文化建设

旅游景区服务的理念要求将旅游景区各个方面的开发和管理作为一种文化经营活动。在旅游景区的服务过程中,通过深入发掘景观内部特定的文化蕴涵,以及加强对景区服务人员的文化培训,增强旅游景区服务文化的氛围,从而满足旅游者的心理需求,保持旅游景区内在旺盛

---

① 王莹.旅游区服务质量管理.北京:中国旅游出版社,2003.

的生命力。

(1) 关于景观开发文化。旅游景观开发的主要原则有二,其一是文化学原则;其二是美学原则。

文化学原则,要求旅游景观的开发要突出文化蕴涵,每个景观要素的设计与组合都要围绕文化主题来进行与展开。景观中风景、建筑的开发设计要注意当地民俗及风土环境等文化内涵的研究,从地方居民中汲取精华,从文化学角度探讨景观开发的文化归属,从中找出创作的着眼点,设计出得体于自然、巧构于环境的旅游景观。

美学的原则要求旅游景观在展现其内在文化内涵的同时,景观设计与建造要符合形式美的法则与规律,符合旅游者的审美习惯和本民族的美学精神与美学传统,创造出一个完美的美学综合体,增强旅游景观的审美感染力。

(2) 关于景区服务人员的服务文化。我国于2011年开始实施的《旅游景区服务指南》国家标准(以下简称"服务指南")关于旅游景区服务作出了相关的规定。"服务指南"中规定了旅游景区服务人员的服务标准,并指出人员服务是旅游景区服务的核心所在。其中涉及售检票服务、购物服务、卫生保洁、咨询服务等的标准。

①售检票服务。"服务指南"中要求旅游景区在提供售票服务时,售票员应"主动介绍所售票务的种类和价格,耐心解答游客的询问;售票时应做到细心、准确、迅速,唱收唱付"。

②购物服务。该项标准规定,要做到"购物环境秩序井然,商户亮照经营,可主动向客人介绍富有本旅游景区特色的旅游商品,但不应强迫游客购买或尾随兜售"。

③卫生保洁。在这方面规定的标准是,"厕所应配备专人负责保洁,保证室内整洁、无异味,洁具洁净、无污垢、无堵塞,清洁工具摆放整齐、不外露,应提供厕纸"。

④咨询服务。这是最基本的人员服务,旅游景区"宜设置游客中心或游客咨询台,提供景区咨询服务;应有相应的网页,为游客提供景区的地理位置、开放时间、游览内容、门票价格、联系方式等基本信息服务"。

景观开发服务文化和从业人员的服务文化构成了旅游景区服务文化的主体,二者对提升旅游景区的服务形象有重大的影响。

整体而言,旅游景区服务是一个旅游活动得以顺利进行的中心环节,它体现出景区开发设计者的价值观念、理想志趣、审美意识和文化观念,向旅游者传达着一种思想文化的内涵;而旅游景区服务文化是影响旅游者旅游体验的重要部分,它是旅游景区向旅游者所提供的有形和无形资源的服务总和,反映出旅游景区的基本情况和服务水平的高低。

三、旅行社服务文化

1. 旅行社的界定及作用

(1)旅行社的界定。所谓旅行社,有许多的定义。我国《旅行社管理条例》中指出:旅行社是指以营利为目的,从事旅游业务的企业。其中旅游业务是指为旅游者代办出境、入境和签证手续,招徕、接待旅游者,为旅游者安排食宿等有偿服务的经营活动。

(2)作为旅游活动的媒介,旅行社在旅游业的发展中发挥着重要作用。主要表现在:

①旅行社是旅游活动的组织者。从托马斯·库克开始组织旅游活动起,旅行社的组织作用就在不断加强,人们不必再担心外出旅游活动的安排,以及在旅游活动过程中遇到的各种问题,只要选定旅游目的地,其他一切活动都可由旅行社负责安排。

②旅行社组合生产的旅游产品和组织的团体旅游活动,往往是一个国家、一个地区旅游消费的先导,发挥着重要的引导、示范作用,很多新的旅游项目、旅游线路和旅游目的地都是通过旅行社的宣传、推介、销售而进入旅游者的旅游消费中的。

③旅行社还是旅游供应商的产品销售渠道以及旅游信息咨询机构等。

总之,旅行社作为旅游者与完成旅游目的之间的中介体,其服务质量的高低影响着旅游者的旅游体验。

2. 旅行社服务

旅行社服务,是指服务者在整个旅游活动过程中,通过讲解、介绍对旅游产品、旅游线路及旅游目的地的推荐,对旅游者的接待工作,以及食宿的安排、景区景点的安排等与旅游者或相关工作人员交往过程中所表现出来的语言能力、协调能力、服务技巧、服务态度和服务水平的总和。

旅行社对组合旅游产品的销售是获得经济利益的主要方式之一，即将各种现成的旅游产品组合在一起供旅游者选择和消费。其最具代表性的旅游产品组合就是依据游览线路的特点制定的旅游线路。为了使旅行社在市场上站稳脚跟，作为一个企业，旅行社要保证其所组合的旅游线路的合理性，加强对客源市场，以及各种不同类型旅游者的兴趣与爱好的研究，并依据旅行社的支付能力和文化价值取向等影响因素来设计组合适销对路的旅游产品，主要在于充分发掘其文化内涵，在确保硬件旅游产品的质量基础上，融入旅行社自身的企业文化，并提高旅行社服务人员的软件服务水平，使所组合的旅游产品硬件条件——景点设施安全标准，无可挑剔，软件条件——服务文化热情细腻，无可比拟。这既为旅游者外出旅游提供了满意的选择，也增强了旅行社的市场竞争力。

3. 旅行社服务文化

旅行社服务文化，是指在旅行社服务过程中所体现出来的文化现象部分，作为一种精神文化，旅行社服务文化，主要体现在旅游产品的组合，以及旅游接待协调的理念。

旅行社服务文化，是旅行社接待协调理念的具体化，主要是指旅行社负责接待咨询、安排整个旅游活动过程、解决期间遇到的问题等多方面的交流和沟通的服务过程。一方面，旅游者在作出出游决策之前，一定会对目的地周边的饭店、交通、娱乐设施等方面的旅游商品和服务进行初步了解；另一方面，在旅游的活动过程中，旅行社不仅要安排专职导游人员陪同旅游者为他们做景点的讲解，而且要协调旅游者的旅游活动与饭店、交通、购物场所等相关企业的联系衔接，在整个接待和协调过程中，旅行社作为联系旅游者和目的地之间的媒介，此时的作用尤为重要。

因此，旅行社服务人员在接待旅游者的旅游信息咨询时，要保持极高的工作热情，用专业的经验为旅游者进行分析，根据不同旅游人群，为其提供相应的旅游产品组合，突出旅游组合产品的优势分析，使旅游者尽可能多地对所要购买的旅游产品有感性认识；在协调旅游活动时，要从旅游者的角度出发，尽量满足其合理要求，只有当参观、娱乐、食宿、交通等所有活动从时间与空间上被合理地组合到一起时，旅游者才能在有限时间内获得最佳的旅游体验，才能对旅行社的服务给予充分的肯定。

旅行社自建立以来，就以其低成本、高质量、安全度高等的服务理念占据大部分旅游市场，每年通过旅行社选择外出旅游人数的比例居高不下。然而，随着人们个性化需求的增长，旅游业的蓬勃发展，为旅游者提供更为多样化的旅游活动方式，这对于旅行社发展来说是一个很大的挑战，为了在今后的市场竞争中招徕更多的旅游者，旅行社要在服务文化方面作出努力和提高已成必然。

四、导游服务文化

1. 导游

导游是在旅游供给过程中，为引导旅游者消费，对旅游活动进行组织、指导、沟通、协调等服务的活动。导游服务对旅游者的旅游活动有很大的影响。

对于一个导游员来说，他不仅要根据旅行社与游客签订的合同，按照接待计划安排和组织游客参观、游览，配合、督促相关部门安排游客的交通、食宿，保护游客的人身和财产的安全；还要负责向游客导游、讲解，介绍本国、本地区的文化与旅游景观，解答游客的问询，并协助处理旅途中遇到的各种问题。

导游员的上述所有职责都同旅游者的旅游活动息息相关，不可或缺。如果没有导游员的导游服务，旅游者的旅游生活将会遇到很多困难与不便，旅游者的旅游体验质量也必将大打折扣。因此，在一定意义上讲："没有导游员的旅行是不完美的旅行，甚至是没有灵魂的旅行。"

2. 导游服务文化

导游服务文化，是在为旅游者提供导游服务过程中产生的一种精神文化。导游员作为导游活动的主体与核心，在导游服务文化的形成过程中具有决定性的作用。这不仅表现在导游员的仪容仪表和行为举止常常被视为东道国社会和地区的文化符号而具有了文化象征与文化传播的意义，更表现为在客源地文化和目的地文化的际遇、交流、融合的过程中，导游员起着桥梁和纽带的作用。

3. 导游服务文化的表现形式

作为一种精神文化，导游服务主要表现在导游服务理念、导游服务行为和处于产品形态的导游服务过程。

（1）导游服务理念。此表现形式是导游服务的提供者内心对导游服务工作总的看法，在导游服务过程中起灵魂和导向的作用。作为为旅游者的旅游活动提供便利的一种服务行为，导游服务的全部内容和中心就是通过优质服务来满足旅游者的旅游需求。因此，导游服务必须树立全心全意为游客服务的理念，要求每一个导游员对待本职工作要有强烈的责任感、忘我的投入感，热情、主动、耐心、遵守职业道德。这既为导游服务明确了宗旨和方向，也为导游服务提供了严格的约束和规范要求，对导游服务质量的提高具有重要的意义。

（2）导游服务行为。此表现形式是导游服务理念的外化，主要体现在导游服务过程中的仪容仪表、言行举止、服务规范、技能水平等具体行为层面上。作为一个国家或地区的形象的代表，导游员在仪容仪表、言行举止方面必须体现出干净利落、精神饱满、热情友好、文明礼貌，将自己最美好、最阳光的形象展示在游人面前，通过"光环效应"，为导游服务的展开打下良好基础。导游服务规范要求导游服务工作必须严格按照旅行社与游客事先约定的接待计划来安排和组织旅游活动，对整个服务过程中的每个环节、每道程序，必须按照规定的标准、步骤、要求来执行，绝不能随意改变、任意变更。这既是对导游服务工作的规范要求，也是保证导游服务质量的重要条件。

（3）导游服务的产品形态。此表现形式主要指整个导游服务过程。一般来说，导游服务工作主要包括：接待准备、首站接团、入住饭店、核定日程、各站服务、转站服务、末站送团、后续工作等八大环节或过程。其中每个部分均要求不得有半点闪失，否则的话，将会前功尽弃，影响整个导游服务的顺利完成和导游服务质量的提高。同时，从旅游者的角度看，在对整个导游服务过程持负面评价的情况下，很少有人对导游服务的某个环节给予肯定。因此，导游服务最后是否成功，是否为旅游者所认同，关键在于整个服务过程的完美无缺。

导游服务文化在未来的旅游服务中，甚至是整个旅游活动中都将发挥越来越重要的作用。据世界旅游组织预测，到2020年，全球旅游者将达160亿人次，其中国际旅游者将达16亿人次。随着全球旅游人数的迅速增加，必然形成较大的导游需求市场，这为导游服务提供了广阔的发展空间。同时,由于导游服务需求的增加,市场竞争必然会进一步加剧,这对导游员的整体素质,诸如思想素质、知识水平、工作能力、身心健康等方面都提出了较高的要求。这不仅是作为一个导游员必备的条件,也是保证导游服务质量的必然要求。

第三节 旅游服务文化的特征及发展趋势

一、旅游服务文化的特征

旅游服务文化作为文化类型之一,具有一般文化形态的共同属性,但作为文化的一种特殊类型,它又具有较为鲜明的特点,主要体现在短时性、情感性、价值性、标准化和个性化五个方面。这些特征是旅游服务文化本质属性和内涵的外显,具体如下:

(一)短时性

这一特征是由旅游活动的短暂性决定的。"旅游是个人以前往异地寻求愉悦为主要目的而度过的一种具有社会、休闲和消费属性的短暂经历。"旅游的两个最显著外部特征之一就是暂时性,这就决定了因旅游活动而产生的旅游服务文化的短时性。

此特征突出地表现在,虽然它是因旅游者的旅游活动而产生的,但在时间上却不是与旅游活动同时产生的,而是随着旅游服务活动的展开而开始,随着旅游服务活动的结束而结束。针对每一个个体旅游者而言,旅游服务文化持续的时间往往要比其整个旅游活动持续的时间要短暂。如果从旅游服务文化的各个组成部分如交通、食宿、导游、购物文化的持续时间来看,其相对于旅游者的旅游活动时间而言,就显得更加短暂。

此特征无论是对旅游服务活动,还是对旅游者的旅游活动都具有较大影响。对前者而言,它必须快速便捷、干净利落、及时周到,才能满足旅游者的旅游需要。这就要求旅游服务的供给者必须时刻注意加强相关的职业技能培训,苦练基本功,以程序规范、技巧娴熟、迅速准确的旅游服务赢得旅游者最大的满意度;对于旅游者来说,只有准确地把握旅游服务的时间性,细心品味、及时体验才能保证旅游活动的圆满结束。这就要求旅游者必须不断提高自身的各种素质,把握各种旅游服务形式的特点,迅速适应、配合旅游服务活动,以保证旅游活动的质量。

(二)情感性

旅游服务文化的情感性是由旅游服务活动的性质决定的。众所周知,旅游服务活动是一种面对面的服务方式,旅游服务的对象是顾客,服务的提供者是员工。在这种"面对面"的服务过程中,双方都是有思想、有感情的人,顾客需要友善的对待;员工需要感情的慰藉。因此,顾客和员工的"人"的本质决定了旅游服务文化必然体现出情感性的特征。

旅游服务文化的情感性特征,主要表现在旅游服务的供给者一定要从游客的切身利益出发,急游客之所急,想游客之所想,以诚心、耐心、细心,通过善意真诚的微笑、热情友好的态度、细致周到的服务实现和游客的情感交流,以真实的情感感染、打动旅游者,使游客获得一次完美的旅游服务的情感体验,提高旅游体验的满意度。因此,旅游服务不能机械地完成,要在服务者充分了解旅游者内心需求和独特需要的基础上,根据游客不同的需求特点和自身的习俗,热情友好、富有情感地进行。只有这样,才能给旅游者以如沐春风之感,强化旅游愉悦,增强旅游满意度。

旅游服务文化的情感性对旅游者的旅游活动具有较大的影响。常言道,"感人心者,莫大乎情"。毕竟人本身就是有情感的高级动物,而情感是可以传染的。一个面带微笑、亲切热情、情感丰富的旅游服务供给者,由于他能迅速与游客进行感情交流,赢得了顾客的好感和信任,将会使原本平淡的旅游活动顿时因为增加了丰富的感情色彩而令人陶醉和留恋。即使他在旅游服务过程中出现了一定的闪失,也会得到游客的理解和原谅。相反,一个面无表情、冷若冰霜、懒散呆滞的服务者,将会使双方的情感交流近乎绝缘,其服务效果就可想而知了。正因为,情感因素在旅游服务过程中是如此的重要,希尔顿饭店总公司董事长康纳·希尔顿才再三告诫员工,"我请各位切记:万万不可把我们心里的愁云摆在脸上。无论饭店本身所遇到的困难如何,希尔顿饭店服务员脸上的微笑永远属于旅客的阳光"①。

(三)价值性

旅游服务文化的价值性是由旅游服务的价值性决定的。旅游活动本身是一种消费行为,旅游者需要为他在旅游过程中的行、住、食、游、购、娱等行为支付一定的费用。而旅游服务者在介入旅游活动为旅游者提供服务的过程中,既要支付相应的成本、费用等,同时也要在服务过程中创造应有的价值,所有这些成本、费用和新创造的价值,都需要从旅游者的付费中获得补偿。旅游服务活动的价值属性使旅游服务文化呈现出价值性特点。

旅游服务文化的价值性是多方面的,如经济价值、文化价值、社会价值、环境价值等,但主要表现在经济价值方面。旅游服务活动是一项投入产出行为,也是一个价值创造过程。作为一项投入产出行为,旅游服务需要各种服务设备、设施、物质材料、服务用品和人力资源,所有这些都需要服务的供给者投入大量的人力、物力和财力,并需要从旅游收入中得到补偿。作为一种价值创造过程,旅游服务供给者通过旅游服务要创造新的价值,这种新创造的价值,也要通过向旅游者收取各种服务费用的方式得到实现。只有这样才有利润可赚,正常的旅游服务活动才能持续地进行下去。

旅游服务文化的价值性对旅游者的旅游活动具有较大影响。首先,旅游服务活动成本费用投入的多寡,直接决定着旅游者购买旅游服务价格的高低。尽管各种旅游服务的价格经常处于变化之中,杀价竞争时有发生,但不管怎么说,旅游服务的价格一般不会降到成本之下。其次,就价值创造过程而言,由于旅游服务文化主要是一种精神文化,其所创造的价值的衡量往往缺乏一个可以准确测度的标准,致使旅游服务的价格高低难以把控,可能在一定程度上影响旅游者的旅游权益。

(四)标准化

旅游服务文化的标准化特点取决于旅游服务活动的标准化。旅游服务是旅游服务的供给者介入旅游者的旅游活动并对其施加影响的行为,这是一种服务者与被服务者"面对面"的行为方式。由于服务者个

---

① 转引自乔修业.旅游美学.天津:南开大学出版社,2000.

人的兴趣、爱好、素质、能力、情绪、情感等方面的因素影响,旅游服务往往具有一定的主观色彩,直接影响旅游服务的质量。为此,一些国际组织和各国政府纷纷制定了关于旅游服务的标准与规则,以统一和规范旅游服务行为,保证旅游服务质量。旅游服务行为的标准化,直接导致旅游服务文化的标准化。

旅游服务文化的标准化,主要体现在各种旅游服务设备、设施的供给必须达到或符合规定的标准,各种旅游服务行为必须严格按照规定的程序、标准、要求来进行,这不仅表现在服务人员的发式、服饰、言行、举止等方面,更表现在服务的每个过程和环节上。如国家标准《导游服务质量标准》中对全陪导游人员在准备工作、首站(入境站)接团、进住饭店服务、核对商定日程、各站服务、离站服务、途中服务、末站(离境站)服务等诸环节均规定了较为详细的标准和要求,对于导游服务质量的保证具有决定性作用。

旅游服务文化的标准化对旅游服务质量的保证与提高具有重要作用。这不仅表现在旅游服务文化的标准化为旅游服务的培训与供给提供了明确的努力方向和目标,同时也表现在旅游服务标准的制定与实施为旅游服务的评价与检查提供了一个较为客观的标准。这样,服务的供给者会按照标准提供优质服务,而旅游服务的享受者也会按照标准来评价旅游服务,避免了各种主观随意性和由此引起的各种冲突与纠纷,提高旅游服务的质量和水平。

(五)个性化

旅游服务文化的个性化是由旅游消费的感性化倾向和旅游市场竞争的加剧所使然。心理学家认为,商品消费除了具有物质性消费外,还有一种感性消费,这种消费主要是为了获得心理上和精神上的满足。感性消费的存在使消费者特别看重和利用商品的象征意义与表现力,试图通过商品消费表现出消费者的社会地位、经济状况、生活情趣、个人修养等个性特征和品质。现代旅游活动正是这样一种感性消费形式,旅游者在旅游过程中所要追求的也正是那种精神文化上的享受和感性上的满足。随着社会的发展和经济的繁荣,现代旅游者已不再满足于过去那种千篇一律、呆板单调的"标准化"旅游服务,而希望旅游服务供给者能根据旅游者的需求"量体裁衣",精心制作能充分展示自己独特的风采和个性的旅游服务产品。而面对激烈的旅游市场竞争,各旅游服务单位或部门为了能在竞争中获得自身的生存与壮大,也必然千方百计地设计开发各种魅力独具的个性化旅游产品,从而使旅游服务文化呈现鲜明的个性化特征。

所谓旅游服务文化的个性化,主要是指旅游服务要以客人为本,根据客人的层次和需求上的差异,对不同客人采取不同的服务方式。旅游服务文化的个性化特征突出地表现在旅游服务的供给内容、供给方式等方面。就前者而言,旅游服务须以旅游者的旅游需求为核心,提供各种特色鲜明的旅游服务,才能满足旅游者的个性化需求。以餐饮服务为例,不同类型和个性的客人对就餐环境、消费档次、菜点品种、口味质地、饮食忌讳、服务用语等的要求是不同的,要最大限度地满足旅游者的旅游需求,提高餐饮服务的水平,就必须"投其所好",针对个性化的需求,精心创造个性化的旅游服务产品。就后者而言,虽然旅游服务有一个总的较为客观的标准,但毕竟每一个服务者都是活生生的有灵魂、有个性的人,其兴趣爱好、行为方式、价值观念等不可避免地在旅游服务的过程中有所体现,使他所从事的旅游服务活动打上其鲜明的个性化烙印。这里,尤为需要注意的是,旅游服务文化的个性化,不同于规范化、标准化,它是旅游企业及其从业人员在标准化、规范化服务的基础上,根据旅游消费者不同的兴趣爱好等相关因素,为旅游消费者所提供的满足其个性需求的产品和服务。[①] 这种个性化不可以用规章职责等进行规范,也不能按照服务标准来操作,全靠旅游服务者的"临场发挥",而"临场发挥"的水平如何取决于旅游服务者人性化思想意识的强弱。只有坚持以人为本的原则,处处从游客的需求出发,一切为游客着想,并以具体行动落实于旅游的各个环节和各个服务细节,才能最大限度地满足旅游者的个性化需求,提高旅游服务的质量和水平。

旅游服务文化的个性化特征对旅游和旅游业的发展具有较大的影响。旅游服务单位和部门只有从旅游者的个性化需求出发,提供各种独具特色的个性化旅游产品,旅游者才能真正实现其完美的旅游体验,旅游企业也才能在激烈的市场竞争中获得生存和发展。从这个意义上讲,

---

① 刘又堂.论体验经济与旅游个性化服务.社会科学家,2005(1):148.

旅游服务文化的个性化既是旅游服务质量的保证,也是旅游市场竞争成败的关键。随着经济和社会的发展,现代旅游者旅游需求的个性特征越来越突出,对旅游服务产品也越来越"挑剔"。为了适应这一发展趋势,旅游企业必须树立创新意识,根据不同旅游者的不同要求,精心创造和提供个性化的服务,在遵循同类产品共性的基础上,不断丰富和突出旅游产品和旅游企业的个性,以应对市场竞争的挑战。

二、旅游服务文化的发展趋势

通过对旅游服务文化的探讨和分析,结合旅游服务发展的实际情况,未来旅游服务文化的发展主要趋势如下:

(一)标准化和个性化服务的特征共存

旅游服务文化是服务文化的一部分,但它更是旅游服务的一部分,因此,它的未来发展既要符合服务文化的要求,又要适应旅游行业自身的发展趋势。服务文化是指企业在长期对用户服务过程中所形成的服务理念、职业观念等服务价值取向的总和,它要求企业对服务素质、服务技能、服务标准等服务行为有严格的标准。旅游企业中,国家对行业标准的服务项目作出了规定,要求提供的服务必须按照标准实行,包括:服务时间、服务工作量、服务质量、服务价格、质量保证、服务管理、服务监督、服务投诉等相关内容,这样才可确保旅游服务的规范化,确保客人能够接受统一、标准的服务。

但是由于旅游活动的特殊性,使旅游服务在进行中要充分考虑到旅游者的感受和需求,顾客的需求丰富且多变,标准化服务很难充分满足顾客的需要,这在客观上要求旅游企业应根据顾客需求提供针对性的服务,如旅行社在产品设计、营销手段、客户关系、品牌创造等方面引入新理念,饭店开展管家服务、秘书服务、托儿服务等委托代办服务,服务人员在服务过程中有针对性的"贴心、细心"等服务,从而适应个性化旅游时代发展,满足旅游者个性化的需求。

旅游企业要达到服务个性化的要求,首先要有很好的标准化服务作为前提和基础。个性化服务和标准化服务的关系是相互促进、相互转化的关系。个性化服务必须以标准化服务为前提和依托,前者源于后者,同时高于后者。没有规范服务的基础而去奢谈个性服务,无疑是舍本逐末,缘木求鱼。而如果只停留和满足于规范服务,不向个性化服务发展,旅游企业的发展将会停滞不前,因此,标准化与个性化的发展趋势共存将是旅游服务文化未来发展呈现的一大特点。

(二)旅游饭店服务侧重员工培训

优质的饭店服务是由饭店服务人员在对宾客服务过程中体现出来的,因此,服务人员的素质高低会直接影响到饭店质量的优劣。在我国,饭店管理者重经营、轻服务,为降低成本,节俭开支,大量用实习生,造成了服务人员流动性大,服务质量参差不齐,服务人员的服务意识淡薄,饭店整体服务水平不高。

旅游饭店的服务质量是饭店生存和发展的生命支柱,创造高品位、个性化的服务是旅游饭店在激烈竞争中立足的关键所在。旅游饭店业作为旅游业发展的支柱之一,其服务文化在精神层面上是饭店文化中最重要的核心与灵魂,主要体现在员工的文化素养和服务行为方面。因此,在饭店服务中,对员工的培训尤为重要,一方面饭店都要努力形成"以人为本"的良好服务文化。在良好的服务文化氛围中,员工的文化素养、精神状态和服务态度才会有所提升。另一方面,在服务中要培养员工得体的言行举止,力求做到端庄、大方、规范,处处体现东方人特有的气质和文化修养,给宾客以亲切感、安全感和信任感。尤其要培养员工在对客服务中的服务理念,尊重、关心、理解顾客,细心观察顾客的举动,随时满足顾客的要求,真心为顾客提供满意的服务,营造轻松、舒适的环境,让顾客体会到饭店服务文化的人性化。

饭店业是一个以服务为核心的行业,其服务质量提高了,顾客就会更加满意,饭店的知名度和美誉度就会提升,回头客就越多,赢利也就越大。虽然由提高服务质量带来的这些好处并不一定能立竿见影,但不可否认优质服务的重要性。

(三)旅游景区服务侧重细节服务

在旅游活动发展的历程中,旅游景区服务一直占重要地位,然而也暴露出一些问题:一方面,表现在对景点服务设施的建设上,部分景点服务设施和设备陈旧、不齐全,日常管理不善;景区内的配套设施选址混乱,有的景区被购货亭、旅游商品屋、咖啡厅、餐馆包围,主客不分;景区内细节服务缺失,关于指示牌、洗手间、临时休息处、紧急事故救助等服务设施欠缺,这些看似简单的小事,时常被忽略,但却是便民的好事。另一方面,表现在服务人员的工作态度上,有些工作人员服务意识差、服务态度不佳;提供服务随意性大;服务提供不及时。服务员缺乏职业素养,工作漫不经心,自动降低服务标准,等等,这些都严重影响旅游景区服务文化的建立。

旅游景区服务的质量对于旅游景区服务文化的营造起到关键作用,因此,为了提高景区的竞争力,旅游景区要在细节上下工夫,既保证景区内的服务设施合理化、人性化,又要确保服务人员工作态度的积极认真,从小事做起,从细节出发,只有这样,才能使旅游者产生积极情绪,并始终保持积极情绪进行旅游活动。正所谓"细节决定成败",旅游景区要抓住细节服务的真谛,通过超值的细节服务提高游客的满意度,使旅游景区的服务文化向细节服务靠拢。

(四)旅行社服务侧重特色化和人性化服务

由于我国旅游服务标准化工作起步较晚,使我国的服务状况与发达国家相比差距大,作为旅游业龙头企业的旅行社,其主要表现在两方面:其一,旅行社产品的组合和销售上,旅行社产品是以服务为核心的综合性产品,涉及旅游过程中的食、住、行、游、购、娱等各个环节,主要表现为旅游线路的设计上。如今,我国的旅游产品设计开发还处于初级水平,大多表现为无差别、无特色、千篇一律。旅行社向游客提供的旅游产品,主要是"团体、包价、观光、标准"等旅游产品,旅游产品结构单一,难以满足旅游者多样化的需求。其二,旅行社服务人员在服务态度、服务方式和方法等方面的标准化规定过于粗放,服务人员缺乏服务意识,服务行为的随意性较大,情绪化问题严重,不愿与游客沟通,遇到投诉时往往推卸责任,这种消极处理方式越发激化旅游双方的矛盾,也导致部分游客采取过激行为,给旅行社造成不必要的负面影响。

旅行社想要提高服务质量,一方面,要在旅游线路设计上进行改进,旅游线路设计应建立在基于游客需要的基础上,根据不同人群对各类传统旅游供应商提供的产品巧妙地进行组合,以做到人有我有、人有我特;做到从需要出发,有针对性地生产、组合、供给产品,充分发掘旅游产品的内涵,突出特色,提高旅游产品的创新含量。另一方面,旅行社要在服务上下工夫,各有关部门和企业要尽快出台一整套完整的服务质量体系,规范旅行社的服务标准。同时,旅行社在服务态度、工作方法等方面对工作人员作出明确的规定和要求,克服服务行为的随意性,避免出现服务情绪化问题。为了提升旅行社的形象层次和品牌建设的水准,旅行社服务人员要在标准服务的基础上提供人性化服务,做到一切从游客出发,想游客之所想,急游客之所急,设身处地为游客着想,努力使旅行社服务文化向多样化趋势发展。

(五)导游服务侧重个性化服务

随着旅游者结构和需求的变化,旅游业规范化服务模式固有的刻板、机械等局限性暴露无遗,尤其是导游服务个性化欠缺等问题比较明显:在讲解过程中,导游员的语言千人一面,刻板背诵导游词;无视游客的文化层次,只讲一些传说神话;讲解内容很少或根本不讲,不愿意与游客沟通;在发生突发事件时,导游员协调处理不积极或失当,导致游客和供应方在出现矛盾时加剧冲突,最后引起双方遭受较大损失。这些都反映出导游人员个人综合素质以及服务水平的问题。

随着经济的增长,生活水平的不断提高,旅游者已不满足于简单的观光,而是趋向具有个性化的旅游活动。各种专项旅游迅速兴起,对此,旅行社往往全权委托导游员满足旅游过程中旅游者的各种需要。这种情况就需要导游人员提供个性化服务,即要求导游人员必须根据旅游者的个性和不同的旅游需求提供针对性的服务,使不同的旅游者获得更大的心理满足。导游服务的个性化,一方面要求导游员根据游客的差异、旅游产品的不同,因时、因地、因人而异地提供有针对性的服务;另一方面要求导游员通过不断的学习和实践,发挥自己的优势,形成富有个人风格的导游服务,[①]使导游服务文化充分向个性化服务方向发展。

思考与练习

1. 简述旅游服务兴起的原因。
2. 简述旅游服务的影响。
3. 简述饭店服务文化。
4. 简述景区服务文化。

---

① 胡昕.国内导游服务质量提升探讨.贵州商业高等专科学校学报.2009(4):49.

5. 简述旅行社服务文化。
6. 简述导游服务文化。
7. 试述旅游服务文化的特征。
8. 试述服务文化的发展趋势。

第五章 旅游与建筑文化

引言

作为一个民族传统文化的外在表现形式之一,建筑集中反映出特定民族、特定时代的思想文化特征、艺术风格和科学技术水平,被称为"石头的史书"和"文化的侧影"。在旅游活动中,建筑更是不可须臾或缺的重要吸引物,无论是建筑具有的多彩多姿的形式美,还是建筑含有的深沉厚重的内涵美,都是吸引和打动旅游者的重要因素。

阿蓝清晰地记得,那年和老师以及在北京大学学习的俄罗斯女学生去旅顺参观俄罗斯古建筑时的情景。当时,旅顺口景区还没有完全对外开放,不允许外国人进入。不知道那个俄罗斯女学生怎么知道他们要去旅顺,非央求他们将她带上。老师实在没有办法,便给她约法三章:到景区不准讲俄语、不准照相、到景点才能下车。

到了旅顺,当那个俄罗斯女学生见到高大的灰白色俄罗斯建筑时,突然连连向建筑物鞠躬致敬,顿时潸然泪下,仿佛见到了久违的亲人……站在一旁的阿蓝简直看呆了。他不知该俄罗斯女学生看到这个自己曾经千百次见过的普通而略显破败的建筑为何如此激动,为何如此的情不自禁……

后来,随着知识和阅历的增长,阿蓝渐渐地明白了:建筑不仅是历史和文化的载体,更是一种情感的寄托。当你欣赏或玩味一座古老的建筑时,就仿佛听一位慈祥的老人娓娓道来那遥远的,或沧桑、或激情、或大气磅礴、或绵绵细雨的过往岁月时,不由得你沉浸在其中……

本章学习目标
- 认识和理解建筑在旅游活动中的作用。
- 理解和掌握古代建筑的类别及其发展历程。
- 理解和掌握不同类型古代建筑的基本特征。
- 理解和掌握中国古代建筑的文化内涵。

第一节 建筑在旅游活动中的作用

建筑是利用自然界的材料,经过规划、设计、施工修建而造就的供人类物质生产、生活使用和精神文化享用的具有一定形体的地上物。建筑除了具有丰富多彩的外在形体表现外,更具有极为丰富的历史内涵和深刻的文化寓意,它是人类文化的重要组成部分,更是一定时期社会文化的缩影。作为一个民族传统文化的外在表现形式之一,建筑集中反映了特定民族、特定时代的思想文化特征、艺术风格和科学技术水平,被称为"凝固的音乐"和"石头的史书"。

中华民族有悠久的历史、灿烂的文化,更有勤劳、勇敢、智慧并善于创造的人民。千百年来,在漫长的历史长河中,我们的祖先创造了绚烂多彩而又风格独具的建筑艺术。这些建筑千姿百态、异彩纷呈,装点在神州广袤富饶的土地上,长城内外,大江南北,数不胜数,美不胜收,成为我们得天独厚的珍贵资源。人们外出旅游的一个重要原因在于渴望能从所游览的历史遗迹中了解人类文明的创造和发展,提高自己的修养,陶冶性情,丰富文化和精神生活。从这个意义上讲,建筑与旅游之间存在着不解之缘,它是人文旅游景观的重要组成部分,是旅游者旅游欣赏的客体,在旅游活动中具有重要的地位。

一、建筑是"石头的史书"和"文化的侧影"

建筑是"灵感的凝结,历史的注脚,文化在地平线上的侧影"。作为文化的载体,建筑是物质外显和文化内涵的有机组合,它是中华文化的凝聚、积累和表征。无论是原始社会时期简陋的居室,还是进入阶级社会后历代所建立的宫殿、城市、陵墓、长城、园林、桥梁、宗教建筑等,都在建筑技术水平上和文化内涵的表达上达到了相当的高度,向人们展示了中华民族的聪明才智和东方文明的独特魅力,反映出中华民族不同时代、不同地区的政治、经济、文化、宗教、民俗等方面的状况,是中华传统文化不可缺少的组成部分,在世界建筑史上占有独树一帜的历史地位。其深厚的文化内涵能激起旅游者的寻古探奇之幽情,特别是那些古代文人墨客曾经到过,并留有诗词楹联、雄文华章的建筑更令旅游者心驰神往,流连忘返。古罗马著名哲学家西塞罗说,"一个人在目睹传说中名人所常到的地方以后,比听人谈论起这些名人的行为及其所著书籍更能产生强烈的情绪"①。雄伟的万里长城是人类建筑史上的伟大奇迹;北京故宫是世界上最大的宫殿;秦始皇兵马俑被称为世界第八大奇迹;其他如敦煌莫高窟、曲阜孔庙、河北赵县赵州桥、苏州园林、承德避暑山庄、武当山明代建筑群等都是享誉世界的优秀建筑,许多著名建筑已被列入世界文化遗产名录,或被列为国家级保护文物。即使是一些民居建筑,如华北的四合院、陕西的窑洞、维吾尔族的雕房、傣族的竹楼、客家族的土楼、蒙古族的蒙古包等,也因其风格独特、造型新颖、文化底蕴深厚而备受世人瞩目。徜徉在古代建筑之间,凭吊怀古,倾听历史的回声,体味中华文化的博大精深,留给旅游者的是一种深沉、浓烈的精神享受。

二、建筑是"凝固的音乐"和"热情的戏剧"

建筑是"用顽石建立动人的关系和热情的戏剧",作为一种艺术,它是美的创造,是意境的展现。人们对真、善、美等的内在追求,常常通过建筑外在的物质形体的形式美体现和反映出来,其内在的意蕴往往高于建筑外在形式的完美。正是在这个意义上说,从黑格尔起,美学家们便将建筑列为抽象艺术或象征艺术。著名建筑学家梁思成说,欣赏优秀的建筑,就像欣赏一幅画,欣赏一首诗,建筑最吸引人的地方是蕴藏其间的一系列的"意"。马波先生指出,从心理学角度看,旅游者对建筑的欣赏一般可分为三个阶段,第一阶段人们只注意到了建筑的光线和颜色,并没有注意到对象的形式,此时是知觉神经在运动,是为前向感觉;第二阶段,由于运动神经占了优势,人们开始注意到了对象的线条轮廓;第三阶

---

① 学丛·旅游专刊.北京第二外国语学院,1984:39.

段人们并不满足于追随对象的形式,而是试图模仿和感觉对象的全部形状,把它的全部造型的生动性和内在的意图性都加以理解,是为移入感觉。此时,旅游者不再把建筑物视为各种材料的堆砌,也不会停留在对其功用性的认识上,而是试图透过其外在的物质形式,捕捉其所体现的爱、权、真、善、美等文化内涵[①]。因此,在旅游过程中,对建筑的欣赏不仅可以回顾历史,开阔视野,拓宽知识面,更可获得艺术的熏陶。通过对建筑物的造型、色彩、线条、轮廓的感知,把握其内在的节奏、和谐、象征意义和文化内涵,获得内心的愉悦和美的享受,是建筑留给人的巨大艺术感染力。

总之,中国古代建筑以其宏伟的规模,惊人的数量,绚丽多彩的风姿,独特的民族风格,屹立于世界建筑艺术之林,成为我国宝贵的旅游资源,成为旅游发展的重要基础和源泉。在旅游活动中,人们一刻也离不开建筑,对建筑外显和内在的文化内涵与审美价值的理解和把握,对于了解古老的中华文化和东方文明独特魅力,了解中华民族的聪明、睿智,提高旅游活动的质量,增强责任感和使命感,树立民族自信心、自尊心,实现精神的升华,形成完美的人格,都具有重要的意义。

第二节 中国古代建筑的类别与特征

中国古代建筑形式多样,异彩纷呈。从旅游文化学角度看,只有那些在今天仍具有审美价值,并具有一定文化内涵的古代建筑,才能成为旅游客体,成为旅游者游览欣赏的对象。因此,从旅游观赏的角度,我们把古代建筑划分为古城、宫殿、陵墓、园林、坛庙、祠堂、长城、古桥、民居、建筑小品等类型,并择其要者,探讨其历史渊源、建筑风格、类型、特征等内容。

一、古代城市建筑

城市是人类踏入文明时代的标志,是社会、经济、政治发展到一定阶

---

① 马波.现代旅游文化学.青岛:青岛出版社,2001:130.

段后的产物。我国的城市是伴随着原始社会的解体、奴隶社会的产生而出现的。虽然我国的城市文明比世界上其他文明古国发育要晚,但在历史的长河中,我国古代城市数量之多,却堪称世界之最,仅都城就达300多座。这些城市都是一定时代、某一政权最高统治者及最高权力机构的所在地,是国家的政治、经济、文化、教育、科技和宗教的中心,也是当时规模最大、功能最完备、建筑技术水平最高的城市,因而在中国古代建筑史上占有重要的地位,是中华民族悠久历史和灿烂文化的集中体现与最高象征。

(一)古代城市建筑的历史沿革

夏商周时期,是我国古代城市发展的最初阶段。其代表遗址是河南偃师二里头夏文化遗址、偃师尸乡沟商代早期城市遗址、郑州商代中期城市遗址、安阳殷墟商代晚期遗址及陕西岐山县凤雏村和扶风县召陈村两个西周文化遗址。在这些早期的城市中,宫殿是最主要的建筑,多建在高大的夯土台基上,采取封闭的布局形式,城市的外围都有城墙或壕沟,城中有了宫殿区、居民生活区、手工业区、墓葬区的区别。

春秋战国时期,各诸侯国为防御别国的进攻,纷纷打破西周以来"王制"的传统,不惜倾全国的财力、物力、人力,加强城市特别是国都的建设,使城市的数量剧增,规模也不断扩大。当时齐国的临淄、燕国的下都(在今河北易县境内)、赵国的邯郸、秦国的咸阳、楚国的郢都、郑国的韩城等都是闻名一时的大城市。春秋时期城市的特点是:面积较大,用城墙包围并挖壕沟与外界分隔;全城都由宫城和郭城两部分组成,主要宫殿皆建于全城的制高点上,以体现王权的至高无上。城内的手工业区内有官营作坊和私人作坊,生产生活用品;郭城内出现了由官府管理的商业区——市。居民区和市场均实行封闭管理,表明此时的城市建筑已有初步的规划和布局,为后世城市建设奠定了基础。

秦汉时期,出现了规模宏大、建筑雄伟的都城。秦都咸阳"象天设都",以渭水北岸的咸阳宫为中心,比拟天上的"紫薇宫",以渭水象征银河"天汉",横桥南渡渭水象征"牵牛星",命信宫为极庙,取意"天极",建阿房以像"离宫",分天下为36郡象征群星灿烂。整个咸阳被设计成为一个与天地同构,与日月同辉的神奇世界,神秘而浪漫,体现出秦帝国统一六国、雄霸天下的宏大气魄。西汉都城长安经过几代皇帝的修建成为自商周以来规模最大的城市,占地36平方公里,周长25公里。城墙高大,外围以护城壕为标志,城墙每面开有3个城门。城市布局较为规整,城中8条主要街道纵横交错,将长安城分为众多大小不一的方形或长方形的区域,宫殿、工商业区和闾里建筑,遍布其间。

魏晋南北朝时期,是我国城市发展史上的一个新的发展阶段,出现了一批规划整齐的新型城市,城市建设也有了新变化。曹魏的邺城以宫殿为中心,采用中轴线对称的形式将宫殿、苑囿、官署集中于城的北部,居民区位于南部的布局方式,是对秦汉以来都城宫殿区分散布局的一大突破,开创了南北朝至隋唐都城布局的先河。

隋唐时期,是我国古代建筑的成熟阶段,城市建筑有了较大的发展,出现了中国历史上最为宏大的城市——长安城。唐都长安由宫城、皇城和郭城三部分组成,周长36.7公里,占地84平方公里,比明清时的北京城还大24平方公里,相当于10个今日的西安古城的规模。长安城重视对城址的选择、水利的开发、宫城的方位、街坊的组合、园林的建设、文化设施的安排等一系列城市建设的重大问题,并进行了全面的规划、精心设计,使整个城市布局整齐、结构严谨、和谐统一,体现了隋唐时期城市建设高度发达的技术水平。它的皇宫、官署、民居分区安排,全城设立中轴线,东西均衡对称、街道宽直、坊市整齐,引水进城等重大举措,对于后代都城的建设具有重大的影响。长安城的整体布局和规划设计思想,对日本的城市建设也产生了较大影响。当时日本的平安京(今京都市)及稍后的平城京(今奈良市),从宫城的位置、坊市的配置、街道的分布及名称等,几乎都仿造长安而建。

宋都汴梁京城的军事色彩十分强烈,都城内外共分三重方城,最内者为皇城,又称宫城;中间是内城,又称里城;最外面是外城,又称罗城。虽然汴京的城市规模较小,但由于工业和商业的发展,城市的布局与结构发生了新的变化,打破了汉唐以来封闭的里坊和市场制度,出现了开放式的街、巷,城中的商店、交通运输、桥梁、消防等设施都有了新的发展。

明清时期,是中国古代城市建筑的最后阶段,建设了雄伟、宏大的北京城,成为我国古代城市建筑的杰作。明代的北京城由宫城、皇城、内城和外城四部分组成,以紫禁城为核心,布局严谨,主次分明,重点突出,所有建筑都围绕着南起永定门、中经太和殿、北至钟楼的长约 8 公里的中轴线布置,中轴线上坐落着全城几乎所有的重要建筑物。中轴线的东侧建有太庙,西侧建有社稷坛;并在内城的外郊四个方位上,分别建有天坛、地坛、日坛、月坛;在天安门的左右两翼建五府六都等衙署。这些建筑也位于中轴线的两侧,左右对称,均衡排列,以突出中轴线上建筑物的高大。紫禁城北门外设有内市和为宫廷服务的手工作坊,以附会"后市"的布局。北京城的街巷主要分布在皇城以外,如众星捧月般地簇拥着紫禁城,使其显得庄重、神圣、至高无上。北京城的市场和店铺分布于皇城四周的大街小巷之中,并形成东单、西四牌楼、正阳门、钟鼓楼 4 个商业中心。清代对北京城的规模和布局未作更大的改变,只是营造了苑囿和个别宫殿。

总之,明清时期的北京城在规划设计、建筑布局,以及突出封建皇权的精神内涵等方面都具有卓越的成就,它集古代城市建设之大成,是中国古代城市建筑,特别是都城建筑的典型代表。

(二)古代城市建筑的特点

虽然中国古代城市最早是用来防御敌人而建的,但作为中央和地方各级统治机构的所在地,它既要保卫统治者的安全,又要满足人民日常生活的需要。因此,古代城市既是一座具有完整结构体系的军事防御性建筑,又是一座由一系列大小不同、功能各异的建筑设施所组成的综合性建筑,其主要特点是:

1. 城郭结构完善

从春秋战国直到明清,除秦咸阳城外,历代都城及各大城市都建有"城"和"郭"。郭多包在城的外围,故有"内之为城,外之为郭"的说法。虽然城、郭的名称历代叫法不一,但作用都是一样的。筑城主要用来保护统治者,而城外建郭主要是保护平民百姓。一般来说,府城有两道城墙即子城(城)和罗城(郭);而都城则有三道城墙,从内到外依次是宫城(或称大内)、皇城(或称内城)、外城(郭)。明代的南京城和北京城较为特殊,筑有四道城墙。这样,通过层层设防来保护统治者的安全是城市建筑的主要功能。

2. 防御体系严密

中国古代城市的城墙及其附属设施构成了一个严密防御体系。宋代以前,城墙多为版筑夯土墙,以后则用砖块砌墙渐多,明清以后县城以上的城市几乎都用砖砌城墙。古代城墙多很高大,低者4～5米,高者可达18米,厚度约12米。为了加强防卫,自战国时起,在城墙上加建了雉堞和女墙,在城门上添设了用辘轳控制升降的悬门。城外建有护城河,称为城池,护城河上设有吊桥。秦代开始在城门上增设门楼,并在方形城墙的四角筑起了角楼。汉代起又在城墙上修筑了向外突出的"马面",以利于防守。汉唐以后,多在城门之外加筑呈圆形或长方形的瓮城,并在面对城门的城墙上建有箭楼,一旦有外敌来犯时,可发飞箭保卫城池。至于一座城市要开多少城门,则要看其等级、形制及交通等状况来定。一般说来,县城设有东西南北4个城门,即在方形城墙的四边大约正中处各开一个门。大的城市可开12～13个城门。因此,古代城市中的城墙、雉堞、射孔、城门、水门、城门楼、马面、护城河、吊桥、瓮城、箭楼等众多设施共同组成了一个完整而又严密的防御体系。

3. 分区布局完整

中国古代城市的结构和布局形成了一套较为完整的制度。据战国时期流传的《考工记》记载,古代都城制度是:"匠人营国,方九里,旁三门,国中九经九纬,经涂九轨,左祖右社,面朝后市。"虽然据考古发掘资料来看,战国以前的都城还没有一处是按此种布局建造的。但自汉代起,许多都城为了附会古制,都或多或少地按照这一"都城制度"去做。其中的"旁三门"、"左祖右社,面朝后市",对后世的都城建筑,特别是元明清时北京城的影响显得尤为突出。无论是新建,还是改建的城市,帝王的宫殿往往都是都城的主体,占有最优的位置,并与居民和官署等严格区分开来。为了加强对城内居民的控制和监管,自春秋至隋唐都实行封闭的严格管理的里坊制度,把居民区划成众多里坊,内设街巷,四周围以高墙,由里正、里卒来管理。夜间实行宵禁。城中的市场也同里坊一样,实行封闭式管理。县城以上的城内市场,都集中在某几个里坊之中,设有市楼或市署,由市令管理,早上午时击鼓而集,日落以前击鼓而散,不得违反。这种封闭式的里坊和市场制度,直到北宋时期才被较为开放的街巷和商业街所代替。

此外,中国古代城市的道路多采用以南北走向为主的方格网布置的形式,这种形式始于商代,一直沿用至今。自宋代的汴京开始,城市中设立了消防队,以解决城中的防火问题。古代城市多通过挖掘人工运河引水入城的方式来解决城市饮用水的问题。为了报时和报警的需要,自元大都开始,古代城市还在城市的中心位置建有钟楼和鼓楼,"晨钟暮鼓",以使钟鼓之声传达四方。

综上所述,中国古代城市的建筑在突出了军事防御需要的同时,还兼顾了居民生活、商业贸易、宗教、文化等多方面的需要,因此,里坊、市场、道路、钟楼、鼓楼、寺庙,以及用水、排水、消防等设施成为古代城市不可缺少的部分,它们共同组成了一个多种功能的、综合性的城市建筑。

二、古代宫殿建筑

在我国古代,宫是房屋的统称,殿泛指高大的房屋。原来宫殿的含义没有尊卑和等级之分。秦统一六国后,于公元前212年在渭水南岸上林苑中建造了一座规模宏大的朝宫,其中有一座可容万人的大殿叫阿房,故整个朝宫被称为阿房宫。秦始皇自称"始皇帝",集"三皇"、"五帝"于一身,以示尊贵,并和前代的"王"有所区别,因此,他的居住之所自然不能同普通百姓的房屋混为一谈。此后,房屋便有了尊卑之分,宫、殿之名合二为一,成为帝王居所中重要的建筑物的专用名称,平民百姓不得使用。由于宫殿是帝王居住的地方,所以在建筑的过程中,便集中了当时许多最杰出的、最高明的工匠、选用最优质的材料,并耗用了大量的人力、物力、财力,进行了精心的设计建造。历代宫殿都是当时最宏大、最华丽、最高级的建筑,代表了那一朝代建筑技术和建筑艺术的最高水平。因此,古代宫殿是我国古代建筑体系中最为光彩夺目的精华部分。

(一)古代宫殿建筑的发展

中国古代宫殿建筑最早可以追溯到夏代。一般认为,河南偃师二里头宫殿遗址开创了我国古代宫殿建筑的先河。

春秋战国时期,宫殿建筑有了新的样式——台榭,这种高台建筑多为建在高大的夯土台基上分层木构房屋,外观雄伟,位置高敞,具有防避潮湿、保障安全、便于自娱、显示尊严等多种功能,深受当时各国统治者的欢迎。于是竞相攀比,争建台榭。所谓"高台榭,美宫室,以鸣得意",是当时台榭之风大盛的真实写照。著名的有齐国的"桓公台"、燕国的

"武阳台"、楚国的"章华台"、吴国的"姑苏台"等。

秦统一后,掀起了修建宫殿的高潮,先后修建"六国宫殿"以及阿房宫等众多的离宫别馆,规模宏大,盛况空前。西汉统治者坚信"天子以四海为家,非壮丽无以重威",建造了许多华丽无比的宫殿。主要有汉高祖兴建的长乐宫、未央宫,以及汉武帝时建造的明光宫、桂宫、北宫、建章宫等。西汉宫殿的特点是没有严格遵守中轴对称的原则,布局上较为散乱。

隋唐时期,是我国宫殿建筑史上的又一个高潮时期,宫殿建筑取得了卓越的成就,标志着我国宫殿建筑进入了成熟的阶段。隋代在大兴城中建造了宏大的大兴宫,唐代改为太极宫。经过两代的精心修建,太极宫成为一组规模庞大、体系完备的宫殿建筑群。其面积达4平方公里,相当于北京紫禁城的6倍。中轴线上门殿建筑多达十余座,包括"五门"、"三朝"等。轴线两侧对称建有"大吉"、"百福"等若干门殿。唐代还以太极宫为蓝本,建造了更加宏大的大明宫和兴庆宫。特别是兴庆宫,因被唐玄宗和杨玉环的悲欢离合风流韵事所浸染,更是声名大振。

北宋的宫殿建筑远没有唐代宫殿建筑的巨大规模和恢弘气势,但宫城的布局还是较为规整的,并有灵活、华丽、精巧的特点。

明清时期,是我国宫殿建筑的最后一个发展阶段,是我国古代宫殿建筑完全成熟的阶段。北京故宫即明清两代的紫禁城,建于明永乐年间,是明清两代的皇宫,也是世界上现存规模最大、保存最完整、最为辉煌壮丽的宫殿建筑群,代表了中国古代建筑艺术的最高水平。

北京故宫有完美的布局。紫禁城的建筑者们继承了"三朝五门"、"前朝后寝"、"中轴对称"、"左祖右社"等传统的宫殿布局的手法,并使其达到了近乎完美的程度。他们把连接南门和北门的连线作为整个紫禁城的中轴线,并使其和整个京城的南北中轴线重合。将宫城中的主要建筑由南向北依次建在中轴线上,即:午门、奉天门(太和门)、奉天殿(太和殿)、华盖殿(中和殿)、谨身殿(保和殿)、乾清门、乾清宫、交泰殿、坤宁宫、宫后苑(御花园)、玄武门。其余大小宫殿左右对称地建在中轴线的两侧。整个中轴线上的建筑以乾清门为界按性质的不同分作外朝、内廷两部分。外朝是帝王政治的中心。外朝宫殿以太和殿、中和殿、保和殿三大殿为主,左右对称地建于两侧的文华殿、武英殿为翼,构成一个大的院落。内廷是帝后居住的中心。内廷建筑以乾清宫、交泰殿、坤宁宫三宫为主,两侧分别建有东、西六宫,东、西六宫以北,中轴线的两侧左右对称地建有皇子们居住的东、西五所。其他各类建筑亦整齐有序地建在宫城之中。总体来看,紫禁城以中轴线为骨干,以三大殿为核心,重点突出,主次分明,整齐严谨的布局几乎达到了令人惊赞的完美程度。

  北京故宫是一个神秘而又等级森严的世界。紫禁城为了突出封建皇权的至高无上,极力营造出一个承天受命、君权神授的神秘气氛,这一点往往比宫殿的使用功能更重要。首先它通过宫城和大殿的命名将上天引入宫城,以求福佑。"紫"本指天上的紫薇星垣,位于中天,位子永恒不移。古人认为是天帝所居,故将天帝居住的天宫称为"紫宫"。皇帝自称"天子",是天的儿子,自然应把居住的皇宫,比喻成天上的紫宫。皇宫为皇帝的居所,当然是外人不能随意出入的"禁"地。因此,"紫禁"二字,即附会了"天意",又体现了皇帝的威严,其用意可谓极矣。大殿命名"奉天",寓意自己所以统御天下,完全是奉天承命;"华盖"本是天空中的一个形若华盖的星座,以此来命为殿名,自是取象于天。皇帝又称真龙天子,是龙的儿子,是龙的化身。于是整个宫殿便成了龙的世界,大小建筑,里里外外、上上下下,到处充满了"龙"。皇帝住的宫殿叫"龙宫",穿的衣服叫"龙袍",坐的椅子叫"龙椅"……有人统计,仅太和殿就有"龙"12 654条①。若把整个宫城内的"龙"都加在一起的话,恐怕就连皇帝自己也说不清到底有多少条"龙"。紫禁城还体现出严格的等级制度,具体表现在建筑的屋顶尊卑有序:如重檐庑殿顶＞重檐歇山顶＞重檐攒尖顶＞单檐庑殿顶＞单檐歇山顶＞单檐攒尖顶＞悬山顶＞硬山顶;开间的大小各有等级:9间(太和殿11间为特例)、7间、5间、3间;建筑物的着色上黄色最尊,向下依次是赤、绿、青、蓝、黑、灰;彩画运用上清代以和玺彩画最尊,其下依次是:金琢墨石碾玉、烟琢墨石碾玉、金线大点金、墨线大点金、墨线小点金、鸦伍墨等。此外,皇宫大门用红门金钉,以下皇族官吏按级别高低依次是绿门铜钉、黑门铁钉。钉子的数量上皇宫大门9路9排81枚,往下依次是7路7排49枚,5路5排25枚。就连屋脊上的走兽也有严格的等级,最多可用9个,即龙、凤、狮、天马、海马、

---

  ① 楼庆西.中国古建筑二十讲.北京:生活·读书·新知三联书店,2001:267.

獬豸、斗牛、狻猊、押鱼,前后依次排列。以下可按等级用7个、5个、3个等。凡此种种,不胜枚举,其等级之森严,可见一斑。

(二)古代宫殿建筑的布局特点

随着时代的发展,中国古代宫殿建筑自诞生后经过历代王朝的不断继承和完善,于明清时期进入了最后成熟阶段,并在建筑布局方面呈现出鲜明的特点,主要表现在以下几个方面:

1. 宫城环绕

早在商周时期,宫殿建筑就形成了以中间殿堂为主,四周围以廊庑的类似后世"四合院"的封闭式布局。春秋战国以后,群雄争霸,各国出于安全的考虑,大筑城垣,形成最早的"城",此后,城便被应用到宫殿建筑之中。历代帝王纷纷在自己皇宫的周围筑起宫城,即围绕皇宫的城。四面辟有城门,四角建有角楼。不仅如此,往往还在宫城之外建有皇城,皇城之外建有郭城,将宫殿区、官署区、居民区严格分隔开来,使处于层层包围中的皇帝宫殿更显得封闭而又神秘。

2. 前朝后寝

古代帝王的宫殿是由众多大小不一的房屋组成的院落。这一院落一般分成前朝(前堂)、后寝(后室)两部分,前朝是皇帝办公、处理政务、举行大典的地方;后寝则是皇帝与后妃们生活居住的场所。这种布局方式在周代即已形成,以后历代继承下来,直到明清。如北京故宫即以乾清门为界,前三殿为前朝部分;后三宫则为后寝部分。

3. 三朝五门

古代帝王的宫殿号称"九重宫阙",即前有阙,后有五门三朝,可谓门阙森森、宫殿重重。此制始于周代。周代宫室大门前建有阙,又叫宫阙,是用作观察、防御、揭示政令和纳取臣属谏论的场所。其后建有皋门、库门、雉门、应门、路门五重宫门。三朝是指外朝、内朝、燕朝。外朝理狱讼;内朝举行治事朝见的仪式;燕朝则专为宴饮群臣并具体处理政务的场所。这种布局方式为后代所继承下来。如北京故宫的"三朝"是在奉天殿、华盖殿、谨身殿;"五门"是大明门(大清门)、承天门、端门、午门、奉天门。

4. 中轴对称

古代宫殿建筑多由单体建筑组成庭院,又由庭院组合成庞大的建筑群。为了突出皇帝的崇高和无上的权威,便将宫城南门和北门之间的连线作为中轴线,把重要的皇家建筑由南至北依次建在轴线上,又将最重要的大殿建于中轴线的中央。轴线的两侧左右对称地建立一些小的配套建筑。无论在建筑的规模、体量,还是在装饰、色彩上,轴线上的建筑都明显地优于两侧的附属建筑。这样,通过中轴线上高大豪华的建筑,与两侧矮小简单的建筑对比,以及中央大道的纵长深远,大小空间变幻的处理来渲染烘托出一种皇权高高在上,威严不可侵犯的气氛,以满足帝王统治的需要。

5. 左祖右社

从远古时代起,人们出于对自然和祖先的崇拜,便开始了祭祀活动。周代统治者认为"国之大事,在祀与戎",将祭祀与战争相提并论,认为祭祀是国家大事,足见祭祀活动的重要性。周王被尊为天子,是上天的人格体现,具有极大的神圣性。在宗法制度下,周天子又是天下的大宗。因此,通过尊祖敬宗,可以大大强化周天子的地位。同时,在以农业为主的中国社会,人们必须在土地上耕耘稼穑,才能生存。这样渐渐地产生了对土地和五谷的崇拜。后发展成为祭祀土神"社"、谷神"稷",社稷被视为国家的标志。这种封建的"礼制"思想在周代已形成完整体系,为后世历代统治者所继承。体现在宫殿建筑上便是"左祖右社"的布局,即在宫殿的左前方设立祖庙祭祀本朝先皇,因是天子的祖庙,又叫太庙;在宫殿的右前方设立社稷坛祭祀土神和谷神。明清时的紫禁城在宫城的左前方建有太庙,右前方建有社稷坛,便是"左祖右社"的典型代表。

上述中国古代宫殿建筑布局的特点,在周代即已形成一套完整的制度,虽然历代在继承的过程中有所损益,但通过各种严格布局来凸显帝王至高无上和神圣不可侵犯的宗旨始终没有改变。

三、古代陵墓建筑

古人迷信地认为,人死后只是肉体的死亡,而人的灵魂却脱离肉体去了另一个世界,并在那里获得永生,还像活人一样处理政务和饮食起居。在这种灵魂不死观念的指导下,人们便按照死者生前的生活居住情况为死者安排其冥间世界,为其不死的灵魂建造一个新的美丽家园。这就是中国古代王朝统治者们陵寝建筑的指导思想。因此,统治阶层,尤其是各历史朝代的帝王们,大多在生前便为自己筹建陵墓。

(一)陵墓建筑的构成

大体来说,中国古代陵寝建筑包括地下和地上两个部分。

地下建筑主要是安置棺柩的墓室。殷周时期的墓室多是由木材制作的,即在土中挖方形的深坑作为墓穴,穴的四周用方木垒砌,下铺木板,上盖木枋,成为一种完全用枋垒成的井干式墓室,称为"椁"。椁内分数格,正中是放置棺材的地方,周围方格为厢,放置陪葬物品。这种木椁室到春秋时期发展成为结构复杂、规格较高的木构地宫——"黄肠题凑"。黄肠,指用柏木的黄心积垒于棺外,题凑,指木头皆内向。即在地下用柏木垒成巨大的墓室,内置三层椁,五层棺,以及便房、回廊等,这是木椁室发展的高峰。但由于木椁室容易腐烂,以及被盗、被焚等原因,特别是由于砖石技术的发展,东汉以后便开始用砖石砌墓。这种砖石结构的墓室后来规模越来越大,装饰越来越豪华,俨然成为一座地下宫殿。其往往设有墓门、甬道、过廊等,除了摆放棺材外,还陈放大量的石刻等陪葬物品,并在墓室内墙壁上绘有精彩的壁画,力求把墓主在人间的荣华富贵,全部搬入地下。当时也有在天然岩石或硬质黄土中开凿墓室的。

陵墓的地上建筑一般包括陵墓(陵台)、祭祀用的祭殿及配殿、供死者灵魂起居生活的寝、陵园、墓阙、墓碑、石雕群(石像生)等,一般都是环绕陵墓而布置组合在一起。目的是造成一种庄严、肃穆、缅怀、纪念的气氛,以此来追思先祖,影响后人,借以抬高封建统治者的地位,求得江山稳固,社稷安康。无论是地下建筑,还是地上建筑,都是统治者权力和地位的象征。为了使自己的灵魂也能像生前一样过着骄奢淫逸的生活,继续统治冥间天下,封建帝王往往不惜倾注全国的财力、物力,并不顾人民的死活,全力营造自己灵魂的家园。因此,帝王的陵寝建筑也同其宫殿建筑一样,代表了那一时代的建筑技术的最高水平,[1]是我国古代传统文化的一种物态表征,也是旅游文化研究不能忽视的部分。

(二)陵寝制度的历史沿革

我国古代陵寝制度从殷周时期开始,一直延续到明清时代,经历了

---

[1] 谢春山.中国历代建筑.沈阳:辽海出版社,2011:42.

一个漫长的过程。据考古发掘的资料来看,商周时期的高级墓葬已有地上建筑。春秋战国时期墓上建筑更为普遍,并出现了高大的封丘。古称堆土为坟曰"封",封丘即坟丘。到了春秋时期,墓的称谓发生了变化,由"墓"变为"丘"。墓指平处,即埋棺之处,也叫"茔",墓地周围以内叫"兆域"。在墓地埋棺之处的地面上堆土成丘状,叫坟,也叫"冢"。当时楚昭王的昭丘、赵武灵王的灵丘、吴王阖闾的虎丘,均较有名。大约战国时期,坟墓便开始被称为"陵",如赵肃侯的寿陵、秦惠文王的公陵等。陵即土山,显然比丘更加高大,更能体现出诸侯王的显赫地位。因此,自从秦惠文王规定"民不得称陵"后,"陵"便成了帝王墓葬的专用名词。而墓上建筑,一般认为是供墓主灵魂起居的场所,后来发展成为"寝"。

秦汉时期,是我国古代陵寝制度的创立时期。秦始皇开创了封建帝王埋葬规制和陵园布局的先河。秦始皇陵位于陕西省临潼县东骊山脚下,完全是按照"事死如视生"的原则修建的。整个陵园按照咸阳城来设计布局,分内外两城,内城周长 3.89 公里,外城周长 6.29 公里,都是南北向的长方形,城墙夯筑。外墙四角设角楼。内城东北角另筑一小城。内外城均四面辟门,两两相对,小城只南北设门。陵墓位于陵园的西南处,呈四方锥形,顶部略平,原高 120 米,周长 2 167 米,远视如山峰屹立。其下便是极尽豪华的地宫。陵墓北有一处宫殿遗址,一般认为是秦始皇陵的寝殿。按古代礼制,都城中建有宗庙,以祭祀祖先,形同帝王生前居住的宫殿。宗庙的前部称"庙"。供奉死去君王的牌位,后部称"寝",放置死去君王的座位、床、几、被枕、衣冠等,"庙"和"寝"是相连接的。而秦始皇陵"起寝于陵侧"把宗庙之寝移到陵边一侧,开创了陵寝建筑的先例。西汉王朝共经历 11 位皇帝,除文帝霸陵和宣帝杜陵建在渭河以南外,其余 9 位的陵墓都分布在渭河北岸的咸阳原上。西汉陵园的建制基本上承袭秦制。其特点在于将寝分为正殿和便殿;将宗庙建在陵园附近,并在庙和寝之间建有"衣冠出游之道"供祭祀时用;实行帝后合葬而不同陵;开创了在陵园附近设置陵邑的制度,即依陵设县,将关东高官富豪之家迁至陵园附近居住,命为供奉帝陵,实为加强控制。

隋唐时期,帝王陵寝制度获得进一步的发展。唐代共经历 20 位皇帝,其中 18 位皇帝的陵墓集中在陕西的乾县、礼县、泾阳、三原、富平、蒲城六个县内,东西绵延 100 余公里,号称"唐十八陵"或"关中十八陵"。

唐代陵墓的形式除了高祖的献陵、德宗的崇陵、武宗的端陵是承袭秦汉封土为陵的遗风以外，其他均采用魏晋南北朝以来依山为陵的做法，全部在山的南麓半山腰上凿石而成，不再封土为坟。唐代陵寝制度比以前历代都更加规范和完善，特别是自乾陵以后。唐代陵园建有上宫和下宫。上宫即寝殿，称献殿，以完全脱离寝而成为上陵拜谒和举行隆重仪式的场所。下宫又称寝宫，为墓主灵魂起居之所。唐代陵前的神道有了很大的发展，大型的石像生，已经形成规制。唐代陵墓仍然采用西汉功臣贵戚陪葬的办法，仅太宗昭陵的陪葬墓就多达200余座。

　　北宋的帝陵位于洛阳市东巩县境内嵩山、洛河之间的丘陵上，陵寝制度基本上承袭唐制，其特殊之处在于帝陵一改历代帝王陵墓居高临下居山面水的传统，而采取面嵩山背洛水的形式，并且各陵平面布局、尺度和墓前石刻数目整齐划一。南宋诸帝全部葬于绍兴，各陵墓均没有建筑高大的陵台，只是在墓室上建了一座名为龟头的建筑，用石条封闭墓室而将棺椁掩盖在龟头之下，称为"攒宫"即攒集梓棺的地方，以便将来收复失地后，再归葬北方陵园。不想这种临时性的建筑竟成了南宋帝陵的永久性建筑形式。

　　明清时期，是我国古代陵寝制度发展的最后阶段，帝王的陵寝制度有了新的发展和创造。为了突出朝拜祭祀的仪式，自朱元璋的孝陵起，明代陵园建筑中取消了唐宋时期供奉帝王灵魂起居的下宫建筑，而扩大了拜谒祭祀的献殿建筑，并取消了陵寝中留居宫人侍奉亡灵起居的制度。明代帝王的陵墓除了明太祖朱元璋的孝陵建在南京外，自明成祖朱棣起，所有帝王均葬在北京昌平县的天寿山，统称"明十三陵"。它是明代最大的帝王陵墓群，也是我国目前帝王陵墓中保存得比较完整的一处。明十三陵有主从分明的布局，朱棣的长陵位于北面正中位置，居中为主，其余12陵各倚一座小峰，沿东南、西南两侧延伸，并以神道为主干形成环抱之势，使得朱棣的长陵显得高大峻伟，鲜明突出，成为我国古代帝王陵墓建筑中最富有整体性的帝陵建筑群。十三陵的陵寝建筑包括神道前的前导部分和陵园两部分。长陵的神道部分由石牌坊、大红门、神功圣德碑、石像生、棂星门等一系列墓仪设置组成，长约14.6公里。其总的走向趋势位于陵区的中轴部位，即显示了"居中而尊"的尊严，又突出了长陵作为主陵的地位。十三陵各陵园平面均呈长方形，沿着中轴线由南向北依次建有三个院落:第一个院落由陵门、碑亭、神厨和神库组成。第二个院落由殿门、祭殿和两旁的配殿组成。明代的祭殿名为祾恩殿,是供奉帝后牌位和举行上陵祭祀活动的地方,系仿自紫禁城的太和殿建造的,规格、等级较高。第三个院落由内红门、牌坊、石五供、方城明楼、宝城宝顶组成。方城为位于陵前高约十余米的方形砖石台基,下设"T"形券门。其上重檐歇山式顶的建筑为明楼,四面辟门,楼上的匾额书写陵名,楼内树有"圣号碑",如长陵的"大明成祖文皇帝之陵"。方城明楼之后,地宫之上的高大土丘便是宝城宝顶四周筑有高大的圆形砖墙,即为宝城。

清代的帝陵按建筑年代和地理位置可分为关外三陵、清东陵、清西陵。关外三陵,即抚顺新宾的永陵、沈阳的福陵(东陵)和昭陵(北陵)。清东陵位于河北省遵化县境内马兰峪西的昌瑞山下,是我国现存规模最大,建筑体系最完整的清代帝王陵寝建筑,始建于顺治十八年(1661年)共埋葬顺治、康熙、乾隆、咸丰、同治5位皇帝,15位皇后及妃、嫔、福晋、格格等共157人。清西陵位于河北省易县境内的永宁山下,葬有雍正、嘉庆、道光、光绪、溥仪5位皇帝和皇后、妃嫔、王公、公主等76人。清陵基本上承袭了明代帝王陵墓的布局和结构,但同明陵相比,清代的清东陵和清西陵更加成熟,更加园林化。陵园建筑往往巧妙地利用自然环境和地面建筑有机地结合起来,创造出一种更加庄严肃穆而又雄伟壮观的陵园气势。另外,清东陵和清西陵还在陵冢上增建了月牙城;每座帝陵附近都建有皇后和嫔妃的陵墓;陵区内设立了众多的"神功圣德碑"等,显示出与明十三陵的不同之处。

四、古代坛庙建筑

坛庙是古代祭祀性建筑,是苍生与神灵对话交流的场所。无论是自然崇拜,还是祖先崇拜,人们为了达到祈福免祸的目的,原始人便开始了祭祀活动。最初这种祭祀活动很简单,没有固定的场所,也没有特定的物品,更不必举行什么特殊的仪式。人们可以随时随地地面对自然物、自然现象或祖先的遗体、遗物,用言语或动作表示敬意、感激或表达某种愿望。当这种祭祀活动发展到一定阶段后,便出现了较为固定的场所,有了某种仪式和祭祀物品,也出现了祭祀性的建筑。

进入阶级社会以后,原始的自发宗教逐渐发展为人为宗教,祭祀活动开始规模化和制度化。西周统治者将祭祀活动提高到与战争相提并论的高度,认为"国之大事,在祀与戎",制定了严格的祭祀礼仪和制度,并有意识地将礼仪制度纳入到王权统治的体系中来。因此,在西周时代祭祀活动已成为维护王权统治的工具。

此后,历代统治者无不高度重视祭祀活动,除了严格遵循祭祀的礼仪和制度外,不惜耗用大量的人力、财力,使用最好的材料,运用最先进的建筑技术,精心营造各种坛庙等祭祀建筑,其建筑规模之大、等级之高、造型之精美都达到了相当的高度,在一定程度上代表了那一时代建筑的最高水平。与此同时,上至贵族官僚,下至黎民百姓,也兴建了大量的祠堂建筑,其中不乏精美优秀之作。因此,古代坛庙祭祀建筑在我国古代建筑体系中也占有重要地位。

(一)坛

坛,原指在平坦地面上用土堆筑的高台,主要用于祭祀活动,故称祭坛。坛,是我国最早出现的祭祀建筑。

古时人们为了使自己的祈求和愿望能更好地向天地等神灵表达,多利用林中空地的土丘或自然形成的高岗、山头等进行祭祀,这些土丘、高岗、山头就是最早的祭坛。进入阶级社会以后,祭祀被视为统治阶级权力的一部分。因此,每当一个新的王朝建立后,修建都城时,祭祀天地的祭坛是必须修建的。帝王登基时为了显示自己是"承天受命",必须到郊外进行祭祀。按周代礼制,祭天于南郊,祭地于北郊,祭日于东郊,祭月于西郊。以上祭祀活动统称"郊祭"。郊祭往往由皇帝本人亲自主持,规模宏大,场面空前,仪式隆重。

由于祭祀活动逐渐被统治者所垄断,其祭祀的对象也渐渐地固定在天、地、日、月、社稷等几个最高自然神和带有浓重自然色彩的高级神祇上。因此,祭坛的修建规模日渐宏大,结构也日趋繁杂,并由土筑改为砖石砌筑。受天圆地方观念的影响,祭天的坛一律呈圆形,称"圜丘";祭地的坛呈方形,称"方泽"。更重要的是,此后祭坛专指古代帝王用来祭祀天、地、日、月、社稷等活动的台形建筑,开始带有明显的封建王权政治和等级观念色彩。

位于北京市东南隅永定门内的天坛,是明清两代皇帝祭天和祈求五谷丰登的地方,也是我国目前保存最完整、最重要、最宏大的一组封建帝王的祭祀建筑群。天坛建筑由内外两重围墙环绕,分为内坛和外坛两大部分,主要建筑都位于内坛。

内坛建筑按用途可分为3组,即沿南北轴线,南部为祭天的圜丘;北部为祈求丰年的祈年殿;西门南侧是皇帝祭祀前斋宿的斋宫。其中圜丘和祈年殿是天坛的主体建筑,中间为宽30米、长400米、高2.5米的砖砌甬道,称为"丹陛桥"。

天坛建筑无论是在用形象、数字、色彩来象征突出主体上,还是在艺术处理手法上都达到了空前的高度,它是我国古代建筑艺术水平最高、文化内涵最深刻、最具民族特色的优秀建筑之一。

"天圆地方"是古人对自然界的初步认识,苍天是圆的,无边无际,大地是方的,方方正正。于是天坛建筑使用了大量的方圆形象,除了外围的两重围墙北面两角采用圆形,南面两角采用方形,以象征天圆地方外,天坛中的主体建筑如圜丘、祈年殿、皇穹宇都是圆形,就连祈年殿与圜丘之间的隔墙也建成半圆形,这种象征手法,使建筑更能突出中心主题。

在色彩的运用上,黄色象征土地,蓝色象征苍天,于是天坛建筑运用了大量蓝色,圜丘四周矮墙顶覆蓝色琉璃瓦,皇穹宇、祈年殿及其配殿、祈年门等凡是用琉璃瓦之处,几乎全是蓝色。在周围大片绿色松柏的映衬下,蓝色、白色建筑的天坛更具有一种庄严、神圣和崇高的意境,色彩的运用达到了精神象征的效果,突出了主题思想:青色屋顶与天空色调相近,而且可以暗喻植物的生机勃发与天时的风调雨顺。①

天坛建筑的空间艺术处理手法也是高超的。祈年殿前为一狭长小院,与其后面的大庭院形成鲜明对比,增加了祈年殿的尺度感。圜丘外面两层围墙的设置,加大了空间的延伸,在其衬托下,圜丘给人感觉要比其真实的尺度大出许多。天坛的三座主体建筑,祈年殿为一高耸的殿宇,圜丘坛为一低平的露台,南北一高一低,中间插入皇穹宇,无论是在形体上,还是在空间上,都起到了过渡缓冲作用,达到了最佳的艺术效果。

---

① 吕洪波等.图说中国建筑艺术.上海:上海三联书店,2008:218.

此外，用各种代表一定寓意的数字来体现人们对天象的认识和伦理观念也是天坛建筑的一大特点。以圜丘为例，古人认为奇数为阳，代表天数，而奇数中9为最大，故常用9来表示天的高大，因此，圜丘的各层栏板、望柱、台阶数目以及坛面铺地石块等都是9和9的倍数，以通过所谓的"天数"来同"天"取得联系，其祭天的用意不言自明。

(二) 庙

庙，是中国古代又一类祭祀性建筑，其形制要求整齐，多为殿堂建筑。按其祭祀对象的不同可分为三类，即祭祀祖先的庙；祭祀圣哲先贤的庙；祭祀山川神灵的庙。

祭祀祖先的庙，又可分为帝王、诸侯祭祀祖先的宗庙（或称太庙）与臣民祭祀祖先的家庙（或称祠堂）。我国古代帝王、诸侯祭祀祖先的家庙，早在商代即已出现，商代实行"五庙"制，即有考庙（祭先父）、王考庙（祭祖父）、皇考庙（祭曾祖父）、显考庙（祭高祖父）、太祖庙（祭始祖），并制定了许多既繁缛又隆重的祭祀仪式，多达140余种。周代创设了"天子七庙"的宗庙制度，即太祖庙居中，二、四、六世为昭，居太祖庙的左侧列入昭庙；三、五、七世为穆，居太祖庙的右侧列入穆庙，太祖庙百世不迁，七世以上远祖的神主则要移入太庙中专设的夹室享受合祭，以让位给后死祖先入庙祭祀，这便是著名的"昭穆制度"。东汉明帝对宗庙制度进行了改革，取消了"天子七庙"的古制，将众多祖先的神主都集中在太庙内，实行"同堂异室"共同祭祀。后为历代帝王所沿用。由于宗庙是古代宗法制度的标志和王权统治的精神支柱，故历代统治阶级都非常重视宗庙的修建。后多依周礼"左祖右社"的说法，将宗庙建于宫城的左前方，以表示后辈不敢亵渎祖先。同时，位于宫城左前方是因为天道尚左，宗庙所在，即天道之所在，突出了宗庙的重要性。今北京太庙是明清两代皇帝祭祀祖先的地方，也是我国目前唯一保存下来的皇家宗庙建筑。贵族、显臣、世家大族所建的祭祀祖先的家庙或祠堂，明清时期在我国南方的广东、福建、安徽等地较盛，出现"有族必有祠"的局面。祠堂建筑按照祭祀的对象和规模的大小，可分为宗祠、支祠和家祠三类。广州陈家祠是我国现存祠堂建筑中保存最完整、规模较大、建筑精美的世家祠堂，是祠堂建筑中的优秀之作。

"江山代有才人出，各领风骚数百年"。在我国历史上曾经涌现出了众多的民族英雄、著名学者、思想家、诗人、艺术家、科学家等,他们都对国家和民族有所贡献、有所影响。为了缅怀和纪念他们,人们纷纷在其家乡、工作过的地方或其旧宅,为之立祠建庙,在全国各地留下了数量众多的名人祠庙,如曲阜的孔庙、成都的武侯祠、山西解县的关帝庙、合肥的包公祠、杭州的岳王庙、福建福州的林则徐祠、成都的杜甫草堂等。这些名人祠庙除了孔庙有强烈的政治背景而在建筑的总体布局、环境处理及单体建筑的设计上都刻意表现出庄严、神圣与崇敬的氛围外,其他都更多地具有民间性。其建筑布局多自由灵活,不拘于一定的格式,常常随山就势,因地成祠,具有民间建筑和地方建筑的特点。这些名人祠庙往往附有园林绿化,成为当地的公共场所。

中国古代有所谓的"五岳"、"五镇"、"四海"、"四渎"之说。"五岳"指东岳泰山、西岳华山、南岳衡山、北岳恒山、中岳嵩山;"五镇"指东镇沂山(今山东临朐)、西镇岳山(今陕西陇县)、南镇会稽山(今浙江绍兴西南)、北镇医巫闾山(今辽宁北宁市西北)、中镇霍山(今山西霍县);"四海"指东海、西海、北海、南海;"四渎"指长江、淮河、黄河、济水。以上这些岳、镇、海、渎等名山大川,都被认为是神灵居住之所。故秦汉以后,天子封禅泰山,祭祀五岳四渎渐成定制。除了西海、北海、河渎为望祭外,其余均设庙祭祀。由于岳、镇、海、渎都有帝、王之类的封号,与人间的帝王平起平坐,故其庙宇也都按帝王宫殿的标准建造,一般都前有朝殿,后有寝宫,围以高墙,装饰华丽,气魄宏大。目前保存较为完好的有岱庙、西岳庙、南岳庙、中岳庙、浑源北岳庙和北镇庙。其中历史最悠久、规模最大、规格最高的,当属东岳岱庙。

第三节 中国古代建筑的文化内涵

一、人本精神

中国古代建筑的人本精神主要体现在木构架建筑中。中国古代建筑从建筑材料来看,虽然土、木、瓦、砖、石并用,而且在砖石建筑方面也取得了像石窟、石桥、砖塔、无梁殿等杰出成就,但始终仍以梁柱式木构架建筑为主流,砖石建筑为辅助。其基本做法是,将木头柱子立于地面,柱上架设木梁和木枋,其上架设木制的屋顶构架,最后再在屋顶构架上铺设瓦顶。木构架的衔接点,采用隼卯、斗拱相连接吻合。这种木构架结构建筑的优点在于,房屋的重量全部荷载于立柱而不是墙体上,可以"墙倒屋不塌",便于建筑的灵活处理,以满足殿堂、亭榭、廊宇等不同类型建筑的需要,并可把室内分隔成不同的使用空间;木材的弹性较好,加之各连接点也都是柔性组合,因此,木构架建筑的抗震性较强;木构架建筑可以就地取材,易于加工,并可实行标准化操作,房屋的柱、梁、门窗等都可以利用标准的比例和尺度先行加工,最后现场拼装,加快了施工速度,又很少受外界环境的限制。因此,这套成熟的木构建筑体系,长期为中国古代社会所沿用,体现出强大的生命力。但这只是问题的一个方面,中国古代建筑木构架的背后有深刻的文化内涵,这就是体现着中国传统文化的人本主义精神。

"中国文化的伦理本位特质,排斥了对彼岸世界的追求,而着重引导人们注重现实世界的亲亲之爱。中国人虽然也有'长生不老'的欲望,但在文化主脉中,却很少有依赖物质达到永恒的意向。"[1]中国人从总体上不太关心来世和彼岸世界,所追求的是今生今世的温馨和舒心,追求的是人间的温暖和脉脉亲情,而不像西方那样追求天国的永恒。木构架建筑虽不能永存万世,但足可以满足今生今世的需求。因此,同用大理石石柱结构的西方建筑极力突出上帝的高大和天国的永恒而使人在上帝和天国面前显得是那样的渺小相比,中国的木构建筑具有更多的人文关怀色彩。中国不是一个宗教的民族,中国的宗教一直处在原始状态,始终同天地崇拜和祖先崇拜交织在一起,是一种人性化较为浓重的宗教。由于在中国始终未能树立起一个创造宇宙万物的上帝形象,"神"只不过是烘托中国皇权的一个次要工具,所以在一定意义上说,中国古代建筑大体上可以说属于人文主义建筑,弥漫着浓郁的人文精神;而西方近代以前的建筑则是神本建筑,充满了神的气息。文化蕴涵和价值取向的差异必然导致中西方建筑在材料的运用和建筑的风格上体现出巨大的不同。对此,李乐铄先生指出,中国文化与西方文化"一个以

---

[1] 王会昌,王云海.中国旅游文化.重庆:重庆大学出版社,2001:140.

'人'为中心,一个以'神'为中心,也就是'人本'、'神本'、'物本'的文化概念。'神'和'物'都是永恒的,'人'却是'暂时'的,在不同的价值观念下自然产生不同的选择态度和方法。在整个长期的历史发展过程中,中国人坚持木结构建筑原则与此有很大的关系"①。

二、入世观念

中国古代建筑的入世观念主要体现在建筑的平面展开和族群布局之中。木构建筑由于木材的长度、粗细、易燃、易腐烂等天然的局限性,建筑体量不可能很大。为了弥补木构建筑的不足,除了利用高起的地势、巨大的台基烘托,或尽力向高层发展楼阁、高塔外,主要采用院落群体组合的办法,以取得宏伟壮丽的建筑艺术效果。

古代重要建筑诸如帝王宫殿、坛庙、陵寝、衙署、寺观等多以"间"为单元构成单体建筑,以单体建筑组成庭院,再以庭院为单位组成宏大而形式多样的建筑群。并且往往是将重要的建筑物依次建在中轴线上,次要建筑物对称地排列在中轴线两侧,以达到突出重点、主次分明的效果。北京的故宫是这样,小到一所住宅也是如此。如北京的四合院,它是由四座房屋,前后左右从四个方向围成一个院子,主要建筑,即主人的住房在中间,子女用房在两侧,这种主次分明、均衡对称的布置方式,即我国古建筑平面布局的基本形式。这种平面展开、群体组合、中轴对称的布局形式,实际上也是中国人追求今生今世的幸福,向往四世同堂、天伦之乐的世俗生活的反映,表现出强烈的入世愿望和人本精神。

中国古代建筑"不是高耸入云、指向神秘的上苍观念,而是平面铺开、引向现实的人间联想;不是可以使人产生某种恐惧感的异常空旷的内部空间,而是平易的、非常接近日常生活的内部空间组合;不是阴冷的石头,而是暖和的木质,等等,构成中国建筑的艺术特征。在中国建筑的空间意识中,不是去获得某种神秘、紧张的灵感、悔悟或激情,而是提供某种明确、实用的观念情调……不重在强烈的刺激或认识,而重在生活情调的感染熏陶,它不是一礼拜才去一次的灵魂洗涤之处,而是能够经常瞻仰或居住的生活场所。在这里,建筑的平面铺开的有机群体,实际

---

① 王会昌,王云海. 中国旅游文化. 重庆:重庆大学出版社,2001.

已把空间意识转化为时间进程,就是说,不像哥特式教堂那样,人们突然一下被扔进一个巨大幽闭的空间中感到渺小恐惧而祈求上帝的保护。相反,中国建筑的平面纵深空间使人慢慢游历在一个复杂多样楼台亭阁的不断进程中,感到生活的安适和对环境的主宰"①。因此,中国古代建筑具有积极的入世精神,世俗色彩颇为浓重。从这个意义上讲,我们便不难理解宗教建筑何以在中国传统建筑体系中一直未能占据主流地位。虽然与一般的实用性建筑相比,宗教建筑是宏伟威严的,但相对于代表君权的宫殿建筑而言,它始终处于从属地位。在都城,它没有超过皇宫;在郡县,它没有超过王府和衙署。原因在于,在儒家积极入世的思想指导下,宗教建筑充其量不过是帝王"神道设教"的产物,不可能同帝王的宫殿建筑相提并论。自然也不能同充满脉脉温情的世俗民用建筑相比。

三、天人合一思想

中国古代建筑的天人合一思想主要表现为建筑与环境的协调中。古代建筑在规划、设计、建造过程中,十分注意建筑与周围环境的关系,力求建筑物的体量、形式、色调和布局与周围环境的自然条件相协调。例如,寺庙多选在林木葱郁的山峦峰谷之中,以追求一种"深山藏古寺"、"曲径通幽处"的意境,体现出一种超然无染的境界。而帝王的陵墓建筑更是精心选择"风水宝地",以借山水灵秀之气势,增加陵墓建筑的艺术魅力。城市建筑或民居建筑更把自然环境组合到自己的内部空间来,以使自然环境和建筑你中有我,我中有你,二者浑然一体。如明代南京城内含秦淮河、莫愁湖、狮子山、清凉山等;外面北临长江,东依玄武湖,隔湖与钟山相望,河湖秀丽,山势峭拔,城市布局规整,二者达到了空前的协调一致。建筑与环境的协调更突出地表现在园林建筑中。园林建筑一般选址都建在依山傍水、自然环境优美的地方,然后利用不同的地形等自然特点,把人工建筑和周围环境融为一体。一般多于高处建"阁",峰回路转处设"亭",临水置"榭",僻静处造"馆",至于人工叠垒石、理水、聚池、架桥、开路设门等,无不是在刻意寻求建筑与自然相调,以达到"虽由人作,宛自天开"的目的。

---

① 李泽厚. 美的历程(修订插图本). 天津:天津社会科学出版社,2001:103.

中国古代建筑这种寻求与建筑相协调的背后闪耀着我国传统文化中"天人合一"思想的光芒。"天人合一"是中国哲学中的一个古老命题，它强调"天道"与"人道"或"自然"与"人为"的和谐、统一。从孟子、董仲舒到张载、程颢和朱熹，无一不强调"天人合一"的观念，认为天地万物，与人原为一体，"人"必须与"天"相认同、相协调、相一致，否则就会遭到上天的报复和惩罚。因此，生活在天地中的人要能在生活中领略、再现天地造化之功，要将自身融于自然之中，达到物我一体、物我两忘的境地，追求人生的最高境界。就是在这种思想的指导下，我国古代建筑才不强调突出自己，避免造成与自然的对立，尽管在围墙内部各建筑势态干戈相向，而外在表现却趋于平静，将建筑和自然环境巧妙地融为一体。同时，中国传统建筑重视室外空间，将空间的美寓于室外空间的变化之中。空廊、半空廊、檐廊、亭子、门窗及开敞的院子等穿插交织，造成一种既存在又不肯定，既静止又流动，虚实相生的建筑空间，不仅不把建筑排斥在自然之外，而且要求把自然纳入建筑之中，从而形成一种空灵俊秀、妙趣横生的风格。使人工建筑与自然山水完美地结合在一起，二者相得益彰，相映生辉。

四、等级观念

中国古代建筑体现出浓重的神迷色彩和鲜明的等级观念。在长达两千多年的封建统治下，我国古代建筑虽然取得了辉煌成就，但也体现出时代的局限性，被深深地打上了封建迷信思想的烙印。我国各个历史时期的统治者，都竭力鼓吹"承天受命"、"替天行道"等神权思想，借以达到巩固他们统治地位的目的。历代帝王之所以都非常重视宫殿建筑，是因为宫殿是"天子"居住的地方，可完全体现出"天子"的神圣和权威。封建帝王迷信人死后"灵魂不灭"，也都热衷于陵寝建筑，为自己的灵魂寻找精神家园，因为陵寝建筑类似宫殿建筑，是统治权力和地位的象征。因此，这些建筑在设计选址或布局方位等方面，都体现出以皇权为中心的思想，甚至连宫城和大殿的命名（如紫禁城、奉天殿），以及艺术装饰（如龙雕、色彩运用等）方面，也要体现帝王统治的威严。此外，我国古代的坛庙建筑都是用来进行祭祀活动的，如祭祀天神、地祇、人鬼等。为利用各种祭祀活动来加强他们的统治地位，统治阶级无一不精心营造各种坛、观、寺、庙等建筑,并不断地渲染、强化种种"天意"、"征兆"等迷信色彩。

中国古代建筑还具有严格的等级制度。建筑样式分为殿式、大式、小式三种:殿式用于帝王宫殿、寺观中的主要殿堂;大式用于官吏和富商的宅第;小式用于民居。以上三者有严格的界限,不得"僭越"。房屋的外部造型、装饰及色彩运用等方面也都具有严格的等级规定。我国古代屋顶形式较多,其中庑殿顶级别最高,它是四面斜坡,一条正脊,四条斜脊的样式,多用于宫殿建筑。重檐庑殿顶是屋顶中的最高级,只有皇帝的正殿(如故宫的太和殿)和皇帝的家庙(如太庙)才能使用。其次是歇山顶,它多用于一般宫殿和寺院。再次是攒尖式。悬山顶和硬山顶级别最低,多用于小型寺庙、衙署或民居。房屋间数也具有严格等级。中国古代建筑术语中,由四根柱子组成的空间叫"间",迎面的间数叫"开间",纵深的间数叫"进深"。皇帝以面阔9间、进深5间为最高级宫殿,其次,依次是王府正殿7间,三品至五品官员厅堂7间,六品至九品官员厅堂3间,百姓建筑不得超过3间。建筑物的台基中以须弥座级别最高,多用于宫殿建筑或高级寺庙中的主要殿堂。将几层带石栏杆的须弥座叠在一起,只能用于皇宫中最高级的宫殿和全国著名庙宇的主要建筑上,如北京故宫三大殿和曲阜孔庙的大成殿。在建筑色彩的运用上,皇宫用黄色琉璃瓦顶,皇子、亲王等用绿色琉璃瓦顶,一般民居只能用黑色或青色瓦片顶。此外,装饰物品、斗拱、彩画的运用上,也都有严格的区分,不得混同。

五、艺术价值

中国古代建筑的艺术价值,主要体现为通过对建筑的平面布局、外部造型、装饰、色彩等进行精心的艺术加工和处理,使其达到特殊的效果和功用。如在建筑物的平面设计图案方面,往往采用了各种几何图形或扇形、梅花形、日形、月形等,以丰富建筑物的形象美。对建筑物的外部造型进行各种艺术加工,如为了避免木构架屋顶显得过于庞大和笨拙。屋顶被加工成各种艺术形式,有平顶、坡顶、尖顶、圆拱顶等形式。各种坡顶的曲面形、屋檐、四角的微微上翘形成柔和的外廓曲线,给人一种轻巧、明快的感觉。建筑物的门窗也都进行了精心的艺术处理,被做成各种优美的造型,并刻以雕花,以凸显其艺术效果。又如屋脊上的构件也被加工成各种有趣的小兽,梁枋上的出头被做成蚂蚱头、麻叶头,斗拱被做成各种优美的造型,连屋檐上的瓦当也刻出各式花草、禽兽、文字等。在构件的空白处绘以各种优美的彩画。建筑物在色彩运用上也是独具东方特色的艺术之一。例如,明清时期的宫殿建筑,用金黄色的琉璃瓦顶,屋檐下青绿色的彩画,红墙、红柱、红门窗,下面白色的大理石台基和深色的地面等,往往是帝王宫殿的显著特征。宋代的彩画尚多有写生之意,包括花草写生及飞天人物等题材,明清以后则改为程式化的旋子彩画,交替使用青、绿、黄、朱等冷暖颜色,又以黑、白、金色为分界线,创造出既有强烈对比效果,又有一定基调的艳丽图案,使得整座建筑绚烂多姿。因此,中国古代建筑实现了建筑的使用功能和艺术美功能的完美结合,具有很高的艺术价值。

思考与练习

1. 你如何理解建筑在旅游活动中的作用?
2. 中国古代建筑可分为哪些类别?
3. 中国古代城市建筑有哪些特征?
4. 中国古代宫殿建筑的布局有哪些特征?
5. 如何理解中国古代建筑的人本精神?
6. 中国古代建筑是如何体现入世观念的?
7. 中国古代建筑如何体现出天人合一的思想?
8. 中国古代建筑反映出哪些等级观念?
9. 中国古代建筑有哪些艺术价值?

第六章 旅游与园林文化

引言

中国古典园林艺术是人类文明的重要遗产。它被举世公认为世界园林之母,世界艺术之奇观。明代计成所著的《园冶》为中国第一本关于园林艺术理论的专著。据说该书传入日本后,日本学者爱不释手,将该书译为《夺天工》,并按照该书的造园理论建造了一批具有东方特色的日本园林,致使部分西方人认为东方的园林起源于日本,一些日本人甚至想将日本园林申报为世界文化遗产,直至著名古建筑、园林艺术专家陈从周先生于1978年赴美国纽约为大都会博物馆设计园林"明轩"(苏州网师园),中国的古典园林才真正开始走向世界。目前,中国园林的造园手法已被西方国家所推崇和模仿,曾在西方国家掀起了一股"中国园林热"。

1997年12月4日,联合国教科文组织遗产委员会第21届会议批准,以拙政园、留园、网师园、环秀山庄为典型例证的苏州古典园林列入《世界遗产名录》。2000年11月,沧浪亭、狮子林、艺圃、耦园、退思园,作为世界遗产——苏州古典园林的扩展项目,列入《世界遗产名录》。这标志着以苏州古典园林为代表的中国古代园林的深厚文化蕴涵和崇高的艺术价值受到全世界的认同和尊重。

中国古代园林的造园艺术,以追求自然精神境界为最终和最高目的,从而达到"虽由人作,宛自天开"的审美旨趣。它深浸着中国文化的内蕴,是中国五千年文化史造就的艺术珍品,是一个民族内在精神品格的生动写照,是我们今天发展旅游业须臾不可或缺的宝贵资源。

本章学习目标
- 理解和掌握中国古代园林产生与发展的历程。
- 掌握中国古代园林的主要特点。
- 理解和掌握中国古代园林的主要类型。
- 理解和掌握皇家园林、私家园林和寺观园林的主要特点。
- 理解和掌握中国古代园林的主要构景要素及其特点。
- 理解和掌握中国古代园林的文化内涵。

第一节 中国古代园林的发展历程与特点

一、中国古代园林的发展历程

园林是由人工建筑,结合山水、花木等自然景色组合而成的具有艺术性和娱乐性的综合建筑、休闲场所。

中国古代园林建筑源远流长,早在商代就出现了我国古代园林的最初形式——囿。为了满足统治者游览、观赏、狩猎、游乐的需要,商周时期的"囿"多建在禽兽比较集中出现的茂林或水草丛生之地,占地面积较大,外面围以界垣。囿内建筑工程浩大,常常建有巍峨的殿阁和高大的楼台。囿内有山,有水,饲养奇珍异兽,遍种名贵花木,以供统治者享受。

秦汉时期,是我国古代园林建筑的生成时期。当时的园林建筑不仅规模宏大,而且在形式和内容方面逐渐丰富起来。秦始皇统一中国后,大兴土木,在渭水南岸建有规模浩大的上林苑,周边150公里,建有离宫70余所,苑内广植花草树木,饲养各种动物。同时还在咸阳引渭水作长池,在池中筑成土山,名"蓬莱",开创了中国园林史上人工以土堆山的先例。西汉时期,好大喜功的汉武帝,不仅重修和扩建了秦时的上林苑,使其范围更加宏大,将整个长安城从西、南两个方面包围起来,"内蓄域外珍禽异兽,植岭南花木",四时景色不绝,还在建章宫内开凿了一个太液池,在池中用土石堆筑蓬莱、方丈、瀛洲三岛,以象征东海神山,形成"三山一池"的风格,对后世园林建筑中的山池组合影响较大。总体来看,秦汉时期的囿、苑建筑已不仅仅局限在利用山、水和植被等自然条件,饲养大量禽鸟异兽等动物,供帝王狩猎和游乐之用,还在囿苑内建有宫室,供帝王起居和处理政事。这种囿和宫相互结合的新形式,称为"宫苑",它注意把自然景色引入园内,要求模仿自然,反映自然。这样就增添了帝王的寝居,以及狩猎和观景的情趣,深受统治者的欢迎。因此,从汉代起,"囿"已被改称为"苑囿"或"苑",成为帝王或皇家园林的专有名词。同时,汉代还出现了为数不少的贵族官僚和富商大贾的私人园林,开创了与帝王苑囿不同的又一独立的园林体系。

魏晋南北朝时期,是我国古代园林建筑的转折时期。由于国家长期处于分裂状态,战乱频繁,社会动荡不安,特别是受佛教思想的影响,一些士大夫为逃避现实的苦难,求得精神解脱,往往醉心于山林园田,以山居岩栖为高雅,造园叠石之风大盛。人们开始用崇尚自然野趣的风格代替秦汉时期以宫室楼阁为主的园林建筑形式,形成了以山水为主的自然山水园林。同时,造园者将山水画的构图理论、层次色彩融入造园艺术之中,大大丰富了园林的意蕴和内涵,这些对后世的园林建筑产生了深远的影响。魏晋时期所确立的园林建筑风格成为中国园林建筑的主流。

隋唐时期,是我国古代园林建筑的兴盛时期。此时,无论是具有"皇家气派"的皇家园林,还是造园艺术较高的私家园林,或是兼具城市公共园林性质的寺观园林,都达到了前所未有的规模和艺术水平,在中国园林发展史上占有重要的地位。为唐代帝王修建的苑囿数量众多,规模宏大,气势雄伟,装饰华丽,艺术水平较高,环境优美,充分展示出盛唐大气磅礴、恢弘壮观的皇家气派。公卿贵族和士大夫的私家园林虽然受到地域狭小和财力有限的制约,但它们巧妙地运用象征性手法,借助于想象力,在咫尺天地间创造了无限的风光。再狭小的面积,他们也能够挖池堆山,有的甚至用一块巨石就代表山,体现出高超的艺术性。为了突破视觉的局限性,这些园林常常在楼阁附近或假山上建亭,以供远眺。不同之处在于,公卿贵族的私家园林建筑不求规模宏大,而求环境清幽,精益求精,而为士人建筑的私家园林则追求清新优雅、简朴素淡、自然野趣的风格。

宋元明清时期,是我国园林建筑的成熟时期。此时的造园艺术达到了高峰,园林建筑在叠石、堆山、理水等方面都有了长足的进步。同时,由于参与建园的许多文人本身就是诗人或画家,因此,他们常常将诗的意境和水墨山水画的情趣融入到园林建筑之中,使园林建筑开始从自然山水式园林发展成为写意山水园林,意境深远,回味深长,更具欣赏价值。明代中叶以后,在我国的北京、南京、苏州及太湖周围地区掀起了私人造园的高潮,不但出现了众多的园林杰作,如拙政园、留园、五峰园等,还涌现了计成、张涟、周秉忠等一批卓有成就的园林建筑专家。计成于崇祯年间著成的《园冶》一书,详细评述了造园手法和经验,对相地、立基、屋宇、装拆、门窗、墙垣、铺地、掇山、选石、借景等都有论述,是我国古代最完整的一部造园著作。对后代直到今天的园林建筑都有深刻的影响。清代集我国历代造园艺术之大成,使造园水平达到意境高超的成熟阶段。清代皇家园林和私家园林都非常繁盛,其数量之多,规模之大,水平之高,均非前代所能比及。康、雍、乾三朝先后营造的静明园、畅春园、承德避暑山庄、圆明园、静宜园、清漪园,以及后来的颐和园等都是清代园林艺术的杰作。这些园林荟萃了中国古代园林建筑的全部形式,成为中国封建社会后期造园艺术的精华。在私家园林方面,清代形成了北京地区、江南地区、岭南地区三大地方风格,各具千秋,异彩纷呈,也都体现出较高的艺术水平。

二、中国古代园林的特点

"虽由人作,宛自天开",是中国古代园林造园的根本宗旨和终极追求。为了体现山水诗和山水画的意境与情调,追求诗情画意的中国古代园林,在造园时特别强调"五要"与"无避",其具体内容是:"在有限的空间里,要再现自然山水的美,寓意曲折含蓄,引人探求和回味;避免全盘托出,一览无余。造山挖池,要'宛自天开','巧夺天工';避免牵强附会,矫揉造作。各类建筑的设置,要与周围的环境有机地结合;避免画蛇添足。园内景物的安排,要有构图层次,突出重点;避免喧宾夺主。景物的组织,要统一,有连续性;避免杂乱无章,断经绝路。"[①]正因为如此,中国园林总是给人以不尽的想象和悠远的情思,恰如余音袅袅,绕梁三日而不绝。

---

① 刘策.中国古典名园.上海:上海文化出版社,1984.

总体来看,关于中国古代园林的特点,主要可以从以下几方面来分析和理解。

第一,园林的骨干是山和水。山、水是组成园景的基础,因山和水的构图形式多种多样,所以每个园林的景观也互不相同,各具特色。但总体来看,园林中山、水的布局主要有三种形式,即以水为主、以山为主和山水均衡。其中,以水为主的园林最多,以山为主的园林较少,原因在于,堆山难于理水,受到资金、石材、技术等方面的限制。即使是以山为主的园林,也要以水为陪衬,园中无水的园林几乎是没有的。

第二,园林的空间变幻莫测。空间曲折变化是中国古代园林的重要特色。为了使人逃离日常严肃生活的限制而进入活泼自由的空间,以获得赏心悦目、精神松弛的愉悦,园林常常将整体分隔成众多不同形状、不同尺度和不同个性的空间单元,并将形成空间的建筑、墙垣、花木、假山、水池、铺装等艺术地组合在一起,参差错落,相互掩映,使人只能看到园林空间的局部而永远看不到园林的全体,从而产生无尽的想象。

第三,造园的首要原则是借景。其目的是突破园林有限的空间限制,使园内园外,相互呼应,浑然一体,进而使游人在园中欣赏时,无论是动观,还是静观,都能看到美丽的精致,从而得到美的享受和精神的愉悦。计成在《园冶》中写道,"夫借景者,园林之最要者也,如远借、邻借、仰借、俯借和应时而借"[①]。凡能激发人的情感和怡情养性的自然界中的各种现象,如山水、建筑、日月、星辰、云雾、飞禽、走兽、游鱼,甚至风声、鸟啼、虫鸣等,均可有选择地将园林景观空间以外的景色"借"到园中。这种全方位的、多素材的借景形式使内外空间隔而不绝,视觉开阔,达到有限空间、无限景色的效果,也是园林吸引游人的重要原因。

第四,园林的建筑形式多样。中国园林中有较多的建筑物,特别是晚清时江南文人园林,建筑面积有时甚至占到园林总面积的1/3。这些建筑大体上可分为具有实际生活功能的和专门用于游览赏景的两类,前者如用于招待宾客、文人聚会、读书作画等的厅、堂、轩、馆等;后者如亭、廊、榭、舫等。为了突出园林的休闲和轻松的特性,园林中的建筑多可以追求形式的变化和多样性。一般而言,一个园林中不会有两个相同形式

---

① 张家骥. 园冶全释. 太原:山西古籍出版社,2002:326.

的建筑。

第五,园林韵律的曲线美。在中国园林中无处不蕴涵着自然曲线的韵律,从任何一张中国园林平面图上均可以看出,除了建筑的直线轮廓外,几乎都是由曲线构成的。中国人之所以偏爱曲线,是因为中国人认为自然的曲线美体现了大自然的勃勃生机和天然的神韵。在这种观念指导下,中国古代园林中的曲线美大到山水轮廓、岸坡、园路,小至窗、桥、装饰等,无所不在,这和西方园林中多直线美有很大的不同。[1]

第二节 中国古代园林的分类与构成要素

一、中国古代园林的分类

(一) 中国古代园林的两种分类

中国古代园林的分类,从不同角度有不同的分类方法,常见的有两种。

按占有者的身份划分,可分为皇家园林、私家园林、寺观园林和公共游憩园林四大类。皇家园林即帝王苑囿,它是专供帝王享乐的地方。私家园林,亦称府宅园林,是供皇家的宗亲、外戚、王公官吏、富商大贾等休闲娱乐用的自家建造的园林。寺观园林隶属于所在的佛寺和宫观。公共游憩园林,多位于景色优美的自然山水区,范围较大,百姓可自由出入游览。

如按园林所处的地理位置的不同可分为北方园林、江南园林、岭南园林三大类。北方园林多集中在西安、洛阳、开封、北京等几个古都。北方造园有许多不利条件:地形较为平坦,可利用的河川、湖泊很少;园石很少,较好的园石需从南方运来,如太湖石等;气候寒冷,常绿阔叶树少。北方园林的特点是气势雄伟,富丽堂皇,但秀丽略显不足。江南园林多集中在南京、无锡、苏州、杭州等地,其中尤以苏州最为著名。南方造园有许多有利条件:可利用的河流与湖泊较多;丘陵地带靠近城市,因此,

---

[1] 程里尧.中国古典园林.昆明:云南人民出版社,1999:162.

园石到处都有;气候温和,常绿阔叶树多,气候明媚。江南园林的特点是小巧玲珑,秀丽精致。岭南园林则主要集中在潮州、汕头、广州等地。岭南处在亚热带,终年常绿,造园条件比北方和江南都好。岭南类型具有明显的热带风光特点,又介于北方和南方之间。由于外国通商来往较多,岭南类型也吸收了一些国外造园手法①。

(二)皇家园林的特点

中国明清时期的皇家园林具有明显的特点。因为皇家园林是专为封建帝王修建的,所以其规模相当宏大,建筑气势雄伟,富丽堂皇。如北京的颐和园,占地面积2.9平方公里,系利用原来的瓮山和瓮山泊改造而成。圆明园占地面积为3.3平方公里,园中包括大小山丘250余个,以及前湖、后湖、福海三个水面。承德避暑山庄的规模更加宏大,占地面积5.7平方公里。这里地处盆地,四面环山,溪水纵横,林木茂盛,草地如茵。由此可见,皇家园林这种宏大的规模是任何私家园林不可比拟的,充分体现出"普天之下,莫非王土"的封建帝王观念。

皇家园林是帝王的行宫,兼有皇帝处理朝政和消闲野游两大主要功能。因此,皇家园林多分为宫殿区和苑景区两部分,往往宫殿区占据整个园林前面的位置,苑景区位于后面,类似于后花园。宫殿区建筑密集,基本上仿造宫廷,讲究严整、对称布局的方式,以体现严肃、隆重的气氛。但皇家园林毕竟不同于帝王宫殿,因此,除宫室外,园内其他建筑大多依据地形等环境条件,与山石、花木、池水等相互协调一致,采取了较为自由的布局方式。就建筑物本身来看,体量小巧,样式变化多,屋面多为灰瓦卷棚顶,不用斗拱,装修简洁、明快。有些皇家园林还常常将庙宇建在苑中,成为重要的风景点,如承德避暑山庄、颐和园和圆明园中都建有若干庙宇。有些皇家园林更是集听政、朝会、看戏、居住、休憩、读书、园游、念佛、祈祷、宴饮、狩猎等多种功能于一身,成为帝王的主要活动场所。清代皇帝从康熙到咸丰,除乾隆外,均死于苑中。由此可见,皇家园林已成为封建帝王的政治中心和享乐地。

明清帝王苑囿往往兼收天下美景,以达到"移天缩地入君怀"的目的。为此,造园者多广集天下造园名师巨匠,根据各园的环境特点,把全

---

① 林明华.中国古代园林与园林中的建筑.中华建筑报,2012-3-30.

园划分为若干景区,每一景区各建不同形式、不同趣味的景点,并标有景题。如承德避暑山庄有康熙36景和乾隆36景,北京静明园有32景,圆明园有40景。这些景点往往是对著名山水风景和各地园林美景的模仿。如颐和园中的"谐趣园"即仿自无锡"寄畅园",而西堤六桥则是西湖苏堤六桥的翻版。

(三) 私家园林的特点

以苏州园林为代表的江南私家园林在我国为数众多,艺术水平也最高,是我国古代园林的精华。它布局奇特,手法高超,意境深远。苏州园林因多居于城市之中,占地面积不大,一般为几百或几千平方米,占地面积最多的拙政园虽有4万平方米,但也仅为颐和园287万平方米的一个零头。为了在极为有限的咫尺空间内,用人工创造出有山水、花草、建筑等景物多变的优美景色,使人们"不出城郭而获山水之怡,深居闹市而有林泉之趣",苏州园林多利用墙垣、漏窗、廊子、亭子、厅轩、楼馆、假山、树木等分隔空间,把全园划分为若干景区,每个景区又都精心布置体现不同的主题,步移景异,各具特色。在空间与景物布置上常将其中的一个景区扩大为全园的重点,再辅以多个小景点,以收到主次分明、相互对比的效果,并通过大小空间疏密不同的排列,构成有节奏的变化。比如留园即用建筑划分为4个不同的景区,主体各异:中部以山水为主,池水明洁清幽,峰峦环抱;东部以建筑为主,重檐叠楼,曲院回廊;西部环境僻静,富山林野趣;北部竹篱小屋,颇具乡村田园风味。而整个留园又以建筑结构见长,运用大小、曲直、明暗、高低、收放等变化,与四周环境相配合,营造出一组组层次丰富、错落有致、有节奏、有色彩、有对比的建筑空间。此外,拙政园以突出水为主题,水面辽阔,曲折,溪水分流,港汊出没,富江南水乡之色;沧浪亭以山为主题,山岭起伏,石径盘回,林木郁郁,箸竹丛丛,一派山野风光,都各具特色。

苏州园林在叠山、理水、布置园林建筑、配置花草树木等方面都表现出高超的技艺水平。为达到"虽由人作,宛自天开"的效果,园林多在厅堂和书房前后垒石为山,或依墙而造石壁,或临水构危崖峭壁、曲岸石矶,其间点缀花木,绕以流水,造成峰峦回抱、洞壑幽深之势,作假成真,惟妙惟肖。园中池水主次分明,有聚有分,聚则水面辽阔,富于自然之趣,分则似断还连,有曲折幽深之感。水面多作不规则布局,形状各异,大小不一,中以桥、廊、岛等分隔成不同的空间,彼此分离又相互协调,浑然一体,美不胜收,回味无穷。为了与周围的景物相互协调,园林中的建筑多形体矮小,造型奇特,式样繁多,或与山、池、花木共同组成园景,或独自成为构图中心,独具风格,恰到好处。在色彩的运用上,园林建筑多以白、青、栗等中间色为主,素净、明快。青色的瓦顶,白色的粉墙,栗色的柱子,使整个建筑同浅蓝色的天空,绿色的树木,玲珑的山石,柔媚的湖水,有机地结合在一起,构成绝美的人间仙境。

苏州园林多为士大夫和文人所建,他们以山水为主题,以诗词为造园的理论和设想,以画为造景的计划和蓝图,力求使园林展现诗情画意,并通过种种景题,表达出深邃的意境。如苏州的狮子林有一"问梅阁",该阁以"问梅花开未"的诗句为主题,在阁的四周遍植梅花,阁中桌凳均作梅花状,连窗上也全用冰梅纹形格子,到处都呈现出咏梅的意境。此外,如网师园,"园中有园,景中有景",其中翠竹环绕的"竹外一枝轩",苍岩环抱的"五峰书屋",丹桂飘香的"小山丛桂轩",清泉幽静的"濯缨水榭"等,每个景色都仿佛是一幅色彩淡雅的山水画,一首绝妙精伦的山水诗,蕴藏着园林主人独特的感受和情怀,满足其寄情山水的闲情逸致。

总之,苏州园林在咫尺天地间利用水、石、花、木,并吸收文学、绘画、书法、雕刻、工艺美术等技法,通过叠石、理水、绿化、建筑等,为人们建造了一处充满无限风光的天然世界。它以精巧、娴熟的造园手法,深邃的内涵,玲珑纤巧、秀美精致的艺术风格,在中国园林发展史上占有重要的地位,成为我国古代园林建筑的经典之作和后世仿造的借鉴。

(四)寺观园林的特点

寺观园林,主要是指佛寺和道观的附属园林,也包括寺观内部庭院和外围地段的园林化环境,也可泛指那些属于为宗教信仰和意识崇拜服务的建筑群所附设的园林。寺观园林的特征主要表现在以下几个方面[1]:

第一,寺观园林选址自由,构景素材丰富。皇家或私家园林为所依附的宫殿、府邸牵制,分布和选址受到局限,除去少数占较好的景观条件

---

[1] 任园.中国园林景观的基本特征.科技资讯,2009(35):85.

外,多数需以人工造景为主要景观。而寺观随宗教的传播,遍迹四方,选址灵活自由,从而给寺观园林的开发带来优越的自然风景条件。"僧占名山"成为中国宗教史上带有规律性的现象。

第二,寺观园林空间容量较大。由于寺观园林是公共游览场所,香客信徒、文人墨客纷纷云集,尤其在进香拜佛季节,游人摩肩接踵,更要求有较大的活动空间。所以寺观园林的空间容量,远比私家小园的容量大得多。私家园林占地少,一般是数亩,数十亩。现存最大的私家园林拙政园也不过七八十亩。而寺观园林用地,虽因寺院大小而差异悬殊,但借助自然山势、林泉环境,往往都大大地超过了私家园林,再加上山林水泽、云崖险峰的空旷浩渺,更显得其环境空间容量巨大。

第三,寺观园林历史文化内涵丰富。古庙大多保留较珍贵的宗教文物和其他艺术品,具有很高的欣赏价值。一些著名大型园林往往历经若干世纪的持续开发,不断地扩充规模,美化景观,积累着宗教古迹,题刻下历代文人、名僧的吟诵、品评。自然景观与人文景观相互交织,使寺观园林蕴涵着极大的历史和文化价值。昆明曹溪寺的"三绝碑"、昆明县华寺方丈室内朱德撰写的赠映空方丈的诗文碑、昆明西郊玉案山筇竹寺中的五百罗汉雕塑就不失为珍贵的人文景观。

第四,寺观园林布局灵活,格调多样。由于寺观园林所处的不同地理条件、地域的差异、经济条件的差异,使其规模布局风格和用材上都有极大的差异性和伸缩性。在不同的条件下,有的是重檐广厦,山岭复压,有的仅为一小筑,独居一隅;有的用高贵华丽的建筑材料,有的就近采取山林岩石作为建筑用材,这就使得寺观园林在布局、规模、格调上差异也悬殊。

二、中国古代园林的构成要素

中国古代园林主要由山、水、花木、建筑等四种基本要素组成。这些要素被造园艺术家们有机地组合在有限的空间内,体现出不同的特点和情趣。

(一)园林中的山

山是园林的骨骼,是造园不可缺少的因素。古人称"池上理山,园中第一胜也",园中若缺少了山,便缺少了雄伟之气。

山曾是原始崇拜的对象,"山林川谷丘壑,能出云,为风雨,见怪物,皆曰神"(《社记·祭法》)。山体博大深厚,万古恒静,历来是人们"比德"的对象,"仁者乐山"、"仁者静",山是"仁"、"德"的象征。山形山貌,因时而变,气象万千,"春山艳冶而如笑,夏山苍翠而如滴,秋山明净而如洗,冬山惨淡而如睡",是人们游目骋怀、寄情寓志的对象。山体造型丰富,具有形式美,是人们愉悦的对象。山具有造景作用,"片山有致,寸石生情",形成高低、曲折、悬峻、平坦的立体图景;山的体量高大,具有分隔空间的作用,可以把园林分隔成不同的空间或坡面,以布置不同的景物,形成不同风格的风景点,使整个园林高低错落有致,富有层次感。用山石分割空间,遮挡视线等,充当庭院界面,比用建筑墙垣更平易自然,不露斧凿之痕,更富自然情趣,给人以绵绵不尽的空间感受。同时山的高度大,易于登高远眺,使周围的景色尽收眼底,令人心神荡漾,回味无穷。

园林中的山按构成原料可分为石山、土山和土石山;按大小和位置可分为园山、院山、单峰;按山的形成可分为真山和假山。园林中的山多为假山,且多为假石山,这就是我们常说的叠石成山。叠石成山主要是为了点缀空间,增添园林的自然情趣。在这方面人们有严格的标准。首先,叠石成山要作假成真,假山要模拟真山的形状和脉络,要有真山的神气,体现出真山的山林野趣之美,没有人工雕凿的痕迹,一切符合自然之理,显现自然之趣。其次,叠石成山要具瘦、透、漏、皱、丑的特点。瘦,指山石体态苗条,有迎风玉立之势;透,指石的纹理纵横,有自然之姿;漏,指石上大孔小孔,涡洞相套、上下贯穿,有玲珑之态;皱,指石的表面沟痕密布,显现苍老,有真山之气;丑者,怪也、奇也,丑中求美,丑中见秀,"丑到极处,便是美到极处"。

总之,园林中的山要姿态优美,气势雄伟,轮廓曲折,造型奇特,以假乱真,再现自然。

(二)园林中的水

水,是园林的血液。有山必有水,有水必有山,山水相映成趣,青山碧水,山环水抱,才能显现出山的雄伟,水的秀丽,整个园林方能显出清幽雅逸,生机盎然。水,是万物生长之本,园林中只要有了水,才会草长莺飞,五彩缤纷,充满生机。园林中也只有有了水,才能创造出多彩的画面和空间,给人以空灵舒展、心神怡然的感觉。水无定形,随物赋形。园林水体堤岸曲折,或凹凸,或直,或弯,呈现出斗折蛇行、犬牙交错的池岸线,给人以自然成形、活泼生动的感觉。水本无色,积水成碧。园林以淡雅为主调,追求色调的清淡素洁,碧水增添了雅淡的格调。水景光影,变幻莫测。水面可形成园中的"空"与"虚",和气态实景形成鲜明对比,其作用犹如国画的留白;水面把园中的观赏距离推开,使景物尽展风姿;水面把天空、云霞、山林、亭阁一一倒映出来,让景物发挥双倍作用。"风乍起,吹皱一池春水"。"半亩方塘一鉴开,天光云影共徘徊",令人遐想不尽,波光反射在石壁墙面上,如梦,如幻,神奇美丽。因此,水是园林中不可缺少的因素。

园林中的水有动,有静,如河流、涧溪、飞瀑、涌泉、滴水、细流、池、湖、潭等,有大,有小,有分,有聚,但不管动静、大小、聚分,都要顺应自然。水体要活,要有源头,分聚处理得当,小则聚,以增加辽阔感,大则分,以增添层次感。水体也要和其他要素协调配合,主从有序,相互映衬。

(三) 园林中的建筑

建筑,是园林的眼。建筑在中国古代园林中占有重要的位置,它不仅数量众多,而且样式丰富。园林建筑除了具有一般建筑的实用功能外,还具有独立成景或点缀风景的审美功能,供游人游览、观赏、休息,使人在有限的空间内欣赏到无限空间的景色。它不仅以精美的造型为游人所观赏,还与山水林木相配合,共同构成富有诗情画意的景观,如同画龙点睛一般,成为风景中的传神之处。

园林中的建筑,按其功能、形状和特点,大致分为宫殿、楼、阁、厅、堂、轩、馆、斋、亭、台、榭、舫、廊、桥、壁、墙、洞、门、牌坊、塔等形式。宫殿,只存于帝王苑囿之中,仿宫城中的宫殿建造,专供帝王听政、起居之用。楼阁,其建筑则比较普遍,但多设于厅堂之后,或依山傍水。楼,多为两层单檐,朝向园区的一面开有长窗,两侧为封闭的山墙。阁,与楼相似,重檐四面开窗,造型轻巧,每层多设有挑出的平座。楼阁在园林中即可点缀风景,又可登临远眺。厅、堂,常为园林中的主体建筑,多位于园中重要地段上,能凭眺最好的园景,形体较大,装饰华丽。斋,多位于偏僻、幽静之处,是休息、静养、攻读和存书之处。馆,可用于园居,接待宾客,多建于高爽之处,便于赏景。榭,多建于水边,是一种临空支撑的建筑物,多用于玩水、赏鱼、观花等,故又称水榭。舫,又名旱船,多为建于水边的船形建筑物。亭者,停也,它是一种没有门窗、四面开敞的建筑,是休息、眺望之所,在园林中起着点缀风景、奴役风月的作用。亭之所在,往往是园林中的最佳观赏点之所在。亭的种类繁多,式样、大小均因地制宜。亭的平面有方形、长方形、五角形、六角形、八角形、圆形、梅花形和扇形等多种形式。台,建于园林高处,可供眺望、琴棋、休息、纳凉等用途。廊,是带形建筑,是联系建筑和景物的通道,具有划分空间、增加风景深度的作用。廊,按形式可分为直廊、曲廊、波形廊、复廊等。按位置又可分为沿墙走廊、爬山走廊、水廊、回廊等。

　　为了和周围的环境与园林氛围相协调,并同园林的功能要求相适应,使园林能体现出自然、恬静、清心、舒畅的特点。建筑的位置、形体、大小、比例、艺术处理等方面均随机应变,灵活处理,造型轻巧、活泼,色彩淡雅、调和。园林建筑形体可方、可圆、可大、可小、可高、可低、可直、可曲;布局可封、可启、可围、可透、可收、可合、可断、可续;可配合各种地形、地貌自由组合,与山水花木相得益彰,和谐统一。造型精致、精美,铺地、栏杆、台阶等小品亦美,建筑部件的位置、大小、粗细、宽窄,都恰到好处,耐人观赏。造型、装饰、细部处理典雅、清新,艺术追求上以少胜多,以简驭繁。建筑材料多用天然材料,善于表现材料本身的材质之美。江南私家园林,多以深灰色小青瓦为顶,全部构件一律呈现深棕色,墙垣为白粉墙,色调宁静、清幽,与环境相协调。在布局上往往不是追求像宫殿建筑那样严整、对称的格局,而是要突出重点,轻巧、活泼,富于变化和多样性。确定主体建筑后,依山就水,自由随意,高低错落,利用内外空间的透视使建筑物的小空间与自然界的大空间相互联系起来,在不经意中,创造出"天然"的氛围,使建筑物与周围环境融为一体,将建筑之美融于自然美之中,以收到无穷境界。"窗含西岭千秋雪,门泊东吴万里船";"山翠万重当槛来,水光千里抱城来"。建筑既把园林和周围的环境区别开来,又使二者有机地统一起来,使园林更富自然之趣。

　　(四)园林中的花木

　　花草树木是园林的毛发。花木本身也可构成动人的景色,可观形、赏色、嗅香、听声。"一年好景君须记,正是橙黄橘绿时"。鲜花的色彩,树木的姿态,无不给人以柔情万千、绚丽多姿的美感。花木构成的主景有"金莲映日"、"梨花伴月"、"卧龙松"、"凤凰松"等;点缀景如单株海棠、玉兰、荷花等。花木可围合空间。空间之外景色平俗,可用树丛遮掩;空间之外有景,可在树丛中组织"空当",通过借景,扩大景区。花木是绝佳的对比尺度,"丈山尺树,寸马分人",花木可以淡化人工造景的痕迹,使园林显现自然之趣。花木可陪衬山水、建筑,使景象生动,层次丰富,虚实有致,韵味优美。通过花木的陪衬,园林中的山水、建筑所构成的景物画面才会更加生动,层次丰富,轮廓鲜明,方能显现园林的生气。同时,花木也能吸引大量的飞禽、昆虫,造成生机勃勃、鸟语花香的气氛,使人心情荡漾,精神愉快。某些风韵植物更能给人以某种象征意义和精神寄托,如松柏的苍劲,梅花的高洁,翠竹的潇洒,杨柳的依恋,兰草的典雅,海棠的富华,牡丹的高贵,山茶的艳丽等。所以,花木是园林的构成要素之一,缺少花木,园林便失去了秀美和神采。

总之,园林中的山、水、建筑、花木都是组成整个园林必不可少的因素,只有将这些要素有机地组合、协调在一起,才会造就出移天缩地、巧夺天工的优美园林,达到"虽有人作,宛自天开"的艺术境界。

第三节 中国古代园林的文化内涵

一、"天人合一"的思想

世界各国园林的建筑形式,依建筑风格的不同,大致可以分为西方古典式园林和中国古典式园林两大类。西方古典式园林,如法国的凡尔赛花园,基本是几何图形式的花园,有明显的中轴线,均衡对称,整齐一律,有整齐的建筑图案,地毯式的花圃,笔直的林荫道,人造的水池和喷泉,宽阔的广场和优美的雕塑等,竭力推崇各种人工的几何美,以比拟神圣的君主集权和森严的等级制度;而中国的古典式园林则是一种创作自然,借景寓情,再现自然的自然山水式园林。因此,中国园林不论是山水的处理,还是花木的布置,都要顺应自然,含自然之趣,力图通过再现自然的"形",表现自然气势之"神",同时寄寓着造园者和园林主人的

"情",以达到"虽由人作,宛自天开"的艺术效果。

中国园林的上述特点实际上是中国古代"天人合一"思想在园林建筑中的表现。道家哲学认为,人本身即自然界的一员,所以人与自然融为一体,回归于自然,才能达到一种"天乐"的极致。因此,中国古代园林、特别是私家园林的设计观念便是为人营造一个能净化心灵的、美的、准天然的环境,在这个小天地中构建起他内心的大宇宙,从而摆脱人世间的一切得失、荣辱、悲欢、利害,获得精神上的最大自由,达到延年益寿和享受人生的目的。儒家在哲学上主张"天人同构"、"天人感应"、"与天地参",在本质上与道家"天人合一"的观念是相同的。区别在于,其中还包含一种进取的精神,认为凡是"悦心、悦目、悦情、悦志"的东西,都符合人的天性而相互感应,能予人以教化。"仁者乐山,智者乐水",是因为"山"具有一种博爱的精神,表现出"仁"的美德;"水"具有机变明澈的精神,表现出"智"的聪颖。因此,以山水为乐者,反过来可以受到山水的教化与熏陶,改变人的劣性,形成完美的人格。总之,中国古代园林正是建立在这种儒家以自然为陶冶和道家以自然为依归,两种互补精神基础上的。造园的目的就是将山光水色的自然情趣和雕刻绘画的人工匠意融为一体,使园林可行、可望、可游、可居,体现出"曲径通幽处,禅房花木深"的纤巧玲珑和"山重水复疑无路,柳暗花明又一村"的悠远广阔。再加之层峦叠嶂的美不胜收,使人置身其中能够充分地领略到大自然的神妙之处[①],给悲观遁世者以慰藉,给热衷于仕途者一个闲散畅怀之地。

"天人合一"思想的根本意义在于把与自然的"外适",及由此促进身心健康的"内和",作为人生最根本的享受理想。中国古代建造园林,即在这一思想的影响下,为了达到"天人合一"的目的,中国园林要求在叠山理水方面师法自然,又高于自然。为了再现大自然的本来面目,不是机械地模仿自然,被动地顺应自然,而是利用山水植物等素材,经过人工改造、调整、加工、剪裁而表现出一个精练概括的自然、典型化了的自然。对园林的选址、布局、山水植物的处理等方面进行了精心的设计、改造、加工、剪裁。在选址上,多将园址选在天然的山水形胜之处,有山连

---

① 李保印,张启翔."天人合一"哲学思想在中国园林中的体现.北京林业大学学报,2006(1):17.

脉、有水通源的地方,以收到易于融汇"天然"的效果。在布局上采取超出常规的形式,依据该处的地形和水文的自然条件,将园林划分为若干大小不一、风景各异的景区,以体现各自的主题。各景区在配合上疏密相间,错落有致,俨如自然形成。堆山叠石也要力求体现出大自然的神韵,要造出小尺度的峰、峦、岭、岫、洞、谷、悬崖、峭壁,避免牵强附会,矫揉造作。所利用的各种石料也要仿造天然岩石的色泽、纹路和造型,要尽量减少人工拼叠的痕迹。园内水体的处理,也要着眼于自然规律,水要成自然界的河、湖、溪、涧、泉、瀑的艺术概括,再小也要曲折有致,有聚有分,动静结合,有急流,亦要有瀑布,更要显示水源。小的水面有山石点缀,港汊纵横;大的水面堤岛错落,层次丰富,以收到"一嶂则太华千寻,一勺则江湖万里"的效果。在花草树木的配置上以树木为主,要做到高低错落,疏密结合,色调相宜,四时常新,哪怕是一株两株,也要体现出大自然的蓊郁之意。因此,中国古代园林建筑在同自然相处,依存于自然的情况下,又试图经过人为的加工和改造,使创造后的自然,既符合自然之理,获自然之趣,又高于自然之美。

二、诗文书画的情趣

受山水画和山水诗的影响,中国古代园林,特别是士大夫的私家园林,非常重视诗画的意境。一草一木,一山一水,或是一个建筑小品,能否置于园林之中,完全取决于其本身的形态、神韵、色彩或整个园林能否入画,有无诗意,能否表达造园者或园林主人的某种思想情感及精神寄托。因此,园林之美在于要有诗词、文章、书法和绘画的情感与情趣,方能使观赏者产生意境。

首先,园林体现诗歌的意境。诗是语言艺术,时间艺术,有抑扬顿挫的节奏美、有前奏、起始、展开、转折、高潮、结尾。诗与园林的关系是赋予园林一种感情色彩,使人浮想联翩,超越时空界限,提升赏游趣味。赋诗写园最早大概出自唐王维的辋川别业。别业有三十一景,每景赋一诗,如"竹里馆"一首:"独坐幽篁里,弹琴复长笑,深林人不知,明月来相照。"该诗描述了由竹林、隐士、琴声、月光合成的场景,为人们展示了一种孤寂、自然、和谐的境界,把景物提升到超凡脱俗的境界,大大超过了纯风景的领域,表达了造园者和园林主人的爱恨情感与精神的追求。美丽的西湖,号称"人间天堂",古往今来描写西湖的诗句,不胜枚举,但下面四位诗人的诗句尤为脍炙人口,令人回味无穷。"何处黄鹂破冥烟,一声啼过苏堤晓"(杨周)、"接天莲叶无穷碧,映日荷花别样红"(杨万里)、"万顷湖光平似镜,四时月好最宜秋"(石治棠)、"最爱湖东行不足,绿荫杨里白沙堤"(白居易),这四句诗既是对西湖四个著名景点"苏堤春晓"、"曲院风荷"、"平湖秋月"、"断桥残雪"的描写,也渗透着作者深沉的思想情感。

其次,园林体现文章的结构。中国文人在很大程度上运用做文章的方法进行园林的设计和建造。在文人看来,园林中景物的布局、游览线路的安排,就如同文章一样要有起笔、铺陈、转折与起伏、层次、高潮、警句、结尾等,须一波三折才能引人入胜。对此,清人钱梅溪在《履园丛话》中有一段精辟的议论:"造园如作诗文,必须曲折有法,前后呼应,最忌堆砌,最忌错杂,方称佳构。"这样的佳构在苏州园林中尚能见到,如留园即是一篇有"起成转合"的佳构园林。留园大门至小榭"古木交柯"为"起笔",使人期待一睹园景芳容的心情逐渐加强;"古木交柯"北的漏窗、小榭"绿荫"至主厅"涵碧山房"为"承笔",厅中小坐可静赏园景,亦可登"明瑟楼"俯瞰全园,如入图画;出山房过月台有山边水际两条园径,风景殊异,是为"转笔";出北山中部的可亭,过桥至小蓬莱岛,东行至濠濮亭,隔池遥看"古木交柯"、"绿荫"、"明瑟楼"则粉墙花窗、参差池岸、椽檐交错的精雅建筑一览无余,是为"合笔"。当然,并不是所有的建筑都具有这样的佳构,但通过上述论述,足见造园与作文之间的密切联系。①

再次,园林通过书法作品体现情感。中国古代园林的园名、景题、刻石、匾额、楹联等书法作品,同样是作者借以表达自己对大自然美的感受,抒发自己的政治抱负和社会思想等方面情感的载体。其中尤以园中楹联对作者情趣和情感的表达最具代表性。园中的楹联结合诗情和诗意使园林更富有意境,而且文字优美,书法秀丽,引人遐思,回味无穷。它以写景、写史、写人、写议兼备各方,常常是园主人抒发情思雅趣的重要手段,或写眼前景物,或怀古人以明哲理,或寓意而发幽思,不一而足。

---

① 程里尧.中国古典园林.昆明:云南人民出版社,1999:150-151.

苏州沧浪亭联:"清风明月本无价,近水远山皆有情"是诗人登高望远发出的对大自然的由衷感慨。扬州个园抱山楼有郑板桥写的楹联"二三星斗胸前落,十万峰峦脚下情",是诗人见景生情的浪漫遐想。所有这些楹联都为园林增色生辉。

最后,园林体现绘画的情怀。中国古代园林常常"以画入园,因画成景",利用框景的手法将园林中的山水、花木、建筑精心组成一幅优美的立体画,来表达诗画的意境。园林与绘画的关系是水乳不分的姊妹艺术,在某种程度上甚至可以说,绘画是造园之母。《园冶·识语》的作者阚铎先生指出"无否(计成)由绘而园,化平面为立体,水石之外,旁及土木"。绘画是在平面上作立体之形,造园是在地面上作空间之体,虽然所用的素材不同,而原理是一致的。中国画幅有不同的形式,如垂直的立轴,横向的手卷,并列的册页,此外,还有各种形状的扇面画,这与园林中赏景的各种方式相类似。在屋内透过门、窗看园景,如同是看立轴画;漫步中赏园,如同是看徐徐展开的手卷画;如果把窗子做成扇面形或其他形状,便如同看扇面画了。江南园林中还有一种很成功的模仿绘画的构景方法,即在粉墙前置几块石,插数杆竹,便俨然一幅立体画,在光影摇曳下生趣盎然。其他如:小院僻处的一株银杏;天井花坛旁的一棵矮松;墙角怪石旁的一树古梅;屋檐下的一束芭蕉……无不优美如画,寄托着主人的某种情怀。

三、含蓄蕴藉的意境

含蓄,是一切艺术的普遍法则。诗,不着一字,尽得风流;画,意远景深;书法,意居形外,露则意不持重。作为一门艺术,园林在意境的表达上也是含蓄的,具体表现在:

首先,藏露关系上的巧妙含蓄。采用抑、透、对、障、框、露、借景等手法,使"远山无脚,远树无根,远舟无身";"亦掩者掩之,亦屏者屏之,亦敞者敞之,亦隔者隔之,亦分者分之";"见其片断,不逞全形,图外有画,咫尺千里,余味无穷"[①]。为创造深邃的意境,采用欲显而隐,欲露而藏的手法,把景观藏于偏僻幽深之处,隐于山林树梢之间,极力避免直率浅

---

① 司马玉常,陈从周. 天趣美文. 广州:广东人民出版社,1999:41.

露,一览无余,以达到"春色满园关不住,一枝红杏出墙来"抑或"柳外秋千出画墙"的藏中有露的审美艺术效果。①

其次,象征和暗喻的含蓄意境。网师园之"网师"即"渔父"的转译,是《楚辞·渔父》中叙述屈原被放逐后遇渔父的故事,"临池羡鱼,不如退而结网",以此暗示园主人的心迹;个园之"个"是竹字的一半,因园主黄至筠酷爱竹,故名。中国文人一向视竹为高尚品格的象征,坚贞的竹子,哪怕只有一根,寓意清高;皇家园林意寓"普天之下,莫非王土"。拙政园之"待霜亭",四周遍种橘树,优雅凝重,让人在无橘之时亦期待寒霜降临,橙橘满树的秋色。狮子林之"问梅阁",窗格呈梅花纹,室内桌椅呈梅花样式,虽梅花未开,易使人产生梅花盛开的联想。扬州个园的四季假山,修竹亭上石笋破土而出,使人想到万物萌生、气象万千的明媚春光;玲珑剔透的青灰色石峰,会使人想起冉冉升起的夏云;斑驳兀立的黄石使人顿生萧瑟秋意;光洁圆浑的白色宣石,令人想起冰凝雪寒的冬景。造园者不单单是模山范水,再现自然,而是在山水建筑花草树木之间融入自己的思想感情,使园林既是客观物质对象,又是造园者主观意识的显现。

最后,景点题名的含蓄寓意。造园者往往依文学家的名词佳句来构思立意,以创造引人遐想的意境。景点的题名也多借文学手法或前人诗句点出景点的主题或意境。如拙政园之"远香堂"与"留听阁"均为夏日赏荷之景点,"远香堂"取意于周敦颐《爱莲说》,莲"香远意清,亭亭净值,可远观而不可亵玩焉";"留听阁"取意于李商隐"留得残荷听雨声"诗句。二者,一从嗅觉入手,一从听觉入手,沟通了听觉和嗅觉两个感官的联系,丰富了美感,形成了含蓄蕴藉、耐人寻味的意境。颐和园鱼藻轩之"鱼藻"二字,引自《诗经·小雅》"鱼在水藻"是歌颂周武王建都镐京之诗句,后世以"鱼藻"为歌颂皇帝之意。"意迟云在亭"是引杜甫诗"水流心不竞,云在意俱迟"表达一种归隐和与世无争的心情。

四、梦想与现实的世界

中国古代园林,特别是皇家园林,是一个梦想与现实的世界,它既是

---

① 谢孝思.苏州园林品赏录.上海:上海文艺出版社,1998:121.

虚幻的道教神仙信仰和神仙传说影响下的产物，又是封建帝王兼收天下美景以达到"移天缩地入君怀"目的的真实显现。

第一，神仙信仰的虚幻世界。皇家园林自诞生时起，便是以追求享乐为根本目的的。永握权力和永享人生快乐是中国历朝历代许多皇帝的梦想。公元前5世纪燕齐方士们创立了神仙信仰，宣称，渤海上有蓬莱、方丈、瀛洲三神山，山上禽兽皆白，以黄金白银为宫阙，有诸仙人和长生不老之药。为此，战国时的齐威王、齐宣王和燕昭王等都曾派人入海求三神山和仙药。同时南方的楚国也出现了类似的神仙传说，《庄子》中即有许多神人、至人、真人的描述。这种神仙信仰和神仙传说到秦汉时期愈演愈烈，以致秦汉以后的一些封建皇帝对此深信不疑，不但多次派人东渡大海寻找神山和仙药，更在皇家园林的建造中刻意模仿海中的神山。自秦始皇和汉武帝在宫苑中造"一池三山"以象征三神山之后，历代帝王的苑囿中几乎都有神仙景观。如北魏华林园中有蓬莱山、仙人馆。隋代西苑在周十余里的"海"中造三神山，高百余尺，有台观殿阁罗络其上。唐大明宫太液池，亦名蓬莱池，池中有仙山独峙。宋徽宗造艮岳将其比做道教天帝所居的仙山，设有三秀堂供奉"九华玉真安妃"，并建有八仙馆、绛霄楼、老君洞等。清代乾隆皇帝扩建明代禁苑南海之南台，易名瀛台，与北海之琼花岛遥相呼应，加上团城半岛，合为"一池三山"，使帝王苑囿蓬莱仙境的模式一直延续了两千余年，并达到新的艺术高度。

第二，兼收天下美景的真实世界。秦汉时期帝王宫苑的布局以天汉星宿为象征，至魏晋隋唐演变为以五岳、五湖、四海为模拟，均表现出统治者对皇权无上的妄想。到了宋代，因文化艺术趋向精雅，诗画融入园林，皇家园林开始转向更具人性景观空间的塑造，即对人间美景的追求和模仿，以达到"人间天上诸景备，移天缩地入君怀"的目的。据说，乾隆皇帝巡幸江南时常命画师将名胜之地绘成图稿携归北京，仿造于北京和承德的苑囿之中。如圆明园福海四周诸景中即有"双峰插云"、"平湖秋月"、"三潭印月"、"南屏晚钟"、"雷峰夕照"五个景点，而福海景区则是模仿杭州西湖淡雅清纯的格调的。颐和园中的许多景物也都是杭州西湖和江南名胜风景的缩写或转译。如，昆明湖的形状和堤岛的分布似西湖，西堤六桥即是苏堤六桥的再现；万寿山亦如西子湖畔之孤山；颐和园西堤南段的"春和景明之楼"系仿岳阳楼而建。当然,清代皇家园林对各地名胜景观的模拟,只是"神似"的写照,并非完全的模仿,体现出高超的造园艺术水准。

思考与练习

1. 简述中国古代园林产生和发展的历程。
2. 如何理解中国古代园林的基本特点?
3. 中国古代园林可以分为哪些类型?
4. 中国古代皇家园林有什么特点?
5. 中国古代私家园林的艺术特点表现在哪些方面?
6. 中国古代寺观园林有哪些特点?
7. 中国古代园林的主要构景要素有哪些?各有什么特点?
8. 建筑中国古代园林所体现出的文化内涵。

第七章 旅游与节庆文化

引言

甲乙两位同学在食堂偶遇，谈起对即将到来的春节的计划和安排，期间他们偶然谈起了中西方传统节庆。甲同学认为，春节的年味儿越来越淡，对人们、尤其是对年轻人的吸引力和影响力在逐步减弱，取而代之的是西方节日在我国的广泛流行，圣诞节、情人节等西方节日对年轻一代的影响，在一定程度上已经超过了端午、中秋等中国传统节日，所以春节期间，全家会去国外旅游，感受异域风情。乙同学则不太同意甲同学的观点，他认为，中国传统节日是中华民族几千年文化的体现，是民族认同的重要载体，所以，对我国的传统节日应该给予充分的宣传和重视，尽管春节期间，他们不会在家过节，但会选择在天气温暖的南方过节，感受南方春节的氛围。本章的内容就是给读者提供一个全面认识和了解我国传统节日的机会，了解旅游与节庆文化的关联，学习完本章节，或许你对上述同学的观点会有更全面的解读了。

本章学习目标
- 了解中国传统节庆的产生以及发展。
- 了解中国传统节庆对旅游的影响。
- 熟悉中国传统节庆的特征及其类别。
- 理解中国传统节庆活动的文化内涵。

第一节 中国传统节庆与旅游

一、中国传统节庆的产生和发展

节庆是人类社会一个非常独特的社会现象。它是人类文明发展史长期积淀形成的一块活化石,又是一定社会从基础到意识诸种形态反映投射的多棱镜。再也没有比一个民族的节庆更能全面、集中、典型、形象地体现出其民族的共同心理素质、性格特征、价值观念和理想愿望,即民族的文化精神。

中国传统节庆蕴涵了中华先人独特的宗教信仰、风尚习惯等众多成分,凝聚了丰富的历史内容和民族情感,通过这些由远古发展而来、流传至今的节日风俗,清晰地看到古代人民社会生活的精彩画面,在亲身体验、参与和创造异彩纷呈的节日文化的过程中,使中国优秀的民族文化得到传承和弘扬。

中国传统节日起源于先秦时期的原始崇拜和农业祭祀。人类在漫长的原始游群时期靠采集、捕鱼、狩猎维持生活,他们不会幻想,也没有明确的四季月份概念,当然不会有固定的时令周期表达自己想象力与愿望的节日。

大约在旧石器时代中期,由于弓箭、石球等狩猎工具的发展,人类开始进行一些比较复杂的幻想。其结果是把各种自然物和自然现象与人类自身类比,以为自然物与自然现象都有意识,从而产生了万物有灵论,甚至有部分先民认为其祖先就是由某种动物或植物变来的,对之极为尊敬,形成图腾崇拜,这是原始宗教的早期形态。为了不挨饿,不被野兽吃掉,不被洪水淹没,不在严寒中冻死,他们向山神、兽神、河神、水神、太阳神等祈求降福而不降灾。这种祈求活动表现为祭祀、禁忌、巫术,但还不具备节日的性质,因为时间不固定,只要觉得需要,随时都会求神赐福。

黄河、长江的中下游是我国古代文明发祥地,大约在距今一万年前后出现原始农业。在长期的耕作实践中,人们逐渐认识到植物的发芽、生长、成熟、枯萎和再生都与季节转换有关,有一定的规律,土地、日照、雨水等对植物长势好坏都有一定作用。从当时万物有灵的思想出发,人们猜测这是土地神、日神、雨神、稻神、粟神等神的力量起作用的结果。于是,在选地、火耕、播种、收割、粮食归仓时,均要举行一系列的祭祀活动,以求助于超自然的力量来征服自然。此后,这种农业祭祀活动年年如此,时间固定,逐渐演变成原始的节日。当时,农业祭祀由氏族首领主持,后来的祭仪由专门沟通神与人的巫师掌管。最初的祭祀较为简单,只祭自然神。随着农业的发展,祭祀趋向复杂,增添了祈求祖先灵魂保佑丰收的内容。再后来,渔猎、游牧等副业的周期性生产活动也形成了节日。

先秦时期,中国传统节日作为一种真正的文化实体开始产生,许多节日文化习俗的内容被官方或准官方以礼的形式规定了下来,为后来的节日奠定了牢固的基础。[1] 中国传统节庆初步定型在西汉时期。当时统治者推行"无为而治"政策,鼓励发展社会生产,使西汉王朝成为我国封建社会发展史上的第一个黄金时期。特别是正统的儒家思想被董仲舒糅合改造后形成了社会大一统理论并广泛实践,而自西周以来的礼制,在封建政体的卵翼下,也十分发达。这些所谓的官方文化开始逐渐渗入民间,浸入乡民节日文化的机体。[2] 为节日的统一和定型提供了广阔的社会前提,并奠定了传统节日的基本模态。

魏晋南北朝时期,中国传统节日出现了第一次整合,主要表现为:以佛教文化为内容的节日从此渗透到民间,并与我国传统节日文化相复合;北方游牧民族文化内容(如蹴鞠、斗鸡、骑马、杂耍、射箭等)渗入传统节日中,增加了节日活动的内容与内涵;士大夫的消闲文化(如以前很少出现的宴饮游乐活动等)下移民间,成为节日活动的不可缺少的内容。尽管经过这次整合,中国传统节日文化仍被束缚在礼的氛围中,娱乐成分也没能充分地在节日活动中独展风姿,但节日的内容与形式毕竟多了一些新的元素。

唐宋时期,中国传统节日出现了第二次整合。唐代国力强大,经济发达,文化昌盛;宋代虽积贫积弱,屡遭外族侵凌,然而经济发展,文化繁荣。因此,经济发达、文化繁荣是唐宋两代的共同特点。不仅如此,宋代

---

[1] 姚思陟.中国节日(民俗)文化序论.怀化师专学报,2000(6):45-48.
[2] 同上。

官方文化还以强劲的趋势下移民间,并在市民群体中形成一种新兴的"市民文化",两股文化构成宋代文化发展的主流,对节日文化的整合产生了重大影响。唐宋时期对传统节日的整合主要体现为注入娱乐和礼仪的文化元素,而娱乐的元素在节日中占主要地位。此时,节日解除了礼的束缚,成为人们惬意娱乐、放松生活重负的最佳背景和依托。社会处于安定、平和,使统治者也能厕身其间,甚至陶醉于节日之中。[①] 这标志着节日的娱乐成分取得了主导地位,进而导致审美文化因素开始渗透到节庆活动中,表现了人们追求生活的和谐、美好的理想。

进入现代社会以来,由于社会的发展和时代的进步,以及人们的思想传统、消费观念和生活情趣的变化,中国传统的节日文化也不断与时俱进、推陈出新。今天一些重大的传统节日,尤其是春节、清明、端午、中秋等节日习俗,仍在民间广泛沿袭。人们不仅继承、发展传统节日文化中的健康内容,并且赋予它新的形式。而少数小节日则渐渐为人们所淡忘,退出了老百姓的日常生活。2007年12月16日国务院公布了《全国年节及纪念日放假办法》,决定从2008年1月1日将公共节假日定为两个"黄金周"(春节和国庆)和五个长周末(五一、元旦、清明、端午、中秋),同时推行带薪年休假制度,使中国传统的节假日制度有了法规制度的保障,这将大大有利于中国传统节假日文化的传承和发扬,并对现代旅游活动产生重大影响。近年来,西方节日悄然传入中国,情人节、愚人节、母亲节、圣诞节等一些西方节日为中国人表达情感提供了新的方式,在大中城市的年轻人中尤为流行。现代人生活水平的不断提高和生活方式的日渐改变,也使人们的节日庆祝方式发生了变化。人们不再满足于固守传统的节庆习惯,而是开始追求一种更简洁、更休闲的过节方式。一些能够体现中国人往来礼仪的新鲜内容开始进入人们的选择视野,如网络、短信等已经成为人们互相庆贺、表达美好祝愿的新载体。相信,随着现代社会的发展和生活水平的不断提高,中国人的节庆生活越来越丰富精彩。

二、中国传统节庆对旅游活动的影响

从一定意义上讲,中国传统节庆活动都是中华民族独立自主地创造

[①] 姚思陟.中国节日(民俗)文化序论.怀化师专学报,2000(6):45-48.

出来的,几乎每一项活动内容和所蕴涵的文化意蕴都闪烁着中华民族智慧与文化的光芒,具有民族的独特性,而这正是节庆文化作为重要的旅游资源或旅游吸引物之所以吸引旅游者的重要原因。据报道,来中国旅游的西方人,有80%以上是为了解中国文化。[1] 因此,传统节庆文化对旅游活动,特别是对现代旅游活动具有重要的影响。

(一)节庆活动提升了城市旅游形象

当今旅游业的竞争已从企业转向目的地形象竞争。社会学家和文化研究者认为,生活在后现代趋强时空环境的人具有形象消费方式与形象导向的思维模式,进而使人们对形象的依赖几乎成为一种生存状态。现代旅游者对形象的依赖也日益突出。在旅游业迅猛发展的国际背景下,旅游者面对越来越多而又不太熟悉的旅游地会产生决策上的困难。他们往往采用一般实物商品的选购思维方式来选择旅游目的地,比如,以品牌形象为依据,通过对旅游地形象的认知,来决定是否去该旅游地旅游,以实际旅游经历的印象决定是否故地重游。[2] 旅游节庆促进了城市旅游形象的树立。大型旅游节庆活动的成功举办,将会引来大批知名企业和商界巨富、政界名流等知名人士,必然会扩大城市的影响,提高其知名度。而每一次在旅游节庆举办前、举办过程中所进行的大规模、多形式的宣传活动,都能在短时间内使游客对目的地产生良好的感知形象,并在这种形象吸引力的诱使下来旅游。[3]

(二)节庆活动丰富了城市旅游内容

一般而言,很多城市都具有发展旅游的基础条件,如拥有众多的旅游资源、国际化的都市氛围、良好的城市环境,等等,并对旅游者产生一定的旅游吸引力。然而城市旅游也有致命的弱点,即旅游活动内容单薄,产品种类少,产品结构单一,一旦遇到其他旅游城市的竞争,必然使自身的旅游吸引力大大减弱。随着体验经济的发展和文化创意时代的到来,传统意义上的旅游观光和休闲活动,已经难以满足旅游者越来越

---

[1] 李全.构筑旅游文化.中国教育报,1998-8-18.
[2] 孙艳萍.旅游"二次创业"视野下的云南旅游节庆研究.旅游研究,2009(3):65.
[3] 孟秋莉,刘住.旅游节庆及其对城市旅游的提升作用——以青岛为例.青岛职业技术学院学报,2006(3):11.

丰富、文化内涵越来越深刻的旅游需求。在此背景下,现代城市旅游要招徕和吸引这些个性化、高端化,并对文化有终极追求的旅游者,就必须精心设计和打造一批形式多样、文化内涵丰富的旅游产品。节庆活动作为城市旅游产品或旅游吸引物的重要组成部分,在城市旅游发展中具有重要的地位和作用。充分挖掘旅游城市潜在的旅游资源,设计和举办系列旅游节庆活动,不但可以丰富城市旅游的形式、内容,还可以优化城市旅游产品结构,促进城市旅游的持续发展。

(三)节庆活动促进了旅游设施建设

良好的基础设施和服务设施是发展旅游的必备条件。现代社会中,一个城市的住宿、餐饮、交通、娱乐、购物设施的建设及其完善程度,不但直接影响旅游者旅游体验活动的质量,而且对城市旅游业的持续发展具有长远的影响。相对于其他旅游形式而言,节庆旅游活动期间常常伴随着大量的游客涌入,加之节庆活动时间较为短暂,这就对城市的基础设施和旅游设施造成极大的压力。为保证节庆活动的顺利进行,并满足旅游者的需求,几乎每个城市在举办旅游节庆以前都必然会进行大规模配套设施的建设。因此,每一次大型节庆活动的成功举办和国际性节庆品牌的成功打造,都会带来城市公共设施,如展览馆、表演场所、大众传媒等设施的扩充和完善,其对城市基础设施建设的拉动效应是不言而喻的。旅游节庆的举办为城市旅游基础设施的建设与完善提供了良好的发展机遇,促进了城市旅游基础设施的完善,[1]而城市旅游基础设施的不断完善必然又会掀起新一轮的城市旅游高潮,从而促进城市旅游的持续发展。

(四)节庆活动影响了旅游业发展模式

休假制度的改革必将会影响到居民的出游行为,由此,也为旅游业的发展带来了多种机遇和挑战,主要表现在:第一,长线旅游的游客将会减少,三天连休的假期增多,短程游将成为主要旅游方式,从而影响各地区旅游产业的布局和发展。第二,游客的出游时间和出游方式将渐趋分散化,更多倾向于自我选择、自主决定的自驾游或自助游,这对景区和旅

---

[1] 孟秋莉,刘住.旅游节庆及其对城市旅游的提升作用——以青岛为例.青岛职业技术学院学报,2006(3):11.

行社都是一种挑战。第三,旅游者出游动机渐趋理性化。人们的出游目的已不再是盲目跟风,不再以"到此一游"为乐,开始由单纯的游山玩水、猎奇向追求舒适型、享受型的方向转变,悠闲的旅游模式成为游客的最爱。①

(五)节庆活动带动了旅游相关产业的发展

首先旅游节庆是一种专项的旅游活动,能在较短时间内吸引较多的游客,并通过多样化的形式和内容延长游客旅游活动的时间,增加了游客在旅游地住宿、餐饮等方面的支出,进而带动相关产业的发展。其次,节庆旅游期间,游客为更深入了解当地的文化,必然会购买具有特色的旅游纪念品留做纪念或馈赠友人,增加了旅游地的经济收入,并带动传统艺术和相关产业的挖掘、保护、培植和开发。② 总之,节庆旅游为目的地带来了巨大的直接和间接的经济效益,不但促进了当地旅游业的发展,也带动相关产业的发展,促进了经济繁荣。

第二节 中国传统节庆的类型及特征

一、中国传统节庆的类型

中国传统节日多为综合性节日,形式多样,内容丰富,按照不同的分类标准可以划分为不同的类别。为便于叙述,这里依据传统节庆的性质(或目的)将其分为农事生产类节庆、宗教祭祀类节庆、驱邪祛病类节庆、纪念类节庆、喜庆类节庆和社交娱乐类节庆等六大类。

(一)农事生产类节庆

在"国之大事在农"的传统观念影响下,中国古代传统民俗对反映生产活动的节庆内容青睐有加,而在其流传后世的过程中,农事生产类

---

① 王伟红.新休假制度对我国居民出游行为的影响及旅游业应对策略.旅游科学,2009(3):68.
② 孟秋莉,刘住.旅游节庆及其对城市旅游的提升作用——以青岛为例.青岛职业技术学院学报,2006(3):12.

节庆民俗的内容又不断增加和丰富,从而成为传统节庆文化中的一项重要内容。

在中国传统节庆中,一年中最早出现的农事生产节庆活动是立春节的"鞭打春牛"和张贴"春牛图"。据《礼记·月令》记载,早在先秦时期就有立春"出土牛"之俗流行。最初是在立春日由官府主持"出春牛"仪式,到了宋代演变为地方官在立春日举行"鞭打春牛"的仪式。此后,"鞭打春牛"的习俗便一直流传下来,成为在立春节举行的典型农事生产类节庆。同时,自宋代起已有刻版印刷的牧童赶牛的"春牛图",供人们张贴。"绘图者也根据官颁立春时间来进行芒童(即牧童)站位的设计,或是牵牛于后表示春早,或是骑于牛背表示农事平,或是驱牛在前表示农事晚"①。可见,其为农事生产服务的意图十分明显。

此外,如添仓节的"打囤添仓"、春龙节的"引龙兴雨"、分龙节的"分龙彩雨"以及七夕节的"赛巧会"等节庆活动,也都是围绕着男耕女织、风调雨顺和丰收等农事生产而展开的。少数民族传统节庆民俗中也有不少是属于农事生产类的内容,如藏族望果节时,人们"在田地边上转圈舞蹈"以祈丰年;而蒙古族、维吾尔族、哈萨克族、乌孜别克族等民族的传统节日中流行的赛马、叼羊,以及摔跤、射箭等,也都是围绕其日常生产活动而展开的节庆民俗活动。

(二)宗教祭祀类节庆

宗教祭祀与传统节庆文化之间有千丝万缕的联系。从传统节庆文化起源与演变的历史看,无论是本土产生的萨满教、道教,还是由异域传入的佛教、伊斯兰教,都曾在节庆中发挥过巨大作用。在我国各民族的民俗节日中,以宗教祭祀为主要内容的节日最多,足见宗教祭祀类节庆在中国传统节庆文化中的地位和影响。

在汉族节日中,以年节、清明节和中元节(农历七月十五)的宗教祭祀类节庆活动的规模最大,也最为集中。如宋人高翥在《清明日对酒》一诗中描述当时人们上坟祭祖的场景说:"南北山头多墓田,清明祭扫各纷然。"清人顾禄于其所著《清嘉录》卷三引当时诗人描述苏州水乡人们出城上坟的盛况时亦云:"柁尾飘飘挂纸钱,出城都是上坟船。"至于

---

① 完颜绍元,郭永生.中国风俗图像解说.上海:上海书店出版社,1999.

中元节,本是带有佛教色彩的最大祭日,自梁武帝时兴起,每年此日都要举行超度亡灵的大祭礼。虽然如今民间"不再举行大的宗教法会,却仍然保留了祭祖扫墓旧俗"。因此,中元节又被称为"鬼节"和"盂兰盆节"。年节时,除了喜庆欢乐的节庆活动之外,祭祖敬神也是一项重大的内容。有学者认为,宗教祭祀类节庆民俗在年节中起着重要的作用,因为年节本来就起源于"腊祭"①。

此外,中和节的祭祀日神活动和中秋节的拜月活动,反映出中国传统节庆文化中对日神和月神崇拜的情况;而浴佛节"香汤浴佛"活动,冬至节的祭灶活动等也都属于典型的宗教祭祀类节庆民俗活动。

少数民族中流行的宗教祭祀类节庆民俗活动,内容则更加繁多广泛,其影响也更加深切,已成为各民族传统文化不可分割的组成部分,如西北各少数民族中流行的"开斋节"、"宰牲节";藏传佛教中的"传大召"、"传小召"、"燃灯";赫哲族的"跳鹿神";达斡尔族的"依尔登"(萨满的祭礼);鄂伦春族的"祭月亮"、"祭北斗星"、"送火神"等众多的节庆民俗活动,都曾广泛流传和盛行。

(三)驱邪祛病类节庆

古人云:"死生亦大矣。"珍惜生命、健康向上是中华民族的一个优良传统。为了达此目的,人们很早就开始了同疾病和邪恶进行艰苦卓绝斗争的历程。这在中国众多的传统节日中也得到了有效的体现,并形成一系列驱邪祛病的节庆活动。如年节挂桃符、请门神,元宵节"度厄",春龙节"照百虫",清明戴柳,端午节插艾、戴五彩线、喝雄黄酒,重阳节插茱萸、饮菊花酒,以及各节日期间要洒扫庭除,等等。这些民俗活动,或以心理暗示为旨归,或以药物预防为要义,或以健身强体为目的,或以讲究卫生为关键,最终都达到了驱邪祛病的功效。从现代医学的角度看,清明、端午、重阳之时,的确是各种传染病、流行病的易发期,而年节时人员往来频繁,也易造成传染病的流行。因此,传统节庆文化中这些行之有效的驱邪祛病类节庆活动,既有传统文化中重生、贵生的历史渊源,也有其现实生活的客观需要。

---

① 陈久金,卢莲蓉.中国节庆及其起源.上海:上海科技教育出版社,1989.

（四）纪念类节庆

在中国传统节庆中，有许多是为了纪念某位历史人物或英雄人物，以及历史事件而设的；还有一些节庆，虽然最初不是为了纪念人物或事件而设，但在后来的演变过程中也拥有了纪念的性质。这些节庆活动本质上都属于纪念类节庆的范畴。如寒食节的禁火与寒食，传说是为了纪念春秋时晋国名臣介之推；端午节龙舟竞渡、食粽子，据说是为了纪念战国时楚国大夫屈原；中秋节食月饼，是为了纪念元末民众抗击蒙古族腐朽统治；腊八节食腊八粥，是为了纪念佛祖；藏族雪顿节的藏戏演出，是为了纪念为民谋福的唐东结波；锡伯族杜因拜专扎坤节的"念说"、"贝伦舞"及射箭等节庆民俗活动，是为了纪念该族从沈阳西迁的历史；壮族歌墟节的"欢龙洞"、"欢窝敢"等节庆民俗，据说是为了纪念壮族歌仙刘三姐，等等，均属纪念类节庆活动。

（五）喜庆类节庆

喜庆类节庆以庆贺丰收，欢庆人畜两旺、吉祥幸福为主题，"往往形成喜庆的连续性或系列化"①。以汉族的年节为例，其中除了前述宗教祭祀类祭神、祭祖等节庆民俗外，喜庆类民俗是主要内容。人们常说"日子天天赛过年"、"像过年一样热闹"等话语正反映出年节留在人们记忆中的欢乐和喜庆。年节张贴春联和年画、燃放鞭炮和烟花、张灯结彩、敲锣打鼓、杀猪宰羊、吃"合家欢"宴、守岁拜年，以及扭秧歌、跑旱船、踩高跷、逛庙会等至今仍然是人们喜闻乐见、人人参与的喜庆活动。

我国的其他民族，如蒙古族、满族、藏族、塔吉克族、苗族，以及达斡尔族、纳西族、高山族、侗族等，也都无一例外地有以喜庆丰收、迎接新岁为主题的年节。当然，由于各民族所用历法及语言与文化的差异，各族年节的时间和具体民俗并不一致，年节的称谓也不尽相同，但节日里的节庆民俗活动则都不约而同地以欢乐喜庆为主题和中心内容。

（六）社交娱乐类节庆

这一类民俗大都以加强个人之间，以及个人与社会之间的社交和友好往来为目的，具有联欢游乐的性质，其主要内容是歌舞娱乐及游艺竞

---

① 乌丙安.中国民俗学.沈阳：辽宁大学出版社，1985：307.

技活动。

在社交娱乐类节庆中,最具代表性的是在少数民族中流行的一些节日歌会、歌墟等节庆活动,如大理白族每年农历四月二十三至二十五日的"绕山林"活动。届时,人们身着节日盛装成群结队,边唱边舞走向苍山洱海之间的山林中去相会。此外,苗族的"踩花山"、仫佬族的"走坡"、彝族的"插花会",以及在甘肃回、汉、东乡等族聚居地区流行的六月六莲花山"花儿会"等都是以社交为目的的歌舞节庆民俗活动。竞技类节庆的社交娱乐性也十分明显。如蒙古族传统的"那达慕"大会中,人们以射箭、摔跤、赛马等三项比赛活动相聚、相识,结下美好情谊。

汉族节日中,也有不少节庆活动是以社交娱乐为内容和宗旨的,如清明踏青、重阳登高,以及猜灯谜、"走月亮"、放风筝等众多节庆活动,都具有十分浓郁的社交娱乐色彩。由此衍生出来的风筝节、登山节等新型节庆活动,其传递友情和增进彼此了解的目的十分明显和突出。

二、中国传统节庆的特征

绵延几千年的中华传统节庆作为一种文化形态,有特色鲜明、独具一格的外在特征。这些特征,既是其自身长期发展和演进过程中日渐完善并卓然独立的结果,也是其区别于其他文化形态的主要标志。因此,对中华传统节庆文化特征加以系统理解和把握,是深入研究和透彻理解中华传统节庆文化的题中应有之义。

(一)周期性

传统节庆文化的周期性,是指传统节庆文化具有定时、定期的特性。这是传统节庆文化的首要特征。

首先,从起源的角度看,传统节庆的周期性异常明显。"岁时源于古代历法,节日源于古代季节气候"。有学者认为,"节"正是对当时岁时的分节,把岁时的渐变分为像竹节一样的间距,把两节气相交接之日时定为交节,由此转为节日①。按照这样的节日形成规律,在"二十四节气"中最早形成的重要节日有八个,即:立春、立夏、立秋、立冬、春分、夏至、秋分、冬至。这八个节日,恰好周期性地分布于春夏秋冬的四时季节

---

① 乌丙安.中国民俗学.沈阳:辽宁大学出版社,1985:292-293.

之中。年节对联中有"四时吉庆"、"八节平安"等语,即将传统节庆的周期性准确无误地展示出来了。

其次,传统节庆是以年为单位而轮回的,由此形成了年复一年、周而复始的周期性特征。"年年岁岁花相似,岁岁年年人不同",恰好形象地表明了传统节庆周而复始的特征。当然,由于中国地域广大、民族众多,也确有一些民族的节庆活动不是以年为周期,而是以5年或10年为周期的。如云南苗族的祭鼓节多数地区以13年为一周期,也有的以5年或7年为一周期;又如东北的赫哲族乌日贡节则是每两年举行一次。汉族年节由于受到"十二生肖"说的影响,所谓龙年、蛇年等也无不以12年为一个轮回。因此,不论具体时间的长短如何,传统节庆民俗活动的周期性是确切存在的。

(二) 民族性

族的东西是独特的,文化的流传是久远的。亲身经历过中国传统节庆文化洗礼的人们,都会异口同声地赞赏此文化特色鲜明、形式多样、内容丰富、令人流连忘返。传统节庆文化之所以会给人们留下这样的印象,至为重要的因素就是其所拥有的浓郁民族性。

中华民族是一个由56个民族组成的民族共同体,而在55个少数民族中,由于地域范围和民族文化的差异,又形成了众多不同的支系。综观传统节庆文化的今昔,几乎没有一个民族及其支系没有自己独具特点的民族节日和民俗。同时,由于各民族文化发展自成序列、自成体系,即使是各民族共有的传统节日,其节庆内容与形式也都风格独具、特色鲜明,展现出各自的民族文化风貌。当然,随着社会的发展和民族间联系的不断加强,各民族在经济上的差异终将会日渐缩小,直至最后完全消失。但是文化,尤其是古老而深入人心的节庆文化,仍将长期保留各自民族的个性特征。这既是节庆文化自身发展规律使然,同时也是保持中华传统节庆文化丰富多彩的现实需要,毕竟越是民族的,就越是世界的。

(三) 群众性

"海上生明月,天涯共此时"。中华传统节庆文化之所以能在几千年的发展历程中始终保持兴旺不衰之态势,其中重要原因之一是其起源于民间,同时又散布植根于民间,为广大人民群众所喜闻乐见、普天同庆、人人共享。

从历史的角度看,节庆文化在长期的社会生活实践中,早已升华为一道人人遵循、个个通晓的文化指令,从而形成节庆文化的群众广泛参与性。"较广泛的群众性能够形成一种约束力和驱动力,不参加这种节日活动的人就会感到无形的压力,某些压力来自一定的社会组织,有的则来自舆论和传统习惯"①。当然,传统节庆中的许多民俗活动都发生于家庭圈子内。然而,家庭是社会的一个缩影,涉及社会的方方面面,与社会有千丝万缕的联系。无论是年节的"合家欢"宴,还是中秋的拜月仪式,虽然都发生于家庭圈子内,但都体现出社会性、群众性的特征。至于那些伴有大规模群众性集会的大型节庆活动,如元宵观灯、端午赛龙舟以及年节庙会等,其所具有的群众性就更加凸显了。

(四)地域性

"百里不同风,千里不同俗"。节庆活动作为风俗文化的一个方面,其地域性特征同样显而易见。

中华民族是一个多民族的大家庭,而各个民族又都因历史和文化的原因而各有其相对集中的聚居地,从而形成了"大杂居、小聚居"的分布特点。受此影响,各民族的节庆文化千差万别、各具特色,无论是傣族的泼水节、苗族的赛龙舟,还是西北民族的肉孜节、蒙古族的那达慕等,无不与特定的地域环境密切相关,从而使各民族的传统节庆活动体现出鲜明的地域性特征。即使在广大汉族人群之中,由于南北东西地理环境、社会背景、文化渊源等诸多因素的影响,节庆文化也呈现出鲜明的地域性特点。如同为年节,北方冰城哈尔滨有五彩缤纷的冰灯迎新,而南国广州则用姹紫嫣红的花市接春;同样是端午节,南方水乡有龙舟竞渡,北方平原则只有角粽飘香。因此,在辽阔的中华大地上,各个地区节庆民俗从内容到形式的习俗差异,形成了传统节庆文化的地域性特征。

(五)综合性

传统节庆活动的综合性,是指传统节庆活动作为民族文化的重要载体,具有十分丰富的包容性和涵盖性,是一个综合反映民族文化的"博览会"和"多棱镜"。

从内容和形式上看,传统节庆活动容纳了文学艺术、服饰、礼仪、饮

---

① 徐万邦.中国少数民族节日与风情.北京:中央民族大学出版社,1999:15.

食、宗教、哲学以及娱乐方式、体育项目等广泛内容,这不仅是传统节庆中大型的年节、端午节、中秋节等节庆活动的共同特点,也是其他所有节庆活动的共有现象。一般而言,具体的节日活动内容很少有单项的,而绝大多数都是多项的。即使是单项的节庆活动,也往往涵盖物质、精神和行为等多层面的文化内容与形式。俗话说,"馋人盼节,懒人盼年"。这真实地反映了大多数节日活动都在不同程度上满足了人们吃好、穿好、玩好、休息好的物质和精神需求。因此,节庆活动在本质上是一项具有综合性特征的文化活动。如今,传统节庆活动已成为民俗学、文化学、人类学、历史学、旅游学、经济学、民族学等多学科共同关心的课题,这也在一定意义上证明了传统节庆活动的综合性特征。

(六)传承性

传承性是文化的一个基本特征,传统节庆文化作为文化的一个重要组成部分,自然也具有传承性的特征。

中国传统节庆几乎无一例外地起源于古代社会,其中包含大量美丽、神奇的传说。仅以赞美历史人物、英雄人物的传说为例,不论是伸张正义、扬善除恶;或是追求爱情、赞美揭丑;抑或是追求吉祥、祭神斗邪,均表现出深沉、真挚的民族情感。作为我们民族共有的精神财富,节庆活动的这些文化内涵早已积淀为民族文化的重要组成部分,铭刻在中华民族的心灵深处和精神世界,并世代代流传下来。而那些表达民族情感、抒发节日情怀、追寻节庆精神的各种娱乐方式、文学艺术、饮食习惯、礼仪规则等,也都因广大民众喜闻乐见而世代传承,成为节庆文化的象征物和标志物。如年节的放鞭炮、包饺子、贴对联、挂年画,元宵节的吃汤圆、耍龙灯,端午节的赛龙舟、吃粽子,中秋节的吃月饼等都历经千载而不辍,历久远而弥新。而传统节庆中那些世代相传的民谣儿歌,更是跨越了漫长的历史岁月,表现出顽强的传承性特征。

(七)变异性

一般说来,文化的传承性是相对的,而变异性则是绝对的,随时随地都在发生和进行着。传统节庆文化在发生和发展的历史进程中,同样真切地表现出了变异性特征。

随着社会物质水平的不断发展和进步,传统节庆文化的精神层面因受到不断的冲击、影响下而呈现出变化的趋势。如传统节庆文化中重男轻女、男尊女卑等观念,在当今的节庆活动中基本消失殆尽,而传统节庆文化中烧纸、上坟等宗教迷信内涵,也已随着时间的推移,逐渐被各种科学、理性的纪念方式所取代。至于传统节庆文化中的物质层面,因受社会发展的影响而形成的变异性就更加直接和明显,如节日的食品虽古之风韵犹存,但无论从制作工艺上,还是从制作材料上,都一直处于发展变化中。

此外,节庆的娱乐方式也随着时代的发展不断发生变化,如年节的"守岁",本以吃喝游玩嬉戏消磨时光为主要目的,如今则变化为以收看电视直播"春节联欢晚会"为主要活动方式。为适应现代环保和安全的需要,年节的鞭炮燃放形式也发生变化,被规定为定点、定时、定范围燃放等。因此,中国传统节庆文化具有鲜明的变异性。

(八)实用性

传统节庆文化的实用性,是指节庆文化具有实际的功用。节庆活动是应人们的物质和精神生活需要而产生的,同时亦伴随着人们的需要的变化而变化,体现出较强的实用性,主要表现在以下几个方面。

首先,传统节庆文化寄托和展现了人们对美好生活的热切向往之情。如年节的门神、对联、年画、鞭炮等,都围绕着团圆美满、幸福吉祥的喜庆主题而展开;元宵汤圆、中秋月饼,也象征着团圆如意;清明踏青、端午插艾,则隐喻了人们对平安健康的追求和向往。其次,节庆活动满足了人们旨在通过信仰崇拜而需求心理平衡的需要,如年节乞求神灵庇佑及祭拜祖先等活动,看似无益,实则具有无形而有力的精神安慰和心灵净化作用。再次,节庆活动具有强身健体、益智娱情的直接功效。如清明踏青、重阳登高,在春光明媚和秋高气爽的真实自然环境中,其强身健体的效果十分明确;而张贴对联、猜灯谜、放风筝、赛龙舟等活动,也具有启发心智、创造欢庆气氛的积极作用。

另外,节庆活动还有促进经济和生产繁荣的意义。传统节庆活动中,有许多是围绕着节气而展开的。这些民俗活动,有的是提示人们一年的气候变化,有的是提醒人们积储体能以备春种或秋收。少数民族节庆活动中的赛马、射箭、叼羊,以及汉族七夕节中的妇女"赛巧会"等内容,除有强身健体的目的外,就明显具有切磋技艺、提高工效的实用功能。

第三节　中国传统节庆的文化内涵

丰富多彩、影响广大的中华传统节庆文化之中，蕴涵着厚重、真切的传统文化和民族精神内涵，而这也正是传统节庆文化在一浪高过一浪的现代化潮流中傲然挺立、与时共进的重要原因之一。认真分析和正确评价传统节庆的文化内涵，将为全面弘扬传统文化并积极创造具有鲜活时代气息和厚重文化底蕴的新文化，促进旅游和旅游业的发展具有重要意义。

一、中国主要的传统节庆

1. 春节

春节，俗称"年节"，是中华民族一年中最隆重、最盛大的传统佳节。年节古称"元旦"，1911年辛亥革命以后，开始采用公历（即阳历）纪年，遂称公历的1月1日为"元旦"，而将农历的正月初一改称为"春节"。以农历的正月初一为"岁首"（即"年"），始自汉武帝太初元年，并一直延续两千多年至今。

年节的节庆活动，首先是除旧布新。从头年的腊月二十三小年节开始，人们就开始"忙年"，主要内容有：扫房屋、刷墙壁、剪窗花、贴春联、置办年货、添置新衣、洗头沐浴、准备年节器具等。其次是祭祝祈年。古人谓谷子一熟为一"年"，五谷丰收为"大有年"。因此，祭天祈年成为年节的主要活动内容。随着道教等宗教诸神，如灶神、门神、财神、喜神的渗入，年节逐渐发展出酬谢诸神、祈祷福佑等内容，具体活动包括除夕夜燃放爆竹、点旺火、击鼓逐傩等。再次是合家团圆、敦亲祭祖。除夕，全家欢聚一堂，吃"团年饭"，长辈给孩子分"压岁钱"，一家人在一起"守岁"。子时以后，辞旧迎新的活动达到高潮，各家焚香敬天地、祭列祖，然后依次给尊长拜年，继而同族亲友互致祝贺。元日后，开始走亲访友，互送礼物，以庆新年。此后，耍狮子、舞龙灯、扭秧歌、踩高跷、跑旱船等庆祝活动，相继登场亮相，为新春佳节增添了浓浓的喜庆气氛。

2. 元宵节

春节之后,继而便是热热闹闹的元宵节。此节的节期在每年的正月十五,时值新年的第一个月圆之夜,因古人称夜为宵,故称"元宵节";又因元宵节的主要节俗是施放烟花、掌灯、观灯、赏灯,故又称为"灯节";道教称正月十五为"上元",故又称为"上元节";佛教传入后,又与佛教"燃灯表佛"的仪式融合。元宵燃放灯火之俗,源自汉武帝祭祀太一神。元宵夜,城乡各地花炮烟火不断,锣鼓声震四野,耍狮子、舞龙灯、扭秧歌、踩高跷、跑旱船等活动此起彼伏,人们成群结队,观灯、赏灯、猜谜、看戏,被称为中国民间的"狂欢节"。此外,旧时元宵节还盛行走百病、祭门户等节俗。

3. 清明节

清明节,是由历法中的二十四节气之一发展来的。节期在每年公历的四月五日前后。这个节日本与农业生产有关。据《岁时百问》云:"万物生长此时,皆清洁而明净,故谓之清明。"作为岁时节日的清明节,在融合了寒食节、上巳节的有关节俗后,便有了寒食禁火、祭扫坟墓、踏青郊游、荡秋千、放风筝、打马球、插柳等一系列活动。

4. 端午节

端午节,在每年的农历五月初五,是为"端五"或"重五"。古代"五"与"午"同,故端五又称谓"端午"或"重午"。古时人们还称此节为"天中节"、"端阳节"、"五月节"、"地腊节"等,足见人们很早就比较重视此节。端午节最初与祛邪、除毒、避瘟、止恶等内容紧密相关。时值仲夏,暑热即至,毒虫滋生、疫病流行,为抗拒"五毒"侵身,民间形成了一套驱除厌胜的节俗,如煎兰汤沐浴、采菖蒲和艾叶插于门上、制作饮用雄黄酒、系五彩线等。此外,流传至今的节俗还有吃粽子、赛龙舟等。这两项节俗最初也属驱疫的活动,后因与纪念屈原相结合,内涵更为深刻,意义更加深远,就一直流传下来。

5. 中秋节

中秋节在农历的八月十五,因八月为秋季的第二个月,故此节又称"仲秋节"。因此节正值中秋之半,又被称为"秋节"、"月夕"、"月节"。中秋节的起源与古代的秋祀、拜月习俗有关。在中秋节的形成发展过程中,月宫嫦娥神话的附会、渲染,起到了直接的推动作用。唐代中秋拜月、祭月、供月、礼月、赏月、玩月等蔚然成风,至宋代达到极盛,此后一直流行不衰。中秋夜各地的节庆活动不尽一致,但合家团圆是重要的主题。每当月圆之夜,人们合家团聚,一起分食月饼、共赏圆月。虽然今天拜月的习俗已经淡漠,但中秋赏月、吃月饼依然是惹人情思的传统习俗。

6. 重阳节

重阳节在农历九月初九。因这一天月、日均逢阳数最大的"九",故称为"重阳",也叫"重九";又因为此节各地有接出嫁女儿归宁(回娘家省亲)的习俗,故又称"女儿节"。重阳节的主要活动有登高、赏菊、饮菊花酒、佩茱萸、食菊花糕等内容。其中,重阳登高饮酒的习俗最为流行。据《续齐谐记》记载,此俗源于"桓景避灾"的传说。据说,东汉汝南人桓景受仙人费长房的指点,于九月九日携全家登高饮菊花酒,免除了灭门之祸。后人效法,相沿成习。这一传说虽不足信,但却透露出重阳节起源于除邪、避灾的事实。按照阴阳五行的说法,重九之日,地气上升,天气下降,天地之气交接,古人为避免接触不正之气,才登高饮酒。后世此节中的信仰成分日渐减少,进而演变成为一个以登高、饮酒、赋诗为主的游乐性节日。

二、中国传统节庆的文化内涵

中国古代传统节庆的内容丰富,形式多样,蕴涵着丰富的文化内容,这也是千百年来节庆文化弥久不衰,并不断发扬光大的重要动力,且是中国传统节庆文化之所以吸引中外旅游者的重要原因。下面仅从除旧布新、祭祝祈年、团圆美满、喜庆欢乐四个方面分析探讨中国传统节庆的文化内涵。

1. 除旧布新

这是许多中国传统节日的共同主题,尤以春节的文化蕴涵最为明显和浓郁。春节,是中国民间最富有特色的传统节日,它是旧的一年结束、新的一年开始的标志。此时,人们告别寒冷单调的冬季,怀着一种特殊、喜悦的心情,迎接生机盎然的春天。春节之前要进行年终大扫除,南方地区称"掸尘",北方地区称"扫尘",鲁西地区统称"扫房",是民间素有的传统习惯。按民间说法,"尘"与"陈"谐音,既指旧岁的陈年污垢,也指旧年的不愉快。迎春扫尘有"除陈布新"之义,把房屋、家居、衣物等都收拾干净,让自己的房子年年整洁,不乱,也不脏,以驱除晦气,引入旺气,辞旧迎新。迎春扫尘,寄托了人们破旧、立新的愿望和对幸福生活的渴望。

关于迎春扫尘,还有个有趣的传说。据说古人都认为人身上附有三尸神,如影随行,经常在玉皇大帝面前搬弄是非,诬告人间想谋反天庭,把各家所谓的罪行都写在屋檐下,并在屋檐墙角做上记号,用蜘蛛网作遮掩。玉皇大帝命王灵官在除夕之夜下凡,遇有三尸神做记号的人家,便满门抄斩。灶王得知这一情况后,便告诉各家各户从送灶到除夕接灶期间,要清扫房间,擦净门窗,否则,灶王拒不进宅。于是家家户户纷纷开始打扫卫生,迎春扫陈。人们在迎春扫尘的同时也把三尸神做的记号扫掉了。当王灵官来到人间时,没有看到三尸神做的记号,看到的却是一派迎春景象,就返回天庭禀报说人间灯火通明,美好无比。玉皇大帝听后大怒,立即惩罚了三尸神,将其永拘天牢。人们为感谢灶王的搭救,便在送灶后开始扫尘除旧,这种习俗一直延续至今。

2. 祭祝祈年

祝福是中华传统节庆的一个重要文化主题。鲁迅的传世名篇《祝福》就是对传统年节的生动描述。其《祝福》一题,可谓深刻把握到了年节的祝福主题,从而从一个侧面揭示了传统节庆的基本特点。年节的祝福既有家人彼此间的祝福,如子孙给长辈祝寿、拜年,长辈给晚辈分送"压岁钱"等;也有对家人以外的其他人的祝福,如你来我往的"拜年"活动;还有家家户户张贴的大红"福"字等,共同营造出一种祝福的节庆气氛。其他一些节日,如人日节(农历正月初七)、立春节、春龙节、七夕节、中秋节等,都有祈祷全家安康、多子多福,祈盼五谷丰登、六畜兴旺和天下太平等祝福之意。

体现在节日饮食和其他习俗方面的祝福也是随处可见的,如年节各地流行的食物"年糕",谐音"年年高",含有生活一年更比一年美好的幸福之意。七夕节的"巧果",女孩子吃了会心灵手巧,一如传说中的"织女"般聪慧。人日的"太平团",吃了以后,可保一家老小一年无恙,还要将自家的"太平团"馈饷他人,叫做"饷太平",亦是取其谐音"享太平"之意。民俗方面,清明戴柳、端午插艾、除夕挂冬青和松柏枝于房檐、新年的流行吉利话等也都具有祝福之意。

3. 团圆美满

中国传统节庆对一家骨肉团圆氛围的热烈追求与期盼可谓四处弥漫、俯拾即是。很早以前,中国古人即通过对天象的观察而认识到了"月有阴晴圆缺"的规律,进而把月圆视为人间骨肉团圆的象征。"花好月圆"、"海上生明月,天涯共此时",以及"但愿人长久,千里共婵娟"等脍炙人口的经典名句,形象而生动地表达了人们在节庆之夜期盼、欢庆和享受骨肉团圆的心理特征。在这种文化心理的影响下,传统节日中正月十五的元宵节、八月十五的中秋节等一家团圆的佳节被刻意安排在"一轮明月转玉盘"的月圆之夜,足见古人对团圆美满的高度重视和热切追求。不仅如此,这两个节日的饮食及食俗也多与团圆的节庆主题密切相关。

传统节庆饮食中的汤圆、元宵、月饼、粽子等食物,亦以其外在的团圆之形,传承延续千年的淑世情怀和流传千载的灵魂祈盼。元宵节的元宵、汤圆等,径直以团圆的圆字命名,而且食物本身除了其内在的甜美可口之外,外形的团团圆圆还有团圆、和睦、幸福等深刻寓意。据说,清末草厂胡同有个汤圆铺,门脸上有副对联的下句为"人间骨肉心,同此团圆响"。可谓一语双关,道尽了汤圆的内在意蕴。又如中秋佳节的月饼,不仅外形如月之圆,还干脆以月字来命名,也向人们提示着节日团圆的主题,让人们尽情地享受团圆的甜美。

春节是一年中最重要的节日,也是骨肉团圆的佳节。每逢春节,人们都要阖家团圆,围坐一桌,吃"团年饭",享用团圆饺子,共庆美好的新年。时至今日,每到春节临近之际,外出的打工仔、打工妹们都不约而同地返乡团圆,以致每年都要形成所谓"民工潮",可见这种团圆观念的顽强和稳固。另外,对先公先祖的祭祀纪念活动,也都安排在一些团圆节日或月圆之时,如年节的祭祖活动、七月十五的"鬼节"等,都表现出对团圆美满的追求。

4. 喜庆欢乐

民俗学家乌丙安先生在其《中国民俗学》一书中,将传统节日划分为五种类型,其中的"庆贺节日"和"社交、游乐节日"两大类就是以文娱活动等形式展现和抒发人们欢乐和喜庆心情的节日。大体说来,年节的放鞭炮、扭秧歌,元宵节的舞龙舟、跑旱船,立春节的"社火",清明节放风筝,端午节赛龙舟,七夕节的赛巧会,重阳节的登高活动等,均是人们表现欢庆喜悦之情的重要形式。有学者曾专门就年节的喜庆活动描述,从初一到初五连续狂欢,日夜燃放爆竹、烟火,十分热闹。节日期间举行各种传统的民间游艺活动,秧歌、龙灯、狮舞、高跷、花鼓、花灯,形式多样,营造了全面喜庆的节日气氛。

喜庆和欢乐之情不仅表现在娱乐活动上,也反映在节日饮食及食俗等方面。南方二月二的春龙节,盛行将隔年的年糕切成薄片,油炸后全家食用的习俗,称为"撑腰糕"。因此俗主要流行于吴中、苏杭地区,故有诗云:"片切年糕做酥条,碧油煎出嫩黄娇。年年撑得风难摆,怪道吴娘少细腰。"此种食俗当然是趣味和欢乐多于饮食本身了。又如在四川等地清明时节流行一种用米粉做团后拿线串起来的食物,俗称"欢喜团",其期盼与预示喜庆之意更是意蕴其中。

思考与练习

1. 中国传统节庆是如何产生和发展的?
2. 中国传统节庆对旅游活动有哪些影响?
3. 中国传统节庆有哪些特征?
4. 中国传统节庆可划分为哪些主要类别?
5. 中国传统节庆活动有哪些文化内涵?

第八章 旅游与民俗文化

引言

　　去哪儿过年最好玩儿？一位喜爱自驾的朋友今年盯上了民俗旅游线路，他告诉记者，只要是全家一起出游，在哪里都是过年，今年打算与家人一起前往山西过春节，近距离感受著名的晋商社火节。据了解，晋商社火，是由旧时农村祭祀社神时所演的社戏和春节、元宵节期间的民间文艺活动演变而成的，源于秦汉百戏，目前保留了一系列地方特色浓郁的民间社火、民间艺术活动，如抬阁、背棍、点旺火、放架火、绞活龙、挂祥灯、小花戏、八音会等，再加上还可以欣赏到古城，游览险峻的绵山。因此，山西目前已成为北京地区游客自驾游的经典目的地。在全国类似山西晋商社火节的地方节庆活动并不在少数，这与目前旅游业的发达有直接关系。北京导游员孙小姐表示，传统上，北方的春节节庆活动多于南方，但随着旅游业的兴起和各地纷纷重视恢复民俗活动，使得例如涿州花灯、武强年画、商丘祭祀火神、南京夫子庙灯会、桂林舞狮、乌镇长街宴等一些具有民俗特色的传统节庆活动成为了旅行社春节线路的主打元素，从地域上说，不发达地区民俗与少数民族地区民俗保存得较好。

　　如今，越来越多的人选择民俗旅游，但是我们对民俗又有多少了解呢？民俗旅游又为何会如此吸引游客呢？学习本章后，我们就会对民俗及民俗旅游有较全面的了解。

本章学习目标

- 了解中国民俗的产生与发展，及对旅游的影响。
- 掌握中国民俗的特征及类别。

● 了解中国民俗的文化内涵。

第一节　中国民俗与旅游

一、中国民俗的产生与发展

民俗,即民间的习俗。所谓"民",是指相对于官府而言的民间和广大的民众,而"俗",则是指相对于国家制度而言自发形成而又被长久共同遵守的生活习惯。概而言之,民俗就是在一定地域的广大民众中自发形成、世代相袭、共同遵守的各种生活和信仰的习惯与规范,[1]是中国传统文化的基础和重要的组成部分。

民俗起源于人类社会群体生活的需要,在特定的民族时代和地域中不断形成、扩布和演变,为民众的日常生活服务。民俗形成和发展的原因是多方面的,其中地域的原因、经济的原因、政治的原因、宗教的原因是影响民俗产生、演变和传播的重要方面。[2]

地域方面,民俗是特定地域和地理环境影响的产物。生活在不同地域的人们因所处的地理环境和气候状况等自然环境的不同,在漫长的生存和发展过程中逐渐形成了不同的生活方式和生产方式,世代相袭,久而成俗。因此,不同的地域环境,不同的自然条件,形成不同的民俗。古语所谓"百里不同风,千里不同俗"恰好揭示了民俗因受环境条件的影响而呈现的地域差异性特征,如生活在严寒地区的人喜尚毛皮、爱穿长袍,而居住在热带地区的人则喜尚薄纱、爱穿短裙;居住在山林地区的人喜食鸟、兽之肉,而居住在江河湖海地区的人们则喜食鱼、虾等。

经济方面,经济形态和经济发展水平对民俗的形成和发展具有重要的影响。民俗作为一种文化现象,属于社会的上层建筑,其产生、形成、演变和消亡,受经济基础的制约和影响。社会生产力越发展,经济发展水平越高,对民俗的形成和演变的影响力就越大。如居住在山林地区的

---

[1] 杨英杰.中外民俗.天津:南开大学出版社,2006:2-3.
[2] 同上。

人们多从事狩猎经济,形成崇拜山神、树神、禽兽之神的民俗;居住在江河湖海地区、从事捕捞经济的人们则形成崇拜水神、龙王、妈祖等民俗。随着社会生产的发展,山林地区被开发成现代化的矿区,人们对山神、树神、禽兽之神崇拜的民俗则逐渐减弱;沿海地区发展成为新兴的商业都市,祭祀水神、龙王的民俗也逐渐减弱,代之而起的是崇拜财神的民俗。

政治方面,统治阶级的政治导向影响和制约着民俗的形成与发展。一般说来,民俗最初主要受自然环境、经济生产方式的影响,是自发形成的。进入阶级社会后,统治阶级出于维护和巩固其统治的需要,常常通过各种手段和途径对旧民俗加以改造,并引导创造出一些新民俗。如民间对孔子和关羽的信仰在一定程度上就是统治阶级大力提倡和政治导向的结果,他们分别被统治者塑造为"文圣人"和"武圣人",自然造成民间的崇拜之风。

宗教方面,宗教教义和宗教仪式对民俗的形成和发展具有直接的影响,部分民俗实际上就是从某种宗教仪式演变而来的。宗教是支配人们日常生活的自然力量和社会力量,以超自然、超社会的形式在人们头脑中颠倒的、虚幻的反映,是相信、崇拜并传播这种特殊的社会意识形态的社会实体。随着宗教的产生,它的某些教义和宗教仪式,在世代的传教中转变成为民俗事象。如汉族求雨祭祀龙王、雨师的民俗,主要源于对自然神灵的崇拜;而祭祀祖先,重视葬礼的民俗,则主要源于对祖先灵魂的崇拜等。

二、中国民俗对旅游的影响

民俗和旅游之间有极为密切的关系。早在中国古代就有不少文人墨客为了探求各民族历史文化变迁和民俗风情的流变,四处采风,走遍千山,踏遍万水。在当今大众化旅游日渐深入的背景下,民俗旅游作为"变通性旅游"[①],或者说是一种高层次的文化型旅游,更受到国内旅游者的青睐和欢迎。日本民俗学之父柳田国男曾经把民俗学形象地称为"旅行的学问"。旅行如果不是被动的,如因为战争、民族迁徙、自然灾害等,而是因主动原因而远走他乡异国,必然得到"我见青山多妩媚,料

---

① 马波.旅游文化学.青岛:青岛出版社,2010:260.

青山见我应如是"的真切感受和体验。在这个过程中,人们得到的文化知识、风俗民情、饮食礼俗等,就是民俗文化的内容①。因此,民俗对旅游活动具有重要的影响。

(一)民俗是宝贵的旅游资源

中国是一个多民族的国家,由56个民族组成,每个民族都有丰富多彩而又魅力独具的民族风尚与习俗,是发展旅游业可资利用的宝贵资源。总体看来,各民族的民俗可分为婚姻习俗、生育习俗、生活习俗、娱乐习俗、礼仪习俗、寿诞习俗、丧葬习俗、乡里习俗、工匠习俗、商贸习俗、宗教习俗等,形式多样,内容丰富。以婚俗为例,汉族流行的传统婚俗,不仅包括纳彩、问名、亲迎、拜天地、入洞房、反马(夫家送还新妇来时所乘之马,以示夫妇情好,妇永不复归)等礼仪,还包括媒人、傧相等相关礼仪。而少数民族地区的婚俗更是形式多样,风格奇特,有的还具有原始婚俗的特征。如湘黔交界的侗乡流行的"抢婚"习俗,湘西南通道县的一些地方以"行歌坐夜"的方式进行"集体恋爱"等。这些婚俗都对旅游者具有较大的吸引力,可以用来开发民俗旅游产品,促进旅游业的发展。

(二)民俗丰富了旅游活动内容

"民俗是一个民族所固有的本质文化,是民族共同文化心理素质的集中体现,是形成一个民族集团不可缺少的组成部分,是融合民族感情、加强民族团结的'聚合力'"。② 随着现代旅游活动的发展,民俗旅游不但成为旅游活动不可缺少的重要内容,更为旅游活动增添了深厚的民族文化底蕴。如山东潍坊的"风筝节",辽宁沈阳的"秧歌节",湖南的"龙舟节",以及云南白族的"三月三",西双版纳傣族的"泼水节",苗族的"龙船节"等,都是各民族优秀文化传统的积极开发和利用,成为民俗旅游的重要内容。这些丰富多彩的民俗活动不但成为招徕和吸引旅游者的重要旅游吸引物,还成为民族文化的重要载体,对弘扬优秀的民族文化传统,同样具有积极意义,使各民族优秀的文化传统得以挖掘、重构和整合,从而获得新生。

---

① 董晓萍.说话的文化——民俗传统与现代生活.北京:中华书局,2004:178.
② 王明煊.中国旅游文化.杭州:浙江大学出版社,2006:282.

(三)民俗旅游适应世界旅游发展趋势

随着经济的快速发展和社会的进步,现代旅游活动的发展趋势是从观光型旅游向度假型旅游转变,旅游者求新、求异、求奇的心理不断增强,更加追求旅游的参与性和娱乐性。而缤纷绚烂、多姿多彩的民俗文化正为旅游者提供了广泛的参与和娱乐的良机,并能最大程度地满足其求奇、求异的心理需要。如当今风靡各地的"风情游"、"民俗村"、"农家乐"等,不仅可以让异国他乡的游客在短时间内充分感受到有别于自身熟悉的民俗文化,还可以品尝特色风味小吃、游览田园风光、体验异域文化,令许多旅游者喜不自禁,流连忘返。因此,随着世界旅游业的迅速发展和旅游市场需求的不断扩大,民俗旅游必将成为未来世界最具发展潜力和美好前景的旅游形式之一。

总之,在现代社会中,"旅游业与民俗是一份共同支撑的家业"。民俗因旅游业而不断延续传承并发扬光大,旅游业则因民俗而内容丰富、形式多样,进而增添无尽的魅力和特色。

第二节 中国民俗的特征及类别

一、中国民俗的特征

民俗特征的表现是多种多样的,不同地域、不同民族、不同国家的民俗,既有共性,也有个性。中国民俗是在几千年的历史发展过程中由汉族和其他各少数民族共同创造的文化,具有巨大的包容力量,并保留有强大的涵化力和适应力。因此,其特征当然既有共性的内容,也有鲜明的个性成分。

(一)社会性和集体性

民俗,是世世代代的社会群体共同创造、共同践行的,是群体智慧的结晶,个别人的习惯性生活方式,无论多么长久,多么美好,如果不被广大民众所认同并共同践行,都不能成为民俗。某些民俗事象或许是肇始于某一个人,如上古时期的巢居之俗,传说为有巢氏发明,但他的发明,首先是集中了前人和他人的相关智慧与经验并加以升华而成的;其次因得到广大先民们的认同和实行,才成为一种居住风俗。民俗的社会性、集团性特征不仅表现在创始阶段,还表现在传承、传播与演变阶段。流传至今的民间故事、节庆习俗等是靠一代又一代集体心理、语言、行为而传承下来的。各种各类民俗的产生、发展、演变及其消亡,永远是人民大众集体参与的结果。民俗的社会性和集体性是民俗事象的生命力所在,同时也决定了民俗的价值取向。①

(二)地域性和民族性

中国自古以来就是一个地域辽阔的多民族国家,其民俗表现出鲜明的地域性和民族性特征。不同的地理环境,对不同地区的人们产生这样或那样的影响,使各地的民俗文化具有各自的特征。这种情况,越在交通、传媒不发达的古代就越加明显。如北方地区,以陆地居多,人们的饮食习俗、居住习俗就具有鲜明的北方特色;南方的水乡泽国,同样发展出具有南方特色的民俗文化。还在春秋时期,人们就已认识到南方地区人们的"饮食衣服不与华同"。当今时代,这种差异还是明显存在的。如隆冬时节,北方大雪纷飞,人们裹着厚厚的衣服,匆匆行走;而在南方,人们着便装在户外悠闲地行走,欣赏着花市的姹紫嫣红。中国民俗的民族性具体表现在:一方面,不同民族有不同的民俗。各民族因地理、历史、经济、文化等差异,形成了各具特色的习俗,富有自己民族的色彩。如傣族有泼水节的习俗,苗族有对山歌的习俗,哈尼族有穿短裙的习俗,朝鲜族有打秋千和吃狗肉的习俗等,均各具民族特色、内涵丰富。另一方面,同一习俗,不同民族有不同的蕴涵。如同样都是过"火把节",彝族视该节日为征服虫害、保护庄稼的象征,而白族则认为是为了歌颂纯洁爱情等。

(三)稳定性和变异性

民俗是自然环境和社会存在(社会制度、生产方式、生活方式等)的产物。一般而言,一个国家、一个地区的自然环境和社会存在是较为长期稳定的,所以,由此而产生的民俗也是长期稳定的。② 民俗是被绝大多数人遵从的习惯,一旦形成就有较强的稳定性,其核心的东西往往多

---

① 杨英杰.中外民俗.天津:南开大学出版社,2006:6.
② 杨英杰.中外民俗.天津:南开大学出版社,2006:7.

少年不变或变化很小,但任何民俗都不是绝对不变的,随着时代的变迁、社会环境的改变和对外交流的扩大,民俗常常在潜移默化中产生一定的变异或变化。中国是一个历史悠久的文明古国,经历过一次又一次的改朝换代和社会变革,有些民俗随着历史的演进和生产、生活方式变革而自行消亡。如古代的"人殉"习俗,古人席地而坐的习俗等早已消亡。又如女性缠足,自南唐后主李煜开始提倡,经宋元明清的发展,到民国时被禁止,到当代则已彻底绝迹。这些都充分表现了民俗的变异性。

(四)传承性和播布性

民俗事象在时间上具有传承性,而在空间上则具有播布性。民俗的传承性表现在民俗一旦形成便会世代相袭,不会因朝代更迭和社会变革而立即中断。民俗的播布性表现在一定地域、民族的民俗会在不同地域、民族的相互往来中不断向外扩散,使一些相邻或相近的民族常常具有一些相似的民俗。如我国汉民族过春节的民俗,即被朝鲜、越南等周边国家的人民所接受;再如圣诞节本是基督教纪念耶稣诞生日的节日,最初只是流行于欧洲,但随着西方文明的传播,现在世界许多国家和地区的人们都有过圣诞节的习俗。它不但突破了地域的范围,也突破了宗教的隔阂。

二、中国民俗的类别

中国民俗在内容上是十分驳杂繁复的,"(民俗文化现象)不是理论形态的东西,甚至也不限于各类精神产品,它是活生生的社会事象。民俗文化是一个庞大的集合体,可以说它把人化的一切事物连同人自身的精神活动(行为、习俗、思想、心理、情感)都包括在内,组成了一个有机整体。"[①]为便于把握民俗的主要内容和特性,民俗学者早就开始对民俗进行类型划分。根据学者们的研究,基本成型的民俗文化划分标准及其主要类型如下:

按照时间划分,可分为先秦、秦汉、魏晋、隋唐、宋元、明清和近代民俗文化等,这种划分可以更加明显地体现民俗文化发展变化的历史轨

---

① 仲富兰.中国民俗文化学.杭州:浙江人民出版社,1998:308.

迹,同时凸显各个时代的民俗文化特色;按照地域或区系进行划分,可分为中原、东北、荆楚、巴蜀、三晋、关中、三桂、岭南、湖湘等民俗文化,这种划分重在强调民俗的地域性,可以深入细致地观察各地民俗文化的特有风采;按照阶层或阶级进行划分,可分为农民民俗、平民民俗、市民民俗、商人民俗(上述又可归结为民间民俗)、地主贵族民俗等,这种划分突出了不同阶层或人群的民俗文化差异,有利于把握不同人群和阶层的文化特色;按照社区形式划分,可分为乡镇、山林、江湖和都市四大类型民俗,这种划分虽有地域划分的因素,但基本上是一种综合性的划分,便于人们从更加综合的角度理解民俗文化。

然而,民俗毕竟是民众的人生、生活、生产等各类活动的习俗,其核心是"人"。因此,围绕"人"的三个基本方面可以将民俗分为人生民俗、生活民俗、生产民俗三类①。

(一)人生民俗

人生民俗,是人的生命过程各个发展阶段的礼仪习俗。在严格意义上说,"礼仪民俗指的是为表敬意或表示隆重而举行的一定仪式"②。一般人们所说的礼仪民俗,则主要是指个人生活的礼仪和社会交往的礼节。

每个人的生命历程中,都要经历诞生、成长和婚嫁(娶),乃至生病、死亡。与此相应,就有了相适应的各种礼仪活动。首先是"生礼"民俗,主要包括婴儿出生第三天的"洗三",以及满月的"满月酒",百天的"百岁锁",周岁的"抓周"和"命名礼"等。过完周岁以后,转入行童礼或少年礼,多于每年的诞生日举行,称为过生日。到了入学年龄,还要举行入学礼。

人到成年,是其人生的一个转折点,标志着要承担一定的社会义务,故要举行成年的礼仪活动,是为"成年礼"。根据《礼记·内则》的记载,汉族人传统上以男子二十"冠而字",女子则是十五"笄而字",此后男女便可以谈婚论嫁。少数民族中也盛行成年礼,如彝族有"换裙礼",瑶族

---

① 杨英杰.中外民俗.天津:南开大学出版社,2006:8.
② 王明煊.中国旅游文化.杭州:浙江大学出版社,2006:311.

有"包头帕",朝鲜族有"三加礼",藏族有"挽髻",高山族有"拔牙礼"等[1],都是各具特色的成年礼仪。

继而便是"婚礼"。汉族婚礼早在先秦以前就已成型,号称"六礼",主要包括:纳采、问名、纳吉、纳征、请期、亲迎等。婚礼中,强调"父母之命,媒妁之言",否则为非礼。进入现代社会,婚礼内容大大简化,近来盛行的集体婚礼、旅行结婚、晚会婚礼等,更加具有现代气息。另外,就是"寿礼",通常人们以五十岁为界,此前称为贺生,此后为做寿。寿礼中,要摆设寿面、寿桃、寿幛、寿轴、寿联、寿糕、红烛等,子孙要设寿堂拜贺,亲友送贺礼以表示庆贺。

人生皆有死,与此相应便有了"丧礼"。从葬式上看,我国各民族中曾流行土葬、火葬、天葬、水葬、悬棺葬、衣冠葬等。汉族人传统上讲究"入土为安",故一直流行土葬。其程序,主要分为殓、殡、葬三个阶段。殓,是指从人死到装入棺材这个阶段,其中又分为送终、移尸、招魂、报丧、入殓等内容;殡,指的是入殓而未葬这个阶段,其中又分为哭灵、吊丧、供祭等内容。葬,为丧礼中最隆重的阶段,主要有告别、送葬、入葬等内容。传统葬迷信色彩浓重,且费事费财。现在,人们一般采用火葬,通常举行告别仪式、追悼会、敬献花圈等。

社会交往中,形成了丰富多彩的交往民俗。中国素称礼仪之邦,民俗淳朴、热情好客是中国人的重要特征之一。远客来到,必"接风"、"洗尘"以示欢迎;亲朋远行,则要饯行、赠言、赠物、折柳以表达送别之情等。此外,邻里互助、同乡情深、尊师重教等,也都是重要的交往民俗。与交往民俗相关,娱乐民俗也是社会交往中形成的重要民俗,它可以说是沟通邻里乡亲和社区民众的重要手段之一。从内容上看,娱乐民俗主要包括:民间游乐、民间游戏、民间竞斗、民间百戏杂耍等。从具体形式上看,则有春游赏梅、放风筝、斗百草、斗蟋蟀、抽陀螺、滑冰,以及搓麻将、打拳、舞剑、下棋等众多项目,堪称千姿百态、引人入胜。

(二)生活民俗

生活民俗,是指人类生存形式的习俗,主要包括物质生活民俗、社会生活民俗和精神生活民俗三大类。

---

[1] 王明煊.中国旅游文化.杭州:浙江大学出版社,2006:313.

1. 物质生活民俗

人类是依赖和利用各种物质资料而生存的,诸如衣、食、住、行等,这就构成了服饰民俗、饮食民俗、居住民俗、出行习俗,等等。

就服饰民俗而言,其主要内容包括衣着、各种附加的装饰物、对人体自身的装饰、具有装饰作用的生产工具和护身武器和日常用品,等等。服饰民俗体现人们的社会观念,主要包括:崇宗敬祖,重视礼仪伦常,如每逢生日、成年礼、结婚、丧礼都要换装,每次换装体现了不同的礼仪伦常和敬祖观念;寻求吉利喜庆,如婚礼喜用红色;民族特色鲜明,展现自我意识等。

就饮食民俗而言,主要包括日常食俗、节日食俗、祭祀食俗、待客食俗和特殊食俗等内容。由于我国幅员辽阔、民族众多,各地区和各民族的饮食习俗五花八门,各具特点,如汉族饮食以米、面为主,常吃蔬菜,喜食肉、鱼、蛋,注重烹调技术,形成多种不同风格的菜系;维吾尔族饮食以面粉、玉米、大米为主,喜食瓜果,有的地区喜吃奶茶,日常食品有馕(烤饼)、面条、抓饭、茶、奶等;壮族的饮食,以大米、玉米等为主食,同时喜吃腌制的酸食,以生鱼片为佳肴,每逢节庆,喜欢做五色饭(用红兰草、三月花、密蒙花、枫叶等可食用的植物,制出不同的颜色水汁浸染糯米,蒸出黑、红、黄、紫、白五色饭,吃五色饭预祝五谷丰登),有嚼槟榔和用槟榔招待客人的传统习惯。

就居住民俗而言,其古今的变化最为明显清晰。原始初民主要利用天然空间而发明了巢居和穴居,后来发明了人造住房。据研究,中国古代的居民住房,主要有五种风格不同的类型,分别为:半穴居、井干式、石室、干栏式和竹木结构的草屋。居住方式的选择,与自然条件有直接关系。北方气候干燥寒冷,故多建造土木结构或木石结构的房屋,居住空间主要在地面;南方气候炎热,潮湿多雨,故南方民族多采用干栏式建筑,房屋悬空建筑在木柱之上。另外,值得关注的是,中国传统的民居建筑,以四合院最为广泛。四合院的院落四面都有墙壁,仅以大门与外界相通。四合院中分正屋(房)、侧屋(房)和堂屋,房屋中间为天井,各有专门用途。

出行习俗方面,在长期的传承中也形成了不同的运输和旅行习俗,主要包括交通设施、工具的使用规范、旅途规矩、行话、信仰、禁忌等一系列习俗。比如,在交通运输中使用的行话就极有意思:两个轿夫抬轿,后面的轿夫视线被轿子所遮挡,看不见路面,为防止滑跌,往往需要前轿夫提醒,如早年北京的轿夫前面喊一句,以示"知道了"。"左照门"是说左面有障碍物,要小心;"右蹬空"是说右边有坑,需注意。有时前呼后应亦有不同,如前面喊"右边一朵花",意为右边有一堆马粪,别踩在上面,后面则应"看它莫踩它"。

2. 社会生活民俗

人是依靠群体而生活的,是社会中的一员,长久沿袭的种种社会生活形式就构成了诸多的社会民俗,如家族民俗、村落民俗、职业集团民俗、道德民俗、岁时节庆民俗,等等。其中,岁时节日主要是指天时、物候的周期性转换相适应,在人们的社会生活中约定俗成的,具有某种风俗活动内容的特定时日。节日的形成与发展,经历了十分漫长的历史。在这期间,形成的节日民俗不仅记载着我们祖先对自然运动规律的认识与把握,也显现出各个不同历史时期的社会、经济、科技发展的水平;同时,也反映了我国民众那种张弛有度、应时而作的自然生活节律。

我国的岁时节日民俗有鲜明的农业文化特色:岁新开春,万物复苏;但冻土乍开,农事无多,农家生活相对闲适。人们的岁时节日以祭天敬祖、鞭春劝农、拜大年、赏花灯、闹社火、过花超、感应春气萌动、踏青郊游、临水被禊为主要的民俗活动。他们通过一个个春天的节日,频频播下希望的种子,企盼着秋天的好收成。入夏,农事间忙,少有闲暇,而且冬谷既尽,宿麦未登,青黄不接,更兼炎夏暑热,疾病易生,所以夏季主要节日是端午节,其习俗以驱邪避瘟、除恶祛毒为主。盛夏酷暑,则有"曝书"、"伏闭"等驱、避之俗。金秋时节,新谷登场、瓜果成熟。人们怀着丰收的喜悦,在七月半时,把新收获的稻谷煮成米饭,祭祀祖先,同时拯救地狱里的孤魂野鬼,在八月十五中秋节,人们要团聚赏月,九月九日重阳节这天人们还要饮酒登高。这些风俗既是报答神明,也是慰劳自己。冬季来临,仓廪丰足,猪羊满圈。人们春米磨面、酿酒烧肉、"送寒衣"、冬至"履尊长"、"数九"消寒、饮酒"扶阳"。直到喝完"腊八粥",又开始准备"忙年"——新一轮的循环又重新开始。

3. 精神生活民俗

人类与低级动物的主要区别,就在于人类具有和能够从事高级的精神活动,这就构成了精神民俗,诸如信仰民俗、禁忌民俗、娱乐游艺民俗,等等。信仰民俗又称为民俗信仰,"是在长期的历史发展过程中,在民众中自发产生的一套神灵崇拜观念、行为信仰和相应的仪式制度"[①]。

中国作为一个文明古国,其信仰民俗出现较早,流传的时间甚为久远,且内容极其丰富,种类也颇为繁多。民俗信仰一般具有一定的崇拜对象。它世代传承,拥有广泛的社会和群众基础,为人们接受和认同。就崇拜对象而言,主要包括:灵魂、各种自然神(如天神、地母、山神、水神、虎神、熊神、鹿神、蚕神等)、图腾、生育神、祖先神、行业神,等等。为了在人神之间达成联系,实现人对神的崇拜,就需要在人神之间设置媒介和必要的仪式。还在远古时期就已经出现的"巫",就是人们选定的一个沟通神人的重要媒介。虽然每个时期的巫具有不同的性质,但它随着历史的发展而变化,适应并且迎合着历史的需要。有信仰就必然有信仰行动,而且它要比任何教义都要古老和久远。

民间的信仰方式可谓五花八门,但归结起来,基本上可分为三大类,即:预知、祭祀和巫术。预知信仰,就是根据自然现象或人的行为表现,推测人或事将要发生的变化,以便提前探知神的态度,从而预卜吉凶和命运的好坏。祭祀,是广大民众向神乞求福佑或驱邪避祸的一种行为惯制。在具体活动中,它有相应的仪式制度。巫术,是企图借助超自然的神秘力量,对人或物施加影响,从而达到某种目的的手段。据学者研究,巫术"是最古老最普遍的信仰"[②]。

此外,民俗信仰还通过禁忌以及一些医疗手段来实现其目的。游艺民俗是一种以消遣休闲、调剂身心为主要目的,而又有一定模式的民俗活动。它是人类在具备起码的物质生存条件基础上,为满足精神的需求而进行的文化创造。从简单易行、随意性较强的游戏,到竞技精巧、有严格规则的竞技;从因时因地、自由灵便的戏耍,到配合各种特殊需要的综合表演,都属于游艺民俗的范围。

(三)生产民俗

人类的生存,离不开物质资料的生产。人在世世代代的物质资料生

---

① 钟敬文.民俗学概论.上海:上海文艺出版社,2009.
② 钟敬文.民俗学概论.上海:上海文艺出版社,2009:201.

产过程中所形成的各种民俗,就是生产民俗,诸如农耕民俗、狩猎民俗、畜牧民俗、运输民俗、器皿制造民俗、市商贸易民俗,等等。

中国的农业民俗,是历代农民在生产实践中逐步积累和完善起来的文化产物。它既是几千年农业生产经验的总结,又是指导人们农业生产的手段,内容非常丰富,主要可分为七大类:第一,农业生产的时序、节令习俗。在长期的农业生产实践中,古代农民总结出了"二十四节气",从而形成指导人们生产的重要习俗。第二,占天象、测农事的习俗。我国自古以农业立国,因此,在生产力不发达的传统社会,靠天吃饭的人们重视自然力在农业生产中的重要作用。农业生产要适应天气、气候的变化,在古代更是如此。资料表明,古代农民对一年中的立春、惊蛰、清明、谷雨、立夏、立秋、立冬、霜降、小雪、大雪等,都要进行天气预测。第三,卜农事丰歉,祈福、禳灾的习俗。古代人们认为:"国之大事在农。"因此,重视农业生产的收成,也就是自古而然。由此,也就形成许多卜农事丰歉,以及祈福、禳灾的习俗。第四,农业禁忌、祭祀习俗。农业禁忌习俗,同样是农民对农业生产实践规律的经验性认识。如正月初十忌风,可以禳风除灾;江苏地区三、四月为"蚕月",蚕室禁人员往来等。第五,祭天神、先农和社神的习俗。祭天神、先农和社神,是中国古代农事活动的重要内容。第六,农业生产过程习俗。这种习俗,因地区的差异而不同。如北方有四季耕作、劳动组合的习俗,南方有插秧、撑船等习俗。第七,农业娱乐习俗。农业生产民俗来自劳动实践,也伴随生产活动自然形成娱神乐人的民俗文化。传统节庆文化中的农事娱乐活动,就属于这种习俗。

狩猎和畜牧民俗,同样是中国古代民俗文化的重要内容。由于各地的自然条件不同,形成了各地、各民族不同的狩猎民俗。东北长白山产黑熊,俗称"黑瞎子",山民狩熊有独特的习俗和技巧。时至今日,在东北的达斡尔族、鄂温克族、满族等民族中,流传着古老的"猎熊歌舞",就是一种典型的狩猎民俗。农家买耕牛,必须在牛角上系一小块红布,俗称"挂红",祝愿平安吉利。耕牛将死,也给牛"挂红"送终;买羊则在羊脖子上"挂红"。耕牛一年四季为农家辛苦耕地,农家在开春时日,则喂以麦皮、黄豆等精饲料和少量米酒,实为耕牛增加营养,准备春耕劳作,俗称"酬牛",这些都是畜牧业的民俗。

此外,商业民俗也是长期传承的结果,内容丰富多彩,极具民族特色和地方特色。商业民俗的载体,主要有集市、行商和坐贾。围绕这些载体,又发展出市声、敲击物、幌子、匾牌、商标、广告等内容。它们各以其丰富内涵和精致别样的外延,为我国商业民俗增添了异彩。

当然,人类的生存、生活、生产是一个紧密联系在一起的整体,因此,各种习俗之间并不是截然分开的,而是相互关联,甚至是相互掺杂、相互影响的,也是相互制约的,并且是随着时代的发展而不断变化的。

第三节 中国民俗活动的文化内涵

中国传统民俗文化是在五千年的历史发展进程中由汉族与少数民族共同创造和维护的,其所以能在漫长的历史岁月代代相传,并不断发展延续,除了外在的历史文化环境的需要之外,其本身所具有的丰富文化内涵则是根本的原因。中国传统的民俗活动形式多样、种类繁多、内容丰富、影响深远,其文化内涵也多姿多彩,宽广而深刻。为便于叙述,本文仅按照仲富兰先生的思路,从人伦为本的社会准则、和合圆满的理念追求、积极入世的务实态度和直观、直觉的思维方式等四个方面来分析和探讨中国民俗活动的文化内涵[①]。

一、人伦为本的社会准则

注重人事乃至于以人伦为社会之本,是中国传统文化,特别是儒家思想的基本内涵,如孟子主张"天人合一,万物一体","天地之性人为贵";荀子也主张"人有气、有生、有知且有义,故最为天下贵"。而孔子在《论语》中更是多次强调"未能事人,焉能事鬼","伤人乎?不问马"(《论语·乡党》),这些言论都体现了儒家思想对在社会占重要地位的"人"这个角色的极其关怀和对"人"的现实实践意义的高度重视。

中国传统文化中的这种"人伦为本"思想在传统民俗文化中得到了较好的体现。正如有学者所指出,中国大量的民间故事和民间传说,几

---

① 仲富兰.中国民俗文化导论.上海:上海辞书出版社,2007:187.

乎都是以人为出发点和归宿点的,如长江巫峡神女峰的传说、洞庭湖君山的传说、七十二峰的传说,不论事关瑶姬为民谋福利,还是述说麻姑从昆仑上移来巨石形成君山方便船只停靠,抑或是描述72个成仙的螺丝女脱壳成岛(君山)解除百姓痛苦等,都体现出对"人"的关怀和体贴。不但如此,中国传统民俗对人的重视还表现在众多民俗中,天、地、人从来都是等量齐观,难分贵贱伯仲的,这成为民俗文化的永恒主题。

古代的人本理念,强调个人对家族、宗族和国家的义务,由此形成了严密的君臣、父子、夫妇、兄弟、朋友等多重关系,而民俗文化也正是围绕这种关系网展开,形成注重人事和人伦为本的景象,如信仰民俗中的占卜和禁忌就是为了保证人的安全与健康;祖先崇拜则是人伦理念中尊祖敬宗的直接体现。

二、和合圆满的理念追求

和合圆满从来都是中国人梦寐以求的结局。中国传统文化中的和合思想早在先秦时期就已出现[1],其后就一直是中国文化的"通则"。所谓"和",指和谐、和平、祥和;所谓"合",是指结合、融合、合作。和合连起来讲,是指在承认"不同"事物的矛盾、差异的前提下,把彼此不同的事物统一于一个相互依存的和合体中,并在不同事物和合的过程中,吸取各个事物的优长而克其短,使之达到最佳组合,由此促进新事物的产生,推动事物的发展。在此和合精神的指导下,中华文化不断创新,同时也推动了中国社会的不断发展。

中国民俗文化从远古时期开始,就受到天人和谐、人际和谐理念和哲学的制约与整合,并逐渐内化为其中的重要内涵。如在中国居住民俗中,其建筑风格总是环抱大地,显得那么和平和宁静,其一草一木、厅堂院落,都充分显示出自然与和谐。中国古代建筑讲究"风水"的实质也是考虑建筑与周围自然景观的协调与同构。此外,古人居住习俗中的注重"聚族而居",常常"四世同堂"、"五世同堂",在某种程度上也是一种追求和谐的心理需求的体现。而民俗节庆中春节的"团年宴"、正月十五的汤圆、八月十五的月饼等更是传统民俗中和谐圆满的文化观念的物

---

[1] 杨建华.中华早期和合文化.杭州:浙江人民出版社,1999.

质显现和物质载体。

三、积极入世的务实态度

积极入世从来都是中国文化所崇尚的人文主题。积极入世,本是儒家的传统观念,《周易》即主张"天行健,君子以自强不息",强调积极的入世践行。面对当时礼崩乐坏的社会动乱,儒家没有退缩,而是采取了直面社会、直击现实的积极行动,直接投身于乱世之中,企图通过"人"这一群体的主观努力实现政治和平。即使儒家思想在先秦时期未得到统治者的赏识,儒家并没能为官为政,他们也不改入世情怀,对社会人生充满关怀,鼓励人民积极参与到国家的政治生活中来,"学而优则仕",为国家社稷的建设作贡献。因此,儒家的思维空间完全是关乎社会人伦的,关注的是人以及现世社会。

在漫长的社会发展中,儒家的这种积极入世观念强烈地渗透到中国传统民俗中来,使传统民俗体现出鲜明的积极入世色彩,表现为凡事重在参与、重在实践、重在人的努力和拼搏,旨在通过人自身的力量,团结合作,战胜邪恶和艰难险阻,实现美好的人生理想。以在我国西南少数民族广为流传的火把节习俗为例,节日当天,人们穿起民族盛装,杀牲庆贺,举行各种文体娱乐活动,晚上举着火把,排成火龙,在山间田野上漫游,并互相"泼火",互换吉祥,提供了人人参与的特定氛围,体现出浓烈的积极入世意味。其他如商业民俗中的"市声",就以其熙熙攘攘的氛围和直入主题的内容,展现出"为利来""为利往"的积极心理。而在岁时民俗中的竞龙舟和放风筝等活动,也同样体现出民俗文化积极入世、不断进取的文化内涵。

四、直观、直觉的思维方式

所谓直觉思维,是指对一个问题未经逐步分析,仅依据内因的感知迅速地对问题答案作出判断、猜想、设想;或在对疑难问题百思不解时突然有了"灵感"和"顿悟",也指对未来事物结果的"预感"或"预言"等。直觉思维是一种心理现象,它不仅在创造性思维活动的关键阶段起极为重要的作用,还是人类维持生命活动、延缓衰老的重要保证。

直观、直觉的思维方式,是中国传统文化的重要特征之一。仲富兰先生认为,由于中国长期以来作为一个农业宗法国家,尚未给实证科学和数学语言的生长发育提供必要的土壤,[①]因此,中国民俗文化与整个中国传统文化一样,都带有直观、直觉的朴素观念。如在传统民俗中,人们因崇拜各种各样的自然神,而造就了庞大的神仙与神灵体系。这些神仙与神灵数量众多,形象万千,虽然尊卑不等,权限各异,但都各管一摊、各司其职,简直是纷繁复杂的现实世界的翻版;而民俗文化中的阴阳观念、循环意识、和谐信念等也都是直观、直觉思维方式的直接体现。

思考与练习

1. 民俗形成的主要原因是什么?
2. 简述民俗的基本特点及分类。
3. 试分析中国民俗对旅游的影响。
4. 简述中国民俗活动的文化内涵。

---

① 仲富兰.中国民俗文化导论.上海:上海辞书出版社,2007:200.

第九章

中国旅游纪念品文化

引言

"行万里路,读万卷书。"外出旅游,确实是件令人兴奋的事儿。可是,总不能空手外出,又空手回来吧?小刘这次外出,也想在旅途中淘到些值得珍藏和纪念的东西。

可是,行走在苏州十全街上,两边商铺鳞次栉比,小刘看看这家店铺的玉雕、牙雕、檀香木雕,又看看那家叫卖的景泰蓝、双面绣、文房四宝、宜兴陶器……还有那入流和不入流的字画条幅,应有尽有,给姑苏城平添了很多历史感,也给小刘平添了几许忧愁。该买点儿什么呢?

实际上,困扰小刘的,就是旅游纪念品的价值问题。旅游纪念品的价值,在于它的文化,作为一个国家和民族几千年文化积累的物质反映,最能让旅游者感受到异地文化,寻求到美的愉悦。本章将对旅游纪念品的分类、特征和文化内涵进行重点论述。

本章学习目标

- 了解中国旅游纪念品的地位和影响。
- 熟悉中国旅游纪念品的分类。
- 掌握中国旅游纪念品的特征。
- 掌握旅游纪念品的文化内涵。

第一节　中国旅游纪念品的地位与影响

一、中国旅游纪念品的产生和发展

随着现代社会的飞速发展,人民生活水平的日益提高,旅游业也迅速发展起来,旅游越来越成为现代人们日常生活不可缺少的一部分。伴随着旅游的发展,人们对工艺礼品、文化用品、室内外陈设装饰品、收藏艺术品,特别是旅游纪念品的需求正在呈现上升趋势。

(一)旅游纪念品的产生

旅游纪念品,是服务于旅游业和旅游人士的,是适应旅游人士在旅游过程中的购物需求而开发生产的产品。它不同于一般的旅游商品,它是能反映旅游点特色、模拟旅游点内容或文物并能保存、收藏的商品,是某个旅游景点所独有、带有这个旅游景点特有徽记的用品或艺术品,是该旅游景点在旅游市场上具有独占性的商品,具有一定的资源性价值和垄断性价值。[1] 旅游纪念品是旅游文化的载体,是对旅游文化的阐释和创造。旅游纪念品的价值是通过游客购买和使用来实现的。游客在购买旅游纪念品的同时,把旅游地的文化带回客源地,增加了游客对旅游目的地的感情和纪念内涵。游客还可以通过各种形式把对旅游地的感情和留恋展示给他人,使其分享游客的旅游快乐和精神收获。

从旅游纪念品的概念看,旅游纪念品具有的属性大体上包括:一是纪念性。身处外地的旅游者,为了获得未来对曾经前往过旅游地的美好回忆,往往会购买一些旅游纪念品作为物证。二是地域性。试想,一到处都可以购买到的旅游纪念品,旅游者为什么要在旅游目的地购呢?因此,旅游者一般倾向于购买一些在其他地方难以买到的商品。是文化性。从本质上讲,旅游产业有强烈的文化产业特征。旅游者个经济收入等方面有一定特点的消费群体,往往对文化品位比较高念品有浓厚的兴趣。四是艺术性。艺术品以其特有的文化品位、艺

---

[1] 袁国宏.论发展我国旅游纪念品的重要意义.商业研究,2003(10):160.

量和地域特征,往往能够引起旅游者的极大兴趣。五是便携性。在一般情况下,由于旅游者身处异地,他们在购买纪念品时,往往会考虑到它的便携程度。①

(二)旅游纪念品的发展

1. 旅游纪念品的发展现状

从整体看,虽然中国旅游业蓬勃发展,但是旅游纪念品的发展一直是旅游业发展中的弱项,给旅游业发展拖了后腿,市场开发还处于初级阶段,主要存在以下几个方面的问题。

(1)产品同质化。走遍中国东南西北的著名景点,所能看到的旅游纪念品,从品质上看,通常都是瓷器、锡器、紫砂壶、根雕、折扇和各种绘画制品等,大同小异,没有什么差别,所以很难发现一些具有新意和变化的产品,很难有使旅游者眼前一亮的产品,正因为如此,旅游者在景点的旅游纪念品市场总是匆匆而过,没有购买的意愿。

(2)产品泛地域化。旅游纪念品的泛地域化,指的是通过纪念品本身不能体现特定地域文化特色和地域之间的差异,从而使同样产品在各地都有销售,但由于旅游本身是一种差异性的消费,对于国内旅游者,旅游纪念品的雷同则背离了这种差异化的趋势。旅游在现阶段正逐渐走向大众化,这类商品由于同时在各地大量销售,使游客产生了全国各地都在卖同样的旅游纪念品的印象。失去了在旅游地购买纪念品的"纪念"意义,导致旅游者购买意愿的减弱。

(3)产品低档化。由于旅游纪念品无序发展而导致恶性竞争,使大量旅游纪念品难以获得较高的附加值,产品价格就相对较低,反过来压缩了产品的成本,导致产品选材质量降低,加工精度下降,出现粗制滥造的情况,形成恶性循环。

(4)产品陈旧化。很多旅游景点的旅游纪念品都是"从一而终",几十年如一日的是同样的产品,缺乏新意,比如,有悠久历史的天津"泥人张"彩塑往往被作为天津的一项有特色的旅游纪念品,然而经观察,"泥人张"在造型上大致一直在仿旧题材。这样做可以延续传统,但是这样的产品也容易被抄袭和模仿,导致产品出现同质化,失去了独特性。

---

① 张立生.旅游商品的概念与开发原则探析.河南商业高等专科学校学报,2009(1):83.

(5)忽略产品实用性。旅游纪念品不仅仅是具有纪念性作用,还有实用功能,旅游纪念品具有良好用途,旅游者能够经常使用这些产品,将会加深他们对旅游地的好感,比如精心设计制作的牙签盒、书签等小产品,宜兴紫砂茶壶在寒天用沸水泡茶也不炸裂,又不烫手,而且泡茶五天仍能保持茶香,充分体现出它的实用功能,又体现出作为旅游纪念品的独特性,给人的印象深刻。[①]

2.旅游纪念品的发展趋势

旅游纪念品发展至今,面临越来越多的新形势和新局面,不仅充满了挑战性,也存在极大的机遇性。旅游纪念品的发展有以下几个主要趋势:

(1)旅游纪念品的市场依赖性将进一步增强。市场竞争已经进入到战略竞争阶段,"先营销市场,后进行生产"已成为新时期市场经济的战略信条。旅游纪念品是一种纪念品。市场经济下的任何一种纪念品,在经历了追随市场的疲惫期后,都已从生产到销售的低级发展过程过渡到先"销售"后生产的高级发展过程,即制定发展战略,引导市场,促进消费。因此,新的发展趋势是:制订品牌发展计划,宣传产品的空间依托区域——旅游地的形象及生产企业的企业文化及形象,引导旅游纪念品的市场需求,促进旅游纪念品的消费水平及额度的提高,实现经济和社会效益的提高。

(2)旅游纪念品的区域依托性将进一步强化。区域旅游发展总体规划是指导地区旅游业发展的依据,它的制定是对区域内自然环境、经济状况和社会文化等各种实际情况的综合科学分析,包括区域旅游发展整体目标和下属各方面的发展方案,包括旅游纪念品的开发。依据总体规划的要求才能做到因地制宜,量力而行。相反,若盲目地追求大干快上、规模化发展,一方面,由于不实事求是,造成资金和资源的浪费、环境破坏、发展低质低速;另一方面,也从整体上影响区域发展规划的执行。

(3)旅游纪念品的品种体系性将进一步加强。旅游纪念品不仅能为旅游地创造巨大的经济效益,还能对旅游地起到很大的宣传作用。旅游纪念品代表着某特定区域范围内的旅游地形象,如北京的景泰蓝、天

---

① 叶德辉.从产品设计的角度探讨旅游纪念品开发.中国商贸,2012(1):192.

津的杨柳青年画、内蒙古的蒙古族角雕、江苏的苏绣等。旅游纪念品在被购买——携带——收藏——馈赠的一系列流通过程中,辗转扩散到极广泛的空间领域,是旅游地最经济、最直接、最有效、最持久的移动广告。因此,旅游纪念品的开发设计要力求实现其对旅游地地方文化的对应性宣传功能。旅游纪念品开发应当对照旅游地的旅游形象体系,形成旅游纪念品的产品体系,这样做,有利于加大市场开发力度和宣传功能强度,进一步发挥旅游纪念品的宣传功能。

(4)旅游纪念品营销手段的多样化将进一步凸显。各地政府的旅游机构及相关企业应积极研究各种旅游形式(商务旅游、会展旅游、节庆旅游等)的需求影响因素,利用各种营销手段,营造更加广阔的市场空间。有资料显示,2008年在中国召开的奥运会就曾被视为旅游纪念品营销的一个巨大商机。据《中国人文奥运旅游纪念品调查与研究报告》显示:2008年国外来京游客达463万人次,国内来京游客达1.03亿人次,90%的国内、外消费者有购买旅游纪念品的需求。由北京工业奥运经济行动领导小组办公室、北京奥运经济研究会等机构主办的"中国人文奥运旅游纪念品设计大赛"是对这一商机最有力的营销。当时,很多参加设计大赛的获奖作品及参赛企业都将其视为一个千载难逢的巨大市场,力求将自己的产品借机打造成真正的世界品牌。①

二、中国旅游纪念品的影响

旅游纪念品是旅游商品的一个重要组成部分,其生产和供应是旅游业创汇、创收的一个极为重要的途径。由于旅游纪念品销售收入的弹性较大,直接影响着旅游业整体收入水平的高低和收入结构的合理性。因此,世界上许多国家和地区都对旅游纪念品的开发与生产给予高度重视,有的国家或地区甚至将旅游购物作为专项旅游,以增加旅游者对旅游纪念品的消费水平,从而达到增加外汇收入,加快货币回笼,带动相关产业,扩大就业机会,促进经济发展的目的。"在美国,旅游者在各种类型的商场购物已成为一项重要的休闲活动。美国12个以上的州已把购

---

① 魏丽英.我国旅游纪念品开发的发展规律及发展趋势.桂林旅游高等专科学校学报,2006(6):726-727.

物当做旅游者首要的5项活动,5个州把购物列为首要的3项活动。"①一般说来,旅游者在旅游发达的国家和地区,旅游纪念品的销售收入占旅游纪念品销售总收入的50%~60%,而在我国平均约为30%,有的省份仅为10%左右,这说明我们国家在旅游纪念品的开发上,同世界先进水平尚有较大的差距。从某种意义上讲,我们国家旅游纪念品的开发还大有潜力可挖,前景广阔。

旅游纪念品不同于一般纪念品,它是旅游者在整个旅游活动中购买的具有区域文化特征的一切物品。这些物品构成旅游者旅游经历的重要组成部分。因此,对整个旅游业来讲,开发旅游纪念品意义重大。

1. 旅游纪念品是旅游者体验成果的物质显现

旅游纪念品是能够代表一地文化品格的纪念品。旅游者购买后,能够通过对所购物品的欣赏、使用,回忆起旅游过程,甚至通过转赠亲友,让更多的人分享他的愉快感受。这就要求旅游纪念品必须能够反映出地域文化的特点和差异,也就是一定要有地方特色。比如,澳大利亚的冈尼达,被称为"世界考拉之都",这里考拉数量庞大,吸引了不少游客。当地开发了大量与考拉有关的纪念品,但销量最好的是考拉干粪纪念品。当地人将考拉粪便处理后,用塑料袋包装好,上面印有"来自冈尼达的问候"。考拉干粪之所以成为最畅销的旅游纪念品,就是因为体现了地方性特点。

2. 旅游纪念品是旅游目的地形象宣传的重要载体

好的旅游纪念品能够使旅游目的地的形象通过纪念品走到更远的地方。现在的旅游纪念品设计人员大多只是工艺美术专业人员,学科背景较单一,他们在设计时往往从美学角度考虑,对艺术性顾及较多,而忽视了旅游纪念品作为旅游的附属产品应当具有的一些特征。艺术性固然是旅游纪念品应当具有的重要特征,旅游者也要求纪念品"好看"、"漂亮",但旅游纪念品毕竟不等于工艺品,还应当满足游客的猎奇心理,充满创意。它可以是奇特的,如前提及的考拉干粪,也可以是好玩的,如上海的学说上海话钥匙扣,等等。②

---

① 张萌.旅游商品创新开发的若干思考.社会科学家,2000(2):44—46.
② 许颖.论重庆旅游纪念品的开发.重庆工商大学学报,2003(5):103.

第二节 中国旅游纪念品的分类与特征

一、中国旅游纪念品的分类

中国旅游纪念品的范围较广，许多工艺美术品都可划分在旅游纪念品之列，有些土特产品、食品、药品等都可被视为旅游纪念品，而具有地方风格的民间民俗和民族用品，也是独具特色的旅游纪念品。从更广的范围讲，大凡旅游者在旅游过程中所购买的旅游纪念品，均可列在旅游纪念品的行列。旅游纪念品的种类繁多，依据不同标准可有不同的分类，从制作的工艺水平看，可分为特种工艺品和民间工艺美术品两大类。

（一）特种工艺品

特种工艺品是指用特殊的材料，经过特殊的工艺过程，精心加工的旅游纪念品。一般而言，特种工艺品的原材料比较珍贵，制作工艺精细、技术水平高超，多为传世的经典之作和具有地方特色的精美作品。

我国旅游销售中，常见的、深受外国旅游者喜欢的特种旅游工艺品，主要有象牙雕刻、扇子、景泰蓝器皿、陶器、瓷器、刺绣、水晶制品、玉石器件、高级漆器等。

1. 象牙雕刻

象牙雕刻是指以象牙为材料的雕刻工艺及其成品，是一门古老的传统艺术，也是一门民间工艺美术。象牙为大象身上最坚固的部分，其光洁如玉、耐用、珍贵堪与宝玉石媲美，因此，象牙又有"有机宝石"之美誉。象牙雕刻不仅是我国珍贵的旅游纪念品，还是我国工艺美术的瑰宝。它不但工艺水平精湛，具有较高的观赏价值，而且具有珍贵的收藏价值。

据考古发掘资料显示，我国的象牙雕刻早在新石器时代中期就已产生。《史记·微子世家》已记载："纣始为象簪。"辽、金、元、明、清历代帝王都把象牙作为皇家供品，明代的果园厂和清代的造办处都有为皇宫做象牙制品的作坊，其中最具代表的是象牙名作"月曼清游"。

几千年来，牙雕工艺不断改进，其制品文饰美观，玲珑剔透。象牙雕刻手法多样，圆雕、浅浮雕、高浮雕、镂雕，在象牙雕刻中得以普遍运用。

北京、广州、上海是我国象牙雕刻的三大产地,技法各异,各具特色。

广东牙雕,擅长镂空和透雕,具有纵深透彻、精巧玲珑的特点,造型逼真,雕工精细,艺术完美,其牙球、牙舫的造型设计与雕刻技法更为精巧、细腻。代表作"一粒米",系取形似大米的象牙雕刻而成,它是集诗词、书法、绘画于一体的微观艺术品。北京牙雕高雅、古朴、遒劲,以圆雕人物,特别是古装仕女著称,又以花卉见长,深受旅游者的欢迎,在国内外享有较高的声誉。代表作为北京老艺人武玉清1959年在三分之一粒米大的面积上刻的英国女王夫妇像,画面虽小,但眼皮、冠冕、服饰均明了、真切。上海的象牙雕刻多以小件人物见长,雕刻精巧、细腻。

2. 扇子

扇子是我国又一具有民族特色的旅游纪念品,千百年来深受文化型旅游者的喜爱和欢迎。扇子最早称"翣",在中国已有三千多年历史。它起初不是用来纳凉的,而是一种礼仪工具。扇从地位和权力的象征转变为纳凉、娱乐、欣赏等生活用品和工艺品。

中国扇文化有深厚的文化底蕴,是民族文化的一个组成部分,它与竹文化、佛教文化有密切关系,历来中国有"制扇王国"之称。我国扇子花色品种之多,居世界之首,品种主要有折扇、羽扇、绢扇、葵扇、篾丝扇、麦秸编织扇、竹板扇、笋壳扇等。因最早的扇子是用鸟的羽毛制成的,故称为"羽扇"。扇子的"扇"中有"羽"字便源于此。

早期中国扇除了羽扇外,还有圆形的团扇,饰以绢帛,上面有字画。以后出现折扇,便将字画移到纸扇上面了。宋徽宗赵佶曾在扇面上画了"枇杷小鸟";著名画家马远在扇上题了"竹间焚香图";梁凯有"秋柳双鸦图";林桩有"果熟来禽图",均是扇中极品。除了名贵的古人、名人字画扇外,大众化的葵扇、棕榈扇、蒲扇、麦秸扇亦被收藏者所珍视。

中国的扇子中最负盛名的当属苏州的檀香扇。它是用檀香木制成,其木质坚硬。白者白檀,皮腐色紫者紫檀,白檀为胜。有天然香味,轻轻摇,馨香四溢。此扇有"扇存香存"的特点,保存十年八载后,扇起来依然幽香阵阵,沁人心脾。夏令既去,藏入衣箱,还有防虫、防蛀的妙用。檀香扇芬芳馥郁,纤巧玲珑,工艺精美,深受中外女性旅游者的喜爱。

3. 景泰蓝

北京景泰蓝曾经是我们国家引以为豪的国之瑰宝,和福建脱胎漆器、江西景德镇瓷器并称为中国传统工艺"三绝"。据说此种工艺制作始于唐代,明代景泰年间得到较大的发展,因当时的制品多以宝石蓝、孔雀蓝等蓝釉最为出色,故名"景泰蓝"。清末,景泰蓝工艺品在国际市场渐负盛名,在1904年美国芝加哥世界博览会、1915年巴拿马万国博览会上两次获奖。

实际上,景泰蓝是金属铜和珐琅相结合的工艺品。珐琅是用硼砂、玻璃粉、石英等加铅、锡的氧化物烧成像釉子的物质,涂在铜质或银质器物的表面作为装饰,又可防锈。因此,严格说来,景泰蓝应叫"铜胎丝珐琅"。

景泰蓝工艺的艺术特点可用形、纹、色、光四字概括。一件精美的景泰蓝器皿,首先要有良好的造型,这取决于制胎;还要有优美的装饰花纹,这决定于掐丝;华丽的色彩决定于蓝料的配制;辉煌的光泽完成于打磨和镀金。所以,它是融美术、工艺、雕刻、镶嵌、玻璃熔炼、冶金等专业技术为一体,具有鲜明的民族风格和深刻文化内涵,是最具北京特色的传统手工艺品之一。景泰蓝制品绚丽多彩,制作工艺复杂、精细、用料昂贵,成本较高,主要制品有瓶、盘、罐、盒等,以陈列装饰为主。

北京是中国景泰蓝的发祥地,也是最重要的产地。北京景泰蓝以典雅雄浑的造型、繁复的纹样、清丽庄重的色彩著称,给人以圆润坚实、细腻工整、金碧辉煌、繁花似锦的艺术感受,成为驰名世界的传统手工艺品。

4. 陶器

陶器是以黏土为主要原料,经过搅拌、制坯、干燥、烧制而成的日用品和陈列品。陶器分为上釉和不上釉两类,因黏土所含成分的不同而呈现白、青、褐、棕等色。

江苏宜兴陶、广东石湾陶、山东淄博陶、安徽界首陶、河北唐山陶、甘肃天水陶、四川崇宁陶、湖南铜官陶、广西泥兴陶等最为有名。其中,江苏宜兴素有"陶都"之称,陶器的种类有日用陶、细陶、精陶、青瓷等几十大类。宜兴陶瓷中的紫砂陶最为著名,主要品种有壶、杯、鼎、盆、盘、碟等,造型丰富多彩,尤以紫砂茶壶最为出色。紫砂壶有肉眼看不到的小气孔,透气性良好。用紫砂壶泡茶没有化学变化,茶水清醇,令人回味无穷。

5. 瓷器

中国是世界著名的陶瓷古国,从唐代开始,中国瓷器就随着商队远销欧亚各国。从某种意义上讲,世界上许多国家认识中国首先是从认识中国瓷器开始的,以至于许多国家称中国为瓷器之国,直到今天中国的英文写法"China",还留有"瓷器"的含义,足见中国瓷器对世界的巨大影响。

现代瓷器以高岭土、长石、石英为原料,经过混合、成型、干燥、烧制而成,可上釉,也可不上釉,其特点是坯体洁白、细密、音响清澈、断面不吸水。

中国瓷器以青瓷、白瓷和彩瓷为主要品种,代表性的瓷器有江西景德镇瓷器、河南均瓷、湖南醴陵瓷、河北唐山瓷、福建德化瓷等。江西景德镇素有"瓷都"之称,其生产瓷器已有1300多年的历史,经过长期的发展,瓷的质量精良,"白如玉、薄如纸、明如镜、声如磬",堪称绝世精品。其中粉彩瓷、青花瓷、玲珑瓷、薄胎瓷为景德镇"四大瓷器",享誉中外。

6. 刺绣

刺绣是我国的传统手工艺品,已有二三千年的历史,在长期的发展中,中国的刺绣逐渐形成了苏绣、湘绣、粤绣、蜀绣四大名绣。

苏绣是今江苏苏州一带刺绣产品的总称。苏绣绣工精细,针法活泼,图案秀丽,色彩雅致。苏绣历史悠久,相传三国时吴国主孙权的夫人擅长刺绣,手艺精湛,其绣出的五岳、江海逼真精细,被誉为"针绝",苏绣由此兴盛。现代苏绣作品以绸、缎、绢、纱为底,要经过7道工序,拥有43种针法,配用色线多达1 600余种。代表作品双面绣《猫》,将猫的眼、耳、鼻、嘴、须、眉绣得惟妙惟肖,栩栩如生,为表现猫的眼睛,手工艺人根据暗孔受光部位的不同,选择20多种色线,使之极富水晶体的质感,令人真假难辨。

湘绣,湖南长沙一带刺绣产品的总称,起源于长沙近郊的民间。湘绣以国画为基础,章法严谨,构图完美,色彩鲜明,擅绣飞鸟走兽,山水花卉,风格写实,生动自然。湘绣的针法有73种,绣线颜色达800余种,代表作《虎》,所绣虎毛纹刚健直竖,眼球炯炯有神,几可乱真。

粤绣是广东地区的一种民间刺绣。相传粤绣始于黎族织锦,后独立发展为粤绣。粤绣构图丰满,形象逼真,色彩鲜艳,装饰性强,风格特异,代表作为《百鸟朝凤》。

蜀绣是四川成都一带刺绣产品的总称。蜀绣一般以软缎和彩线为主要原料,构图明丽美观。传统针法分12大类,132种,针法严谨,针脚平齐,色泽光亮,有张有弛,浓淡适宜,疏密得体,有水墨写意画的艺术效果。蜀绣题材有花鸟虫鱼、山水人物等,尤以绣鱼最佳。代表作品《芙蓉鲤鱼》,绣工精细,图案明丽,具有浓厚的地方色彩。

有人将中国四大刺绣的艺术特征总结为"苏绣工艺精细,丝缕分明;湘绣情调豪放,明媚秀丽;蜀绣针法严谨,光亮平齐;粤绣色彩艳丽,风格特异"。可见四大名绣风格各异,各具千秋。

7. 其他特种工艺品

其他特种工艺品,如水晶制品、玉石器件、高级漆器等,也是我国珍贵的特种手工艺品,深受广大旅游者的喜爱。

(二) 民间工艺品

民间工艺品是民间艺人用较低廉的原料,按照自己的生活方式、审美习惯、特殊的生产手法生产出来的具有浓郁地方特色、民族特色,充满装饰性和趣味性的旅游纪念品。民间工艺美术品种类繁多,常见的有剪纸、泥塑、面塑、风筝、花灯、竹编、草编等。

1. 剪纸

剪纸作品广泛流传于民间,作者多为农家妇女,所表现的题材也都是她们最称心、最关心、最向往的事物,如家禽、花鸟、农作物、鲤鱼、娃娃、吉祥图案、戏曲故事、京剧脸谱等,是其内心的情感、理想、爱慕、祝福等心理活动的外在表现。剪纸作品可分为窗花、门笺、墙花、顶棚花、灯花、喜花等不同的种类,具有不同的功用。这种民俗艺术的产生和流传与中国农村的节令风俗有密切关系,逢年过节,抑或新婚喜庆,人们把美丽鲜艳的剪纸贴在雪白的窗纸或明亮的玻璃窗上、墙上、门上、灯笼上,节日气氛便被渲染得非常浓郁、喜庆。剪纸的内容很多,寓意很广。祥和的图案企望吉祥避邪;娃娃、葫芦、莲花等图案象征多子,中国农民认为多子便会多福;家禽、家畜和瓜、果、鱼、虫等,因与农民生活息息相关,也是剪纸表现的重要内容。

作为民间艺术的剪纸,具有很强的地域特点:陕西窗花风格粗朴豪放;河北和山西的剪纸秀美艳丽;宜兴的剪纸华丽工整;南通的剪纸秀丽玲珑。剪纸虽然制作简便,造型单纯,由于其能够充分反映百姓的生活内涵,具有浓郁的民俗特色,是中国农村众多民间美术形式的浓缩与夸张。从对剪纸的了解中,可以便捷地了解中国民间美术的其他方面。国家级的非物质文化遗产——潮阳剪纸是民间艺术的一枝奇葩,不仅有中原文化的古朴,也有南方海洋文化的秀丽灵动。其原生态的传统民间装饰图文、纯手工的制作使其深受赞誉,曾被西安美术学院教授程征称为在中国剪纸中艺术造诣达到"珠穆朗玛峰水平"。

2. 泥塑

中国泥塑艺术源远流长,唐代以前泥塑多为庙宇内的神佛及陵墓陪葬品;宋代以后,民间泥塑玩具渐趋繁兴,出现了大量的泥人、泥哨、泥动物、泥挂饰等。中国泥塑写实者细腻动人,呼之欲出;夸张者恰到好处,神情毕肖,多蕴涵深厚的民间文化,体现民众的心理状态和审美观念,是深受海内外人士喜爱的集观、赏、玩、收藏于一身的旅游纪念品。

中国泥塑的著名品种有天津的"泥人张"、惠山泥人、凤翔泥玩具、山东高密泥人、北京泥人"兔儿爷"、潮州彩塑等。天津"泥人张"父子相传,自清朝创始至今已相传四代,有150余年的历史。历代"泥人张"的作品皆善于表现文学题材及现实生活中的人物,并写实而重神情,形成"泥人张"的独特风格。"泥人张"的作品远近闻名,多被国家和个人收藏。无锡惠山泥人在清代就负有盛名,尤以王春林的泥人最具特色。惠山泥人分为两大类,一类是手捏戏曲人物,称"细货",另一类是用模具印坯批量生产的"粗货"。代表作"大阿福"是惠山泥人中最具特色的代表作品。

3. 面塑

面塑,俗称面花、礼馍、花糕、捏面人。它以糯米面为主料,调成不同色彩,用手和简单工具,塑造各种栩栩如生的形象。旧社会的面塑艺人"只为谋生故,含泪走四方",挑担提盒,走乡串镇,做于街头,深受群众喜爱,但他们的作品却被视为一种小玩意儿,是不能登上大雅之堂的。如今,面塑艺术作为珍贵的非物质文化遗产受到重视,小玩意儿也走入了艺术殿堂。捏面艺人,根据所需随手取材,在手中几经捏、搓、揉、掀,用小竹刀灵巧地点、切、刻、划,塑成身、手、头面,披上发饰和衣裳,顷刻之间,栩栩如生的艺术形象便脱手而成。

我国的面塑,以山东菏泽面塑最为著名,艺人李俊兴善捏福、禄、寿"三星",麻姑献寿等。李俊福善塑"七侠五义"、"杨家将"等戏曲人物,皆惟妙惟肖,形神兼具。经过面塑艺人长期摸索,现在的面塑作品不霉、不裂、不变形、不褪色,因此,为旅游者所喜爱,是馈赠亲友的纪念佳品。外国旅游者在参观面人制作时,都为艺人娴熟的技艺、千姿百态、栩栩如生的人物形象所倾倒,交口赞誉,称德志面塑为"中国的雕塑"。

4. 风筝

风筝也是我国独特的民间工艺品,它是一种玩具,在竹篾等的骨架上糊纸或绢,拉着系在上面的长线,趁着风势可以放上天空。风筝源于春秋时代,至今已 2000 余年。相传"墨子为木鹞,三年而成,飞一日而败"。到南北朝,风筝开始成为传递信息的工具。从隋唐开始,由于造纸业的发达,民间开始用纸来裱糊风筝。宋代,放风筝成为人们喜爱的户外活动。宋人周密的《武林旧事》写道:"清明时节,人们到郊外放风鸢,日暮方归。""鸢"就指风筝。北宋张择端的《清明上河图》,宋苏汉臣的《百子图》里都有放风筝的生动景象。当今,中国放风筝活动,在对外文化交流,加强与世界各国人民友谊,发展经济和旅游事业中发挥着重要作用。以北京、天津、潍坊三地的风筝最为有名。北京的风筝讲究彩绘,粗细有致,具有帝都本色;天津的魏元泰被称为"风筝魏",具杨柳青年画特色;潍坊的风筝则取杨家埠年画之长,色彩鲜艳,图案简练,笔法细致,形态逼真,有蝴蝶、金鱼、蟹、飞马、仙鹤、飞机等形式。

5. 花灯

花灯,又名"彩灯","灯笼",是中国传统农业时代的文化产物,兼具生活功能与艺术特色,盛产于江苏、北京、上海、福建、广东、安徽等地,是用来烘托婚寿喜庆气氛的工艺美术品。花灯是汉民族数千年来重要的娱乐文化,它酬神娱人,既有"傩戏"酬神的功能,又有娱人娱乐的价值,是汉民族民间文化的瑰宝。花灯起源于汉武帝时期于农历正月十五日在皇宫设坛祭祀当时天神中最尊贵的太一神,又彻夜举行,必须终夜点灯照明,此为元宵节点灯的开端;在佛教自印度传入中国后,由于道教神仙术与佛教燃灯礼佛的虔诚互相结合,每到正月十五之夜,城乡灯火通明,士族庶民,一律挂灯,形成一个中西合璧的独特习俗。元宵节是中国传统的灯节。每到这时,各式花灯高悬街头,五彩缤纷。胜芳花灯多以亭台禽鱼虫花卉的题材制作。以染色纸缀以各色华丽细条制成,鲜艳夺目。

此外,一些主要具有实用价值的生活用品如绣花枕套、台布、玻璃制品、茶具、筷子,等等,在一定意义均可成为旅游纪念品。

二、中国旅游纪念品的特征

虽然中国旅游纪念品的种类繁多,功能各异,但从总的方面看,其特点是鲜明的,具体表现在纪念性、民族性、地方性、艺术性、材质美、实用性和收藏性等方面,具体分述如下:

(一)纪念性

旅游者在旅游过程中除了获得身临其境的感受,寻求心理和精神上的满足外,一个重要的动机便是购买具有纪念意义的旅游纪念品。这是因为,旅游纪念品是旅游者游览活动的延伸与继续,是旅游者旅游印象的物化。精美的旅游纪念品,能使旅游者反复回忆起美好的旅游经历,对旅游经历和感受留下永久的纪念。

纪念性,是旅游纪念品所具有的能够显示旅游所在地的某种特征,而在时过境迁后又能引起游客美好回忆的属性。到桂林旅游,购买以桂林山水为内容的山水画、工艺扇;到西双版纳旅游,购买文化衫、红木大象、蜡染制品;到西藏旅游,购买藏刀、唐卡;到敦煌旅游,购买反弹琵琶雕像、"马踏飞燕"复制品;到西安旅游,购买"兵马俑"雕塑、碑林拓片;到北京旅游,购买长城的塑像、天坛的模型,等等,每一样纪念品都是一次旅游经历的美好回忆和心灵的无限激动。因此,纪念性是旅游纪念品的一个最基本的重要特征。

(二)民族性

民族的东西是独特的,文化的流传是久远的。人们外出旅游的一个重要动机便是欣赏不同的自然景观和风格各异的人文景观,体验一种别样的感受,寻求一种别样的心情。为了将旅游过程中这种对异质文化留恋珍藏到永远,人们外出旅游总是愿意购买那些有民族特色的纪念品,以便将来睹物思情,寻求精神愉悦。因此,民族性是旅游纪念品的另一重要特征。同理,旅游纪念品之所以能吸引旅游者,也必须突出民族性的特征。因为具有浓郁民族风情的旅游纪念品往往是本民族深厚文化的外在表现。

通过具有浓厚文化底蕴的民族旅游纪念品来认识该民族的文化和历史,认识该民族的理想和追求,是认识和理解一个民族的重要途径。苏格兰的短裙、风笛、苏格兰威士忌;俄罗斯的套娃、布拉吉、咖啡炉;墨西哥的宽边草帽、披风、干辣椒、仙人掌;中国的丝绸、瓷器、字画等,都是具有浓郁民族特色的旅游纪念品。欣赏、收藏这些异彩纷呈、别具特色的不同民族的旅游纪念品,如同徜徉在绚烂多姿、魅力无穷的民族文化之中,令人赏心悦目,神情荡漾。

(三)地方性

旅游纪念品具有明显的地方特征。俗话说"五里不同风,十里不同俗","一方水土,养一方人"。中国旅游纪念品,就其分布而言,也呈现一定的地域性特征。如无锡的"大阿福"泥塑、天津的"泥人张"、北京的"兔儿爷";广东、上海、北京的象牙雕刻;北京、天津、潍坊的风筝;福建、贵州、扬州的漆器;浙江青田、福建寿山、广西东兴的石雕。其他如浙江东阳的木雕,吉林的根雕,酒泉的夜光杯,张小泉的剪刀,铅山的竹编,杨柳青的年画、博山的内画壶、潮州的麦秆贴画、芜湖的铁画等,都因具有浓厚的地方特色而深受中外旅游者的喜爱。

(四)艺术性

旅游纪念品的艺术性,突出地表现在形式美和内容美两个方面。旅游纪念品的形式美主要体现在造型美和装饰美上。旅游纪念品一般都重量较轻,体积不大,包装轻巧,便于携带。为吸引旅游者,无论是特种工艺品,还是民间工艺品,都根据实用和审美的需要,在生产时在造型上进行了精心的设计和加工,或是古色古香、凝重刚健;或是挺秀相间、天趣盎然;或是仪容富丽、饱满端庄;或是新颖别致、精巧奇特,都美观大方,优美诱人。因此,造型优美、奇特是旅游纪念品的最基本特征,失去艺术性,旅游纪念品也就失去了存在的意义。虽然旅游纪念品的感情色彩较朦胧,不要求具体再现生活的功能,但由于旅游纪念品在形式上作了一定的审美处理,使这种感性形式成为人们情感的直接肯定,体现出作者的情感、意志,并反映出一定的哲理,在潜移默化中影响着人们的感情和思想,在一定程度上体现出内容之美。

（五）材质美

材质之美，是旅游纪念品的另一显著特征。在一定意义上讲，某种旅游纪念品是否能达到最佳的审美效果，是否能对旅游者产生巨大的吸引力，完全在于所选用的材料，因为特殊材料才能产生特殊功效。一般而言，水晶、玛瑙、翡翠、玉石、宝石、金银给人一种高洁、富丽、华贵的美感；陶器具有质朴无华、凝重古拙的美感；瓷器具有洁净明快、晶莹剔透的美感；玻璃制品具有亮丽透明、典雅高贵的美感。无论是和田的玉雕、连云港的水晶刻雕、青田的石雕、黄杨的木雕、抚顺的煤雕、大连的贝雕，还是邵阳的竹刻、大方的漆器、芜湖的铁画、傣族的竹编、东莞的黄草编、济南的羽毛画、福州的软木画，均以材质取胜。旅游纪念品材质上的这种得天独厚的审美特征，加上精巧高超的工艺制作，使其锦上添花，成为美妙绝伦的稀世珍品。

（六）实用性

实用性，是指旅游纪念品具有的使用价值。对于旅游者而言，这是十分重要的，许多旅游者在购买旅游纪念品时都看中其实用价值，以便作为玩赏和馈赠之用。纯欣赏的旅游纪念品对旅游者来说，所激起的购买欲望，至少会减半，只有将实用性与艺术性巧妙地结合在一起，才能吸引更多的购买者，即所谓的"好看，适用"，这是旅游纪念品设计和生产的一个重要原则。当然，并不是所有的旅游纪念品都具有实用性，有些旅游纪念品因实用性的丧失或被隐藏起来，渐渐失去了实用功能，而成为纯粹审美意义上的旅游纪念品。但就大多数旅游纪念品来说，仍具有实用价值，有些更是以实用价值为主的，如旅行箱包、旅游鞋帽、手杖、风雨衣、钱包、服装、中药材、小玩具等。

（七）收藏性

"前天的珍品是昨天的文物，今天的珍品是明天的文物"，"盛世收藏兴"。随着人们生活水平的逐步提高，对收藏的兴趣也越来越大。20世纪80年代，我国以集邮、集币为先导的收藏热异军突起，90年代迄今的古玩艺术品收藏又显示出前所未有的高潮势头。在这盛世收藏热的过程中，高质量、高水平、高艺术性的旅游纪念品纷纷被列在争购的对象之列。因此，旅游纪念品的收藏性特征是较明显的，也是旅游纪念品开发中必须予以高度重视的问题之一。

第三节 中国旅游纪念品的文化内涵

旅游纪念品的开发不仅仅是一个技术的、经济的过程,更是一个人类文化的承袭、积累、延续和创新的过程。一件优美的旅游纪念品在满足一定的物质功能的同时,还应该突出民族的、地区的文化特点,并反映旅游者的主观嗜好、情感、理想、追求,符合旅游者的审美意识,才能对旅游者产生巨大的吸引力,旅游者也愿意出比制作成本高出几倍甚至十几倍的价格来购买。因此,文化因素在旅游纪念品中占有重要的作用,从一定意义上讲,文化是旅游纪念品的灵魂和生命。实践证明,旅游纪念品的文化特征越鲜明,文化品位越高,文化含量越大,它的功能、价值也就越高,对旅游者的吸引力越大,所创造的经济效益也就越大。

旅游纪念品鲜明的地方和民族文化特色,是旅游者购买的主要因素。因此,要改变我国旅游纪念品开发过程中缺少特色,产品雷同;粗制滥造,缺少精品;档次低下,缺少品牌;包装形象较差,附加值低;文化含量低,竞争力差等弊端,就必须充分发掘旅游纪念品的文化因素和文化底蕴,满足旅游者在购买旅游纪念品时更深层次的精神需要。旅游纪念品的文化内涵应包括以下几个方面。

一、地方性和民族性的文化显现

旅游纪念品的文化内涵主要体现在其所蕴涵的地域特征和民族风格上。就各旅游地而言,其地域特征与民族风格是该地区、该民族历史文化长期集聚和积累的结果,往往为本地区和本民族所独有,具有极强的垄断性,其他民族和地区很难模仿,这是本民族和本地区旅游纪念品的独特魅力所在。

就民族风格而言,旅游纪念品只有体现出不同民族的特征,才能深受旅游者的欢迎。各民族由于其居住环境、生产方式、生活方式的差异,形成了多元的民族文化,丰富的民族文化为民族地区旅游纪念品开发、设计提供了资源优势。

民族文化内涵是旅游纪念品的市场核心竞争力,缺乏文化特色的旅游纪念品难以在市场竞争中取胜。而将文化创意元素有效地融入民族地区旅游纪念品开发,必定有利于凸显旅游纪念品的民族特色。这是由于:一方面,民族文化外显于少数民族生产工具、生活用品、服装饰品上;另一方面也内隐于少数民族的生活习俗、价值取向和精神生活中。

旅游纪念品开发,能够从外显或内隐的民族文化中提炼有价值的民族建筑、民族器物、民族文字、民族餐饮、民族歌舞、民族宗教、民族传说、民族习俗及价值取向等有形的或无形的民族文化创意元素,使之凝结于旅游纪念品物质载体,必将凸显旅游纪念品的民族特色,活跃旅游购物市场。[①] 以加拿大为例,该国有着丰富的枫叶资源,枫叶也最能体现加拿大浓郁的民族特色。因此,加拿大专家便以当地的枫叶为原材料,设计、生产了许多别具特色的旅游纪念品,深受各国旅游者的欢迎,如今,枫叶已成为加拿大的象征。以中国为例,无论是傣族的筒裙、维吾尔族的四楞小花帽、藏族的转经轮、满族的旗袍等都因具有独特的民族文化内涵而对旅游者产生强大的吸引力。

就地域特征而言,旅游纪念品只有体现出不同的地域特征,旅游者才愿意购买。非洲的木雕,形象怪异、独特而神秘,具有强烈的地域特征,不但登上国内外博物馆等艺术殿堂,也成为最受各国旅游者喜欢的旅游纪念品。景德镇是中国古代四大名镇之一,其悠久的陶瓷历史,千年不断的窑火,灿烂的陶瓷文化,珍贵的陶瓷古迹,精湛的制瓷技艺,驰名世界的陶瓷产品,构成独特的旅游资源。四大传统名瓷青花瓷、青花玲珑瓷、粉彩瓷、颜钯釉瓷更是久负盛名。独特的陶瓷文化使景德镇早在20世纪20年代就被美国发行量超过千万份的权威杂志《国家地理》称为"最古老的世界瓷器中心"。自宋代起,景德镇的瓷器便源源不断地通过海上"丝绸之路"("瓷器之路")和陆上"丝绸之路"输往各国,赢得了较高的赞誉,直到今天,景德镇瓷器仍是许多外国旅游者乐于购买的旅游纪念品。

旅游纪念品最重要的特性在于它的纪念意义,旅游者在选购旅游纪念品时,首先要考虑的是购物地点,希望在产地或具有纪念意义的地方

---

① 钟洁,刘兴全.基于文化创意的民族地区旅游商品开发研究.乐山师范学院学报,2011(12):64.

购买自己喜欢的旅游纪念品,只有这样,才能唤起旅游者对旅游和旅途的美好回忆。因此,把地域文化特色和民族文化特色与旅游纪念品本身所要表现的题材、所用的材料、制作工艺、实用功能、包装装潢等因素有机地结合起来,应是旅游纪念品创新开发的总的原则。

二、品牌意识和精品意识的文化诉求

长期以来,中国旅游纪念品开发中一个严重的问题是,质量意识不强,制作粗糙,花色单一,品种单调,难以引起旅游者的购买兴趣和购买欲望。因此,在发掘旅游纪念品的文化内涵时,我们应着重突出品牌意识和精品意识。

通俗地讲,品牌就是产品的牌子,就像人的姓名一样,实际上,品牌是一种概念,"是消费者在相关信息影响下,对产品、服务或空间范围形成的综合概念"。迪斯尼公园和观光地公司董事长保罗·普莱斯勒认为,旅游名牌具有十大特征,即它能垄断人的思想,是行业中先知先觉的领导者,具有人类的面孔,有时间韧性,富有历史和传统,提供有意义的情感报偿,贴近消费者,不忽视细节,突出独特的识别标志,寻求同其他知名品牌的合作。① 品牌是未来旅游业竞争的关键,在一定意义上讲,只要有产品,有市场竞争,就需要品牌,并且随着竞争的加剧,品牌的作用将会越来越重要。同理,品牌对旅游纪念品的开发具有重大影响。有人曾经问过北京、上海、深圳等地旅游界的官员、学者,请他们讲出其熟知的旅游纪念品牌,结果无一例外地首先说出美国迪斯尼乐园的米老鼠和唐老鸭。而中国至今也没有一个鲜亮的旅游纪念品品牌,以致早些年一些外国旅游者批评说:"中国是一个没有旅游纪念品的国家,北京是世界唯一没有旅游纪念品的首都"②。话虽有些偏激,但却切中要害。因此,中国旅游纪念品的开发应树立品牌意识,实施品牌战略,调动旅游企业和策划人员的积极性,加大资金投入,全力创造中国旅游纪念品的知名品牌。可喜的是,中国旅游纪念品的品牌化追求,已经有了良好的开端。甘肃康辉国际旅行社创办的康辉塞纳河文化艺术世界,即是一个文化品牌专卖店,其装修清雅,注重无柜销售,通过灯光、展柜、文字引言

---

① 中国旅游报.2001-5-28.
② 高爱民,张汝昌,叶立雯.旅游购品经营概论.北京:中国社会科学出版社,1991.

等将旅游纪念品的内涵和附加值表现出来。旅游团队在专卖店可以休息,看甘肃旅游风光掠影,听敦煌古乐,让人细细品味、玩出旅游纪念品的内在蕴涵,使整个购物过程变成一个精神享受的过程,对旅游者产生了强烈的吸引力。

中国对本土旅游纪念品的质量意识较差,多为小手工作坊生产,粗制滥造,档次较低,缺乏特色。许多旅游景点的旅游纪念品虽然为数众多,琳琅满目,但缺乏精品,雷同较多,如果把各地刻有"××留念"字样的纪念币、纪念章、钥匙链、手表、小贝壳,以及印有景点代表图案的书签、扇子、手绢、明信片等放在一起,除了景点名称、景象图案有别之外,很难看出它们有什么区别,并且多数旅游纪念品做工粗糙,工艺水平较低。面对质量欠佳的旅游纪念品,很多资深旅游人士很是无奈,不无感慨地说,如果一个旅游纪念品的制作水平能让他们摆在办公室有装饰作用,摆在家里有纪念意义,那么他们肯定会毫不犹豫地购买。可惜的是目前市场上具有这样制作工艺的纪念品寥寥无几。从旅游纪念品的销售行情看,无论是外国旅游者,还是国内旅游者,其真正喜欢的还是那些特色鲜明、有一定档次、经济实惠的高质量旅游纪念品。而这样的旅游纪念品,不仅限于纪念品本身,它应该是一个"整体",既包括产品,又包括包装。一件好的旅游纪念品,绝对不可缺少好的包装。精美的包装不仅可以满足旅游者的审美要求,而且是增加附加值的手段和提高旅游纪念品档次的方法。日本人相当重视对纪念品的包装,以至于有的纪念品,其包装价值远远超过了纪念品本身的价值,使许多到日本旅游的旅游者往往仅凭包装就决定购买旅游纪念品。而我国许多地区则不重视旅游纪念品的包装,只强调所谓的货真价实,结果造成"一等货色,二等包装,三等价钱"的尴尬局面。因此,中国的旅游纪念品要提高质量必须重视包装,不但要保护好旅游纪念品,便于旅游者携带,还要不断扩大包装的功能,诸如产品的中外文说明书、制作厂家、性能、使用方法、联系方式、生产日期、开发产品的历史典故、故事传说,以及"收藏证"、设计制作者的签名,等等,均可包括在旅游纪念品的包装范围,从而成为旅游纪念品的一个不可缺少的部分。

在一定的情况下,旅游纪念品的销售环境也往往成为旅游纪念品的精品意识的一部分。一位作者在赴海南三亚参加一次旅游研讨会时发现,"在富丽堂皇的酒店大堂,一个充满浓郁海南少数民族风情的服装店像一个美丽的港湾一样平静地呈现在大众面前。这间店极具特色的POP设计首先吸引了我。当我步入该店时,一个身着色彩斑斓的当地民族服装的女店员亲切地向我打着招呼,热情地介绍该店的服装。经了解,这些受过训练的店员均为该服装厂派出,该店除了正常销售的服装外,还为游客们准备了一些精美的旅游地图、旅游指南,甚至小小的旅游纪念品的包装纸等。笔者最后惊奇地发现,这间小小的服装店无论从POP设计、服务人员着装、产品说明书的设计、摆放、店面的美化和个性化设计,还是服装品牌标志、营销口号、招贴画、小巧的礼品袋,甚至店员亲切自然的服务态度和敬业精神均堪称一流的专业水准,厂家独具匠心的苦心经营和超凡的服务意识让人赞不绝口"①。为此,中国旅游纪念品要满足广大旅游者的需要,扩大销售量,必须注重精品意识。

三、工艺性和美术性的文化价值

旅游纪念品要对旅游者产生吸引力,使旅游者人见人爱,产生购买的欲望和冲动,必须具有工艺美术性,即艺术性,给人美的刺激和感受。虽然旅游者由于各自的修养程度、文化水平、生活习惯等的不同,在审美情趣上存在着较大的差异,但人们对旅游纪念品总的审美要求是美、好看、漂亮。一件旅游纪念品的艺术价值,不论其内容和形式如何,都会在自己的艺术圈子内和各自的框架标准内,在艺术上给人以强烈的感染力。

艺术有雅俗之分,讲究雅俗共赏,旅游纪念品尤其如此。旅游纪念品是一种高品位的艺术品,又是一种文化性的大众化消费品,如果不顾普通百姓的审美标准和审美感受,一味地强调高雅,过于强调专业化和艺术化,必然会高处不胜寒,远离旅游。要将高品位的文化、艺术资源变为旅游纪念品的产业优势,关键在于转化,即将高品位的艺术品大众化,把艺术资源还原给寻常百姓,让高雅的艺术品走进人们的生活审美和旅游纪念消费之中。

旅游纪念品作为具有特定功能和意义的商品,人们所看重的是赋予

---

① 苏洪宇.为何旅游纪念品发展裹足不前? 中国旅游报,2001-6-18.

它的精神内涵以及它的审美价值。纪念品的审美价值是通过其外在形态给人以赏心悦目的感受,唤起人们的生活情趣和价值体验,使它对人更具有亲和力。旅游纪念品的审美价值表现应与地方文化特色相协调,围绕实用和认知功能来展开,并最终通过对它的设计来获得。它们以美的外形、结构和色彩向大众传播审美信息,满足、激发他们的审美需要,并促使审美需要变为消费需要。人们需要越来越多的新纪念品,这不仅为了纪念品的新属性,还为了满足审美的需要。

制作精美的旅游纪念品,不仅给游客留下赏心悦目的感觉,还能使游客的亲朋好友对旅游地形成良好形象,并有一个初步的认识;而制作粗劣的旅游纪念品不但无法激发旅游者的消费欲望,同时也会损害对旅游地的形象,对本地的旅游品牌造成不良的影响。[1] 在这种观念的指导下,甘肃康辉国际旅行社塞纳河敦煌文化创意工作室的设计者们,不是简单地临摹与复制,而是站在现代文化的背景上,以现代人的眼光重新审视敦煌艺术,创造出以敦煌为主题的陶艺作品——"梦里敦煌",获得了极大的成功,它浓缩了康辉人对敦煌艺术的全部理解,成功地表达了康辉设计者的创作理念。如今"梦里敦煌"已成为甘肃敦煌文化的传播者。他们设计的敦煌书法壁画雨伞更是一件匠心独运、精美绝伦的艺术珍品,在雨天,雨伞就是一道亮丽的敦煌艺术风景线,许多人在欧洲、在美国、在日本打着敦煌书法壁画雨伞,外国人惊叹地回头看,并追上来问,能不能卖给他。[2] 可见旅游纪念品艺术价值的巨大吸引力。

四、历史性和传承性的文化载体

旅游纪念品的特色即其深刻的文化内涵。一件好的旅游纪念品就是特色和文化内涵的"载体",在一定程度上反映一定的历史事件,也反映某一历史名人,因而对广大旅游者具有强烈的吸引力。我国有不少旅游纪念品均有悠久的历史,千百年来代代相传,成为历史的承载和见证,并使古老的文化传统得以延续和发展。以景德镇的"四大名瓷"为例,青花瓷创始于元代,取"苏麻离青"波斯料而成,其彩于釉下,呈翠蓝色

---

[1] 徐晓婷.试论设计产品的流行与审美——以旅游纪念品设计为例.电影评介,2008(14):87.

[2] 新世纪我们怎样开发旅游商品? 中国旅游报,2001-1-1.

画面,色调幽雅,朴素庄重,被誉为"人间瑰宝"。到明代独创了"宣(德)青凝重,成(化)青雅致,嘉(靖)青幽情"的不同风格,有"墨分五彩,幽靛雅致"之称。清代康、雍、乾时期,青花瓷器型复杂,装饰更加丰富起来。颜色釉瓷是从商代青黄陶彩发展而来,于明代创制的釉质含有不同氧化物变的颜色釉瓷,其釉面鲜艳夺目,五光十色,放射出宝石般的光辉,被誉为"人造宝石"。如今,景德镇不仅继承了传统的颜色釉优良品种,并创造出多种窑变,结晶釉和色釉加彩,色釉堆花等新产品,集名贵颜色釉工艺之大成。其他如粉彩瓷和青花玲珑瓷,也都因拥有深沉的历史文化积淀而备受世人瞩目。

任何旅游纪念品都是人工或是机械制造的产物,因此,人的因素在旅游纪念品的生产和制作中具有重要的影响,并且许多著名旅游纪念品往往和其创造者或历史名人联系在一起,"名人效应"成为旅游纪念品最重要的附加成分和价值之一。以天津的"泥人张"为例,创始人张明山(1826—1906)8岁随父制售泥玩具,18岁成名。他除研习制作技艺外,还广泛涉猎书法、绘画,交结文人大家,致使其素养深厚,作品不凡。代表作有"渔樵问答"、"木兰从军"等。其作品重写实,善抓典型神态,姿态、眼神惟妙惟肖,多次在巴拿马赛会及南太平洋博览会上获奖。外国人纷纷出重金争购其作品,或私藏或置于博物馆。第二代传人张玉亭(1863—1954)在其父写实的基础上加以归纳夸张,以"动"见长,其代表作"钟馗嫁妹"为国家一级文物,现存于天津艺术博物馆。第三代传人张景祜(1891—1967)善于捕捉和表现生活中各种人物的性格特点,创作了"选花布"、"泼水节"等有影响的作品。第四代传人张昌为'92中国友好观光年创作了吉祥物。其他如张小泉剪刀、王春林的惠山泥人、天津的风筝魏、李俊兴和李俊福的面塑等都和历史名人紧密相关,具有深厚的文化内涵。如今,名人、名企、名牌、名产是通常的"四名效应",其中名人应是首位的。除了古代的名人外,工艺界的工艺美术大师、高级工艺美术师、卓有成就的工艺美术专业技术人员,以及著名的老艺人都是当代的"名人",他们的许多作品都是具有很高艺术价值的精品之作,对旅游者具有很强的吸引力。因此,我们亦应充分调动他们的积极性,广泛宣传他们,树立名人形象,进而提高旅游纪念品的档次、水平和知名度,增强竞争力。

思考与练习

1. 如何分析旅游纪念品的地位和影响?
2. 如何对旅游纪念品进行分类?
3. 旅游纪念品有哪些特征?
4. 旅游纪念品的文化内涵有哪些?谈谈你对旅游纪念品文化内涵的理解。

第十章 中国旅游文化传统

引言

"哎,我说,大家暑假最想去哪儿玩儿?"大刘在"卧谈会"上甩出了这个话题。

"'上有天堂,下有苏杭',这已家喻户晓。连外宾都知晓。我去苏杭,我去苏杭。"燕子小李抢先回答。

"嗨,你那地球人都知道。"大刘评价说。(乐成一团。)

"那听说过,杭州的西湖美景,'浓妆淡抹总相宜'么?"正在看书的小张,扶扶眼镜,从书上抬头说。

"呵,西湖,确实使人陶醉,流连忘返。"引起一阵畅想。

"西湖有老十景:'苏堤春晓,双峰插云,平湖秋月,南屏晚钟,三潭印月,花港观鱼,柳浪闻莺,曲院风荷,雷峰夕照,断桥残雪。'知道什么叫'雷峰夕照'不?"另一室友,抛出选项,又提出疑问。

"嗯嗯,西湖还有新十景:'虎跑梦泉,玉皇飞云,满陇桂雨,龙井问茶,黄龙吐翠,云栖竹径,吴山天风,九溪烟树,宝石流霞,阮墩环碧。'呢!"

"对对,现在,西湖又有新十五景,新三十六景……"

争论声,此起彼伏。卧谈会,渐入高潮。而大家所畅聊的,无非是关于名胜的人文事迹。实际上,人文事迹是山水的魂魄,是自然的精华,是名胜的根由,中国旅游文化几乎所有层面都是围绕着"人"这一中心展开和汇集起来的。

围绕旅游文化传统这一主题,本章将主要讨论中国旅游文化重人的传统、重文的传统、尚古的传统、崇尚自然的传统、附会的传统、重视"游道"的传统,并分析各自的成因,以及对现代旅游活动的影响。

本章学习目标
- 了解中国旅游文化传统及其习俗。
- 掌握重人与重文的传统。
- 尚古与崇尚自然传统。
- 附会与重视"游道"传统。
- 熟悉中国古代传统旅游习俗的几种形式。

第一节　中国旅游文化的重人与重文传统

传统,即一脉相传或世代相继不断的系统,它是指历史上传承下来的具有根本性的模型、模式、准则的总和。旅游文化传统是伴随人类旅游活动而产生的,对旅游活动或旅游现象产生重大影响的内在文化因素。中国文化源远流长,在数千年的发展中沉淀了深厚的旅游文化传统,提炼和吸取其中的精华有助于在我国现代旅游发展中建设富有民族特色的旅游文化。

一、重人传统

中国旅游文化的重人传统,表现在古人对自然界山水景观多采取欣赏的态度,将审美主体放在主要的位置,认为凡是被称为风景名胜区的地方一定是因为它和名人之间有千丝万缕的联系,而不太看重其自身的特色。

中国古代重人的思想、尤其哲学渊源,建立在元气化生万物、人乃万物之灵的唯物主义认识的基础上。中国古人坚信,名山大川乃宇宙间的灵气所充,而人系高质量的灵气凝结所致,为万物之灵。由此,在中国古代形成了重人的旅游文化传统。

（一）"山以贤称,境缘人胜"

名人是旅游景观成名的重要因素。一般来讲,山水景观只要能和帝王将相或文人墨客扯上联系便足以声名大振,遐迩闻名,正如柳宗元所言:"夫美不自美,因人而彰。兰亭也,不遭右军,则清湍修竹,芜没于空山矣。"(《邕州柳中丞作马退山茅亭记》)当然,因名人的因素而使景观成名的类型和事例很多,不胜枚举,现择其要者,仅介绍以下三种形式。

1. 因名人作品而成名

"山水借文章以显,文章亦凭山水以传",自然山水依靠文人的题咏而声名鹊起,文人的艺术作品也因山水而代代相传。长江三峡为中国十大景观之首,令人流连忘返、叹为观止,其所以驰名中外、声名远扬,当归功于北魏郦道元在《水经注》中对三峡秀丽景色的着力描摹:"春冬之时,则素湍绿潭,回清倒影。绝巘多生怪柏,悬泉瀑布,飞漱其间,清荣峻茂,良多趣味。每至晴初霜旦,林寒涧肃,常有高猿长啸,属引凄异。空谷传响,哀转久绝。"面对如此神秘而又美妙的人间仙境,相信每个读罢此段文字的人都会因此而怦然心动,油然而生一种先睹为快的企盼之情。

2. 因历史事件而成名

历史事件的发生也是景观成名的重要因素之一。以帝王泰山封禅为例,自秦皇汉武始,历代帝王莫不争往封禅,勒石刻碑,以传功德于后世。汉武帝在其执政的53年中,一共进行了各种形式的巡幸、封禅、游历达30多次,"足迹遍及荆、扬、淮扬,会大海气,以合泰山……上天见象"。其他如光武帝刘秀、唐高宗李治、女皇武则天、唐玄宗李隆基等都曾来泰山封禅,就连积贫积弱的北宋真宗也利用"澶渊之盟"后的短暂喘息之机来巡游泰山。因此,从一定意义上来讲,正是帝王们的封禅活动才成就了泰山"五岳独尊"的美名。

3. 因名人游览地或生卒地而成名

名人的游览地或生卒地也是景观成名的因素之一。湖北宜昌的三游洞之所以有名,除了"斯境胜绝"之外,更重要的是因为先后两次有三位著名的文人曾经结伴同游此洞,留下了珍贵的诗词佳作。据白居易《三游洞序》与清人刘大的《游三游洞》记载,唐元和十四年(819)三月十二日,诗人白居易、白行简兄弟与友人元稹三人同游该洞,饮酒赋诗,三游洞由此得名。宋嘉祐元年(1056)冬,文学家苏洵、苏轼、苏辙父子三人,慕名游览三游洞,赋诗唱和,留下一段佳话。故后人有"前三游"、"后三游"之称。

（二）名人名景，等差有致

一般而言，按照历史名人对历史所起作用的大小，将其分成若干不同的等级，形成所谓的"历史名人级差"。利用历史名人的不同级别可获得不同的经济和社会效益，级差越大，知名度越高，效益越好；级差越小，知名度越低，效益越差。因此，名人知名度的大小直接关系到旅游景观知名度的高低、旅游吸引力和旅游价值的大小。

封建帝王作为封建社会最有权力和声望的"名人"，他们游览过的景观知名度也要比同类景观的知名度大得多。历史上封建帝王的巡狩和游历活动曾经造就了中国历史上诸多独一无二、独具魅力的旅游胜地和旅游线路，如乾隆皇帝下江南的"壮举"，不但使大运河的观光旅游声名远扬，更使苏州和杭州成为众多游人为之向往的"人间天堂"。除了帝王以外，著名文人对于景观成名及其级别高低也具有重要的作用。山东曲阜因诞生了儒家学派的创始人——孔子，这一世界级文化名人而被称为"东方圣城"自不必细说。单以黄州赤壁为例，其所以能以假乱真，则完全在于苏轼个人的名气。据说，苏轼被贬黄州（今黄冈县）后，因心情郁闷，"发抒牢骚，假曹、周以寓意"先后作《前赤壁赋》、《后赤壁赋》和《念奴娇·赤壁怀古》等名篇，于是，这座位于武汉以东的长江北岸，本和赤壁之战毫不相干的黄州赤壁却因此而蜚声海内外，其声势和影响甚至超过了蒲圻的真赤壁。名人对景观成名的重要作用，由此可见一斑。

中国旅游文化重人传统的形成主要是由于中国传统文化的影响所致。中国传统文化素来有重人的传统。道家认为，世间万物之所以产生，完全在于"气"化所致，这种"气"或称"元气"充斥于宇宙之间，万物的"形"都是由于"气"的变化而成。"气"分阴阳，阴阳二气在虚空中斗争，落在下面结为地块的重浊之气，即为山川景物，升到空中的轻清之气，便是气象景观。庄子认为，"天地与我并生，而万物与我为一"，将人本身看成是物质世界的一部分，也是"元气"变化的产物。儒家主张"天亦(有)喜怒之气，哀乐之心，与人相副，以类合之，天人一也"，强调"天人合一"、"天人和德"的宇宙观，认为天人可以相互感应，相互合一，整个宇宙是人格化的和谐统一体，而人是自然宇宙的中心。因此，无论是道家，还是儒家，之所以都特别强调要重视"人"，是因为人和自然同源于元气，重人即重自然，重主体也即重客体，这是中国传统文化重人传统的哲学基础。这种重人的文化传统必然对中国旅游文化产生决定性的影响,使中国旅游文化体现出浓重的重人的传统。受哲学观念的影响,中国人始终将自己看成是自然的一部分,自然是人类精神的家园,人类从自然而来,最终还要回归于自然,因此,中国人面对自然界始终是采取一种欣赏、赞美的态度,"我见青山多妩媚,料青山见我应如是"(辛弃疾),因为要欣赏,必然要将审美主体放在首位,由此形成中国旅游文化重人的传统。

中国旅游文化的重人传统,对现代旅游活动具有重大的影响。对旅游者来说欣赏旅游景观的关键之处在于体会和感受旅游景观的文化内涵,而对与旅游景观相关的贤哲人士的传说、故事、事迹、思想、影响的把握和理解,常常是旅游欣赏的关键。从一定意义上讲,只有理解了和旅游景观相关的名人,才能真正理解旅游景观的文化内涵,使对旅游景观的欣赏由"形似"进入到"神似",获得心理满足和精神愉悦。对于旅游资源开发而言,充分发掘与历史名人相关的文化因素,往往是旅游资源开发的起点和归宿。因为旅游资源和名人相关才值得开发;因为同名人相关,才能利用"名人效应",提高旅游景观或旅游产品的知名度和竞争力,最终获得最佳的经济效益和社会效益。正因为"名人"的因素对旅游景观的成名具有至关重要的影响,才出现在全国几个城市或地区为争同一名人"出生地"或"故居"而各不相让等局面。虽说有些过分,但名人效应无疑为旅游资源的开发找到了理论依据,为旅游资源的开发注入了一剂强心剂,促进了旅游资源的开发建设。对于其他旅游企业来讲,中国旅游文化重人的传统,为旅游经营和旅游服务与管理指明了方向,不管饭店的硬件设施是如何的先进,管理水平是如何的高超,由于服务的对象是活生生的"人",我们必须牢固树立"顾客至上"的意识,提供文明、优质、周到、耐心、舒适的服务,努力提高服务质量,重视"软件"建设,提高在旅游市场上的竞争力。

二、重文传统

中国古代旅游者,特别是帝王官宦、文人骚客等在旅游过程中创作了大量的诗、赋、词、曲、楹联、碑文、刻石、题名、散文、游记等,形成了中国旅游文化的重文传统。重文传统与重人传统有一定的相似之处,凡是曾被历史名人留下游记、诗词、楹联、题名的地方大都被后人看重,视为旅游名胜。而多数名人也热衷于在旅游地留下片言只语,试图通过金石文字来和无情的时间抗衡,①流芳千古。古人外出旅游的目的,除了为满足开阔眼界、增长知识、修养道德、颐养精神的需要之外,一个重要动机就是希望通过自己在旅游过程中的文学创作,将自己的见闻、体验、感受、感悟、理想、追求、主张、见解等告诉他人,令山水增辉,与天地同寿。在这种思想的影响下,中国旅游文化中的重文传统千百年来相沿不绝,不断发扬光大。中国旅游文化的重文传统凝聚着历史文化、民族精神与我们祖先的聪明才智,不断给人以思想启迪、精神鼓舞和艺术熏陶,是我们应当继承的宝贵财富。

(一)名人辈出,名作众多

中国旅游文化重文的传统,首先表现在伴随旅游活动的发展,历朝历代文化创作活动代代相续,名人辈出,名作众多。

文学创作需要才情,而才情的激发则来自山水的灵性。正如李渔所言:"才情者,人心之山水;山水者,天地之才情。使山水与才情判然无涉,则司马子长何所取于名山大川,而能扩其文思,雄其史笔也哉?"因此,作家的"风骚之情"离不开"江山之助"。许多著名文人墨客都是在遍游名山大川,在自然中得到灵感后才创作出众多脍炙人口的文学作品的。如司马迁的《史记》堪称史家之绝唱,其文笔雄浑浩荡、大气磅礴,完全是因为其取天下奇观之神魄而灌注笔端。对此,苏辙曾评价道:"太史公行天下,周览四海名山大川,与燕赵豪俊交游,故其文疏荡,颇有奇气。"②李白"一生好入名山游",创作了众多歌颂自然的诗篇,其笔下的泰山雄浑、崇高,"平明登日观,举手开云关。精神四飞扬,如出天地间。黄河从西来,窈窕入远山。凭崖揽八极,目尽长空闲";黄山险要、奇特,"丹崖夹石柱,菡萏金芙蓉";黄河壮美、磅礴,"君不见黄河之水天上来,奔流到海不复还"。每一篇诗作都充满浪漫的激情,每一处景观的描写都令人怦然心动,是我国旅游文化、特别是旅游文学中绚丽的奇葩。其他如王勃的《秋日登洪府滕王阁饯别·序》使滕王阁成为千

---

① 喻学才.中国旅游文化传统.南京:东南大学出版社,1995:174.
② 罗婧.旅游的文化学审视.湖南商学院学报,2001(3):98.

古名楼;张继的《枫桥夜泊》使寒山寺一举成名;范仲淹的《岳阳楼记》使岳阳楼声名鹊起;苏东坡的《饮湖上出晴后雨》使西湖与"西子"同享盛名。

总之,中国历史上众多的文化名人及其旅游文化作品不断丰富和发展了中国的旅游文化,使其重文的传统不断发扬光大,充满勃勃生机。

(二)门类众多,内容丰富

中国旅游文化重文的传统还表现在旅游文学作品门类众多,内容丰富,几乎涉及文学创作的各个层次,以及书法、绘画、雕塑等方面,内容包括诗、赋、词、曲、散文、对联、碑文、刻石、故事、传说等不同门类。这些作品不但因其丰富的思想感情和哲理幽思感染着众多的读者而千古流传,更使中国的旅游文化不断进步和繁荣。

山水诗是中国旅游文化最早的表现形式之一,其内容大多描写自然景物、人文景观,以及抒发作者的情怀。早期山水诗以谢灵运的作品最负盛名,隋唐前期以李白、王维为代表,后期则以柳宗元为代表。游记是我国散文中的一个独具特色的文体。"记"原是古代一种以记事为主的文体。东晋末年陶渊明的《桃花源记》是所见到较早以游记的笔法来写的散文。唐代柳宗元在《永州八记》中丰富了描写自然山水的艺术手法,确立了山水游记作为独立的新型文学体裁在文学史上的地位。此后,随着旅游活动的不断深入和发展,游记的创作不断增多。对联是我国特有的一种体制短小、文字精练、雅俗共赏的传统文学形式。历代文人墨客在旅行游览的过程中,特别注重对联的创作,许多对联点缀在名胜古迹之中,或反映其人情风物,或见证其历史遗迹,或借景抒情等。这些对联常常与景观融为一体,成为名胜古迹不可缺少的组成部分,并在旅游欣赏中起到某种意义上的画龙点睛的作用,对旅游者具有较大的吸引力。

中国古代文人墨客在旅游景区所留下的大量石刻与题名从另一方面体现了中国旅游文化的重文传统。这些景点题名或石刻往往是对某一景区的全体或局部特征的概况,起着一语点破景观审美内涵的作用。如天柱山山南佛光寺一带翠谷幽深,青峰豁朗,瀑布层叠,其石刻或题名有"翰龙飞瀑"、"极乐大地"、"人世仙境"、"山高水长",恰如其分地揭示出了这里风光奇异、幽远深长的特点。有些景点的题名则意境深远,充满诗情画意,令人回味悠长。如杭州西湖小瀛洲有一亭,名为"亭亭亭",游客至此多有不解。原来,该亭距"三潭"不远,故引元代聂大年的诗句"三塔亭亭引碧流"而得名,构思独到,虽仅三个字,却令游人难以忘怀。驻足黄山玉屏楼,面对眼前的云海缥缈、山石耸翠的奇观,忽然间刻在石壁上"如何"二字跃入眼帘,好似在问询:黄山如何?玉屏楼如何?君心似我心,我心似君心,霎时间升起的惬意与情思常常令游人如醉如痴,流连忘返。

中国旅游文化的重文传统不但在当时促进了旅游文学的发展,培养了一大批旅游文学作家,积累了浩如烟海的旅游文学作品,造就了中国千古称颂的著名旅游景观,而且对现代旅游活动产生了深刻的影响。这种影响涉及现代旅游活动的各个方面。首先,旅游者在进行旅游欣赏或游览时不但可以欣赏旅游文学所带来的美妙感受和情景,更可以用前人的眼光、心态、思维方式来细心体验和感受今天的旅游景观,提高旅游审美能力,提高旅游欣赏和鉴赏的水平,进而提高旅游质量。其次,中国旅游文化重文的传统为我们提供了一个评判旅游景观旅游价值的标准,这个标准就是宋代滕子京谪守巴陵郡后在重修岳阳楼致书好友范仲淹求记时所说的"窃以为天下郡国,非有山水瑰异者不为胜,山水非有楼观登临者不为显,楼观非有文字称记者不为久,文字非出于雄才巨卿者不成著"①,这对当今的旅游资源开发尤其具有重要的借鉴意义。旅游开发者应当充分发掘旅游资源所蕴涵的旅游文学因素,增加旅游景观的文化含量,以吸引海内外的旅游者。其他旅游经营者亦应从中受到启发,高度重视旅游企业的文化建设,用文化参与未来的旅游企业之间的竞争,提高竞争力,提高企业的知名度,以获得更大的经济效益和良好的社会效益。

第二节 中国旅游文化的尚古与尚自然传统

一、尚古传统

古人喜爱前人留下的东西,我们也同样如此。历史类旅游景观或历

---

① 喻学才.中国旅游文化传统.南京:东南大学出版社,1995:185.

史文化所以令游人心驰神往、沉醉其中,一个重要原因就在于历史的遥远为想象留下了广阔空间。中国文化的尚古传统,使历史上曾经存在或流传至今的山水名胜、城市景观、园林设施、寺庙建筑等常常吸引着众多的游人前往参观或歌咏。从某种意义上讲,中国旅游文化的尚古传统造就了一批历史文化名胜,至今仍散发着绚丽的色彩。

(一)"越古越好"、"越旧越好"

中国旅游文化尚古传统的一个重要表现就是"越古越好"、"越旧越好",它不但代表着古人的一种好恶倾向,更成为古人进行景观评价的一个重要标准。在根深蒂固的宗法观念和儒家强调稳定思想的影响下,古代中国形成了"尊老"、"尊古"的社会倾向,认为凡是传统的东西,凡是饱经沧桑的东西,总是会展现出非凡的价值[1],故而受到各方人士的珍爱。

孔子就多次表达对上古文化的崇拜,认为周代的政治制度和学术文化达到了前所未有的高度,并对尧舜统治时期向往不已,其立身行事的准则就是"信而好古,述而不作"。中国旅游文化的尚古传统体现在旅游景观的评价上,就是看其是否有悠久的历史、古老的传说,是否和著名的历史人物相关联,坚信"越古越好"、"越旧越好"。

这种尚古的传统至今对中国旅游景观的建筑与修缮及其旅游活动有重要的影响。就旅游景点的建设来看,建设新景点的热情远没有在有古迹的地方修建、重建、改建旧景点的热情高,而古迹或历史文物修缮的一个重要原则就是"修旧如旧",绝不能改旧换新。从旅游者对旅游景点的喜好程度来讲,游览古迹的人常常要多于观山水的人。看来国人"尚古"的情结在相当长一个时期内仍不能解开。

(二)"寻根问底"、"沿坡讨源"

中国旅游文化尚古传统的另一个表现就是"寻根问底"、"沿坡讨源",它不但代表古人的一种传统思维方式,更成为古代游记创作的一种写作模式。在中国古代游记中,凡所游览的风景名胜有关涉古代文化遗迹的,作者极少不加以追根溯源式的介绍。如果游记中没有对其游览地的历史追溯,不但被认为对古人有失崇敬,其文化价值也会因此大打

---

[1] 庄东泉.儒家思想与旅游文化.江西广播电视大学学报,2004(1):49.

折扣。因此,古代游记很少撇开人文景观而专写自然风景。

王安石在《游褒禅山记》里写道:"褒禅山亦谓之华山。唐浮图慧褒始舍于其址,而卒葬之,以故其后名之曰'褒禅'。""距洞(华阳洞)百余步,有碑仆道,其文漫灭,独其为文犹可识'花山'。今言'华'如'华实'之'华'者,盖音谬也。"上述字句不但详细地交代了今安徽含山县褒禅山的得名原因,还使人们便于查考九百多年前就已仆倒漫灭,至今已不复存在的石碑。

刘大櫆在《游三游洞记》中除了记述游览"三游洞"时的所见所闻之外,也讲述了"三游洞"名称的由来:"昔白乐天自江州司马徙为忠州刺史,而元微之适自通州将北还,乐天携其弟知退,与微之会于夷陵,饮酒甚欢,流连不忍别去,因共游此洞,洞以此三人得名。其后欧阳永叔暨黄鲁直二公皆以摈斥流离,相继而履其地,或为诗文以纪之。"

游记创作中的这种"寻根问底"、"沿坡讨源"的写作模式,不但有利于我国历史文化的传承与发展,更有利于旅游资源开发与建设中对历史文化内涵的发掘,对于增强旅游资源的文化品位,提高旅游资源与旅游景观的吸引力具有重要作用。

中国旅游文化的尚古传统对中国现代旅游业和旅游活动产生了重大的影响。由于尚古,使我们国家一大批古代遗址、遗迹、古城池、古寺庙、古道观、古长城、古桥梁、古民居、古园林、古文物、古风俗、古艺术等得以保存,成为我们宝贵的旅游资源;由于尚古,对今天的多数旅游者而言,寻访、参观名胜古迹,思古怀旧,体验灿烂、悠久、源远流长的中华传统文化,仍是一个重要的旅游需求和动机;由于尚古,在旅游资源开发中建设新景点的热情远没有在有古迹之处修建、重建、改建旧景点的热情高,即使是新建筑也会披上一层仿古的外衣。香港的宋城、西安的唐城、上海的大观园、河北的宁国府、山东阳谷县的狮子楼、梁山县的忠义堂、武汉的黄鹤楼、晴川阁等都是较有影响的重建、改建景点,至于各种形形色色的仿古建筑、仿古城、仿古街,更是不胜枚举。虽然有的景点在建造过程中存在着粗制滥造、生搬硬套的现象,但足见尚古传统对现代旅游业的重要影响。旅游服务企业也可从尚古的传统中得到启发,如在古色古香的饭店中有身着古代服装的服务员提供古典式的服务,使整个服务活动都笼罩在浓重的"古代文化"的氛围中,只要不是水平太差,相信总会给旅游者耳目一新的感觉,增加旅游服务的吸引力。

二、尚自然传统

如果说游人到作为人文景观的历史文化中去观光是一种"寻梦之旅",那么,到作为自然景观的大自然中去旅游则是一种"回归之旅",美丽的自然是其精神的家园和心灵的港湾。将自然景物作为审美欣赏的客体,通过对自然景观的欣赏来获得感官的满足、乃至心理和精神上的欢畅与愉悦,在中国有悠久的历史。《论语》记载,孔子对其他学生的人生志向皆不以为然,唯独对曾皙"暮春者,春服既成,冠者五六人,童子六七人。浴乎沂,风乎舞雩,咏而归"的追求表示赞同。庄子在《庄子·知北游》中写道:"天地有大美而不言,四时有明法而不议,万物有成理而不说。"他认为大自然的美是最美、最合乎法则的,要求人们的一切行为都要顺乎自然,返璞归真。① 此后,历代的山水诗词、山水游记莫不通过对自然山水风光的描摹体现出对大自然的向往与热爱,形成了崇尚自然的传统。

(一)"山水之美,古来共谈"

"山水之美,古来共谈",中国旅游文化崇尚自然传统的表现之一就是对自然形式美的爱恋。古人认为,自然是美的,由山水草木、风花雪月、云霞鸟兽等自然地理要素和天象、天气要素构成的自然景观,之所以打动人,首先在于它的形式美,即构成自然界外观的各种物质材料的自然属性及其组合规律所呈现出的审美特征。换言之,在古人眼里,自然万物,无论是形态、色彩,还是声音、态势等都符合整齐一律、对称、均衡、比例匀称、节奏、韵律、调和、对比、和谐等形式美的规律和要求,具有美的特征,所以它们是美的。此外,古人之所以爱恋自然,还在于自然"除了供给人类衣食之需之外,亦满足了一种高贵的要求——那就是满足了人类的爱美之心"②。"自然界用些许简单的风云变幻,竟然使我们生超凡入圣之感!"总之,自然景观使人的感官感到舒适、惬意,进而由感动到心动,满足了人的精神需求。

---

① 宋坚.论中国山水诗的美学内涵.五邑大学学报(社会科学版),2001(2):27.
② 王柯平.旅游美学新编.北京:旅游教育出版社,2000:3.

在上述背景下,对自然景观形式美的酷爱便成为中国旅游文化崇尚自然传统的重要组成部分。无论是"登昆仑兮四望,心飞扬兮浩荡"的屈原,"性本爱丘山"、"久在樊笼里,复得返自然"的陶渊明,"五岳寻仙不辞远,一生好入名山游"的李白;还是"我生性放诞,雅欲逃自然"的杜甫,"空知返旧林"的王维,视山水为"盛世补偿"的郭熙等都从不同侧面、不同程度上阐释和演绎着古人酷爱自然、依恋自然的传统。

南朝陶弘景在《答谢中书书》中对自然景观的描写,不仅向人们展示了自然中一幅幅优美的画卷,更在一定意义上回答了人们酷爱大自然的原因,堪称山水美学的经典之作,影响深远。文中说,"山川之美,古来共谈。高峰入云,清流见底,两岸石壁,五色交辉,青林翠竹,四时具备,晓雾将歇,猿鸟乱鸣,夕日欲颓,沉鳞竞跃,实是欲界之仙都。自康乐以来,未复有能与其奇者"。① 那高耸入云的山峰,那清澈见底的溪流,那色彩斑斓、在阳光下熠熠生辉的石壁,那四时挺拔的青林翠竹,那将散未散的晚雾,那鸣叫的猿鸟,那欲颓的夕阳,那竞相上跃的鱼儿……无不向人们展现着大自然美的形态、美的色彩、美的声音和美的态势,更向人们展示着一种美的意境、美的期盼、美的心情和美的感受,带给人以赏心悦目的欢快和宁静安逸的怡然。

面对如此优美的自然景观,相信每一个有爱美之心的人都会沉醉其中,流连忘返,古人如此,今人也同样如此。因此,对大自然形式之美的热爱成为中国旅游文化崇尚自然传统的重要组成部分,源远流长。

(二)"仁者乐山,智者乐水"

"仁者乐山,智者乐水",中国旅游文化崇尚自然传统的另一种表现就是将自然景观视为某种品格和道德的象征,在爱恋自然的背后蕴涵着对某种品格和道德的赞美与推崇。象征是一种人类文化现象,"当一个字或一个意象所隐含的东西超过明显的和直接的意义时,就具有了象征性"②。中国古代的山水意识是一种把人的生存状态与人类生活环境结合在一起的精神文化形态。古人视自然为人生,认为自然像人生一样充满生命的韵律,是一种蕴藉着生命之流的美。这样,人和自然万物之间

---

① 李文初等.中国山水文化.广州:广东人民出版社,1996:32.
② 荣格等.人类及其象征.沈阳:辽宁教育出版社,1988:1.

就较为顺利、较为合理地建立起了一种"山水比德"关系,人与自然的交流或人对自然的观赏,实质上变成了人与自然人格象征的交流或人对自然人格象征的欣赏。因此,古人对自然景观的象征之美经常是情有独钟,从而,在一定意义上促进了中国旅游文化中崇尚自然传统的形成。

中国古代有钟爱自然景观的象征之美的传统,最早可以追溯到孔子"仁者乐山,智者乐水"的主张。在孔子看来,仁者之所以喜欢山,完全在于滋养万物的山所具有的甘于奉献、永无索取的特征恰好和仁者宽厚无私的品德相契合;而智者之所以喜欢水,亦完全在于川流不息的水所具有的灵活、变通的特征恰好和智者的活泼行远的智慧相对应。因此,在这种乐山乐水的旅游欣赏中,外在的自然山水便被赋予了人的品格,具有了道德象征的意义。

此后,在中国旅游文化的发展中,这种"山水比德"的审美欣赏方式不断被发扬光大,许多自然景观在"感物咏志"、"托物寄情"或"触景生情"等传统文化心理的影响下,纷纷被赋予了某种象征意义,表现出某种具有人文内涵的象征之美。如荷花生长在池塘沼泽,"出淤泥而不染",象征高洁;兰花生于幽谷,不与芜草为伍,色洁、香醇、质朴,象征清雅;竹子修直不弯,潇洒淡泊,象征高风亮节;松柏不畏严寒,斗风傲雪,象征坚忍不拔,等等。

作为中国旅游文化重要组成部分的山水文学,更是将古人这种钟爱自然的象征之美的传统推向了新的高度。"在中国的山水文学描写中,自然万物如天地日月、春夏秋冬、晨昏昼夜、风云雷电、江河湖海、花草树木,以及鸟兽虫鱼,等等,大都被拟人化了,结果转变为千姿百态的象征符号,用以表现或寄托人的情感、意趣、精神与品格。甚至连冰冷僵硬的石头,也被赋予了新的意味。"[①]可见中国旅游者对自然景观象征之美的钟爱之深。

由于很早就将自然景物作为审美的客体加以欣赏,中国古人对自然之美有深刻的理解和独特的体悟。在中国旅游文化中,"自然"不仅指自然界和其他未被人类加工过的客观物质世界,还被广泛地用做衡量旅游文学、建筑、艺术、工艺品、风景区建设优劣的重要标准。受此影响,中

---

① 王柯平.旅游美学新编.北京:旅游教育出版社,2000:128.

国绘画讲究"外师造化,中得心源",几乎所有的杰出画家在绘画之前都曾对真山真水饱游饫看,静观默察,其独特的风格、所表现的境界、独特的技法,常常就是画家本人对自然特征的准确把握,受山水启迪的结果;中国古代建筑讲究"穴石作户牖,垂泉当门帘",要求各类游览建筑的设计与布局须与周围的自然环境相互协调,与之融为一体,使建筑的美(即人工的美)与自然的美(即自然风景的美)紧密地联系起来,将人的情感融于自然之中,再以自然之美与艺术之美来陶冶人的精神,以满足人的精神需要;中国园林建筑讲究"虽由人作,宛自天开",要求在造园艺术宗旨上"师法自然",在园林布局上通过分隔空间"融于自然",园林中的"叠山理水"要"再现自然",各类园林建筑的构建要"顺应自然",各种花草树木的配置要"表现自然",并巧妙地利用各种造景手法和借景手法使整个园林与周围的自然环境融为一体,使人不出城郭而相林泉之乐。总之,受崇尚自然的传统影响,"自然"二字几乎成为所有中国艺术的审美标准,足见其对中国文化影响之广、之深。

中国旅游文化崇尚自然的传统对现代旅游活动的影响是巨大的。由于崇尚自然,使各类以自然为主的旅游风景区始终成为旅游的首选目的地,人们纷纷走出纷扰的街市,到大自然中去寻求精神慰藉,通过纵情于山水之间来感悟宇宙和人生的真谛,以至于"游山玩水"一度成为"旅游"的代名词。由于崇尚自然,各类旅游景区、景点的建设必须因地制宜,顺应自然,将自然之美与人工的雕琢之美融为一体,并注意在开发过程中的环境保护问题。各类旅游企业也应将"自然"视为服务质量优劣的一条标准,提供真诚、自然的旅游服务,避免牵强和做作,使游客感到舒适、自然,获得一种"家"的感觉。

第三节　中国旅游文化的附会与重游道传统

一、附会传统

"附会"又称为"傅会",其本意是"使事之不相联属者相会为一"。在旅游活动中,通过牵强附会、张冠李戴,甚至凭空捏造出一个美妙动人的神话故事与传说,来提高旅游景区或旅游景点知名度的做法,这在普通的旅游者中大有市场。这种现象普遍地存在于形形色色的方志、文人墨客的文集,以及各种聊作谈资的逸闻琐记之中,成为中国旅游文化的一个独特传统。

旅游活动本是一项雅俗共赏的活动,当一座山、一道河,甚至一草一木,因附会的手法被拟人化、被神化时,山水便有了灵气,草木便有了生机。于是乎,山水景观与神话传说融为一体,相得益彰,不但使自然景观的旅游价值和旅游吸引力大增,更使旅游文化的内容与形式不断发展和进步。

中国旅游文化的这种附会传统有众多的种类,现择其要者介绍如下:

(一)因形似而附会

这是一种因自然界中的某种物象在外形上与人或其他物象相似而引起的附会现象。在旅游活动中,人们常把自然物与人或人类熟悉的事物联系在一起,赋予那些在外形上与人的形象相似的山石以生命与灵气,使之与人类相携而生,相助而存。于是,各种被涂抹上"人"的色彩的山石景观,如"望夫石"、"望儿山"、"石老人"、"贝多芬头像"、"阿诗玛"、"母子偕游峰"、"情人峰"等便应运而生。此外,因外形的相似,人们也常常将山石景观附会成生活中常见的各种物象,如黄州东赤壁风景名胜区内有一巨大陨石,外形酷似剪刀,清代诗人汪引芝附会说此石乃仙女失落人间的剪刀,便被命名为"剪刀石"。其他如长江小三峡的龙进、虎出、马耳山亦因外形与动物相似而得名。因形似而附会的旅游景观在中国的旅游区中数量众多,不胜枚举,有时常常成为景区中的王牌景点。

(二)因音近而附会

这是因汉字一字多音或同一汉字在不同的民族语言和地方方言中的不同读音而造成的附会。这种现象在我国景点名称的由来中普遍存在。葛洲坝水利枢纽工程的所在地本是一个泥沙淤积而成的江心小岛,原名"搁舟坝",因"搁舟坝"与"葛洲坝"在读音上相近,后被称为"葛洲坝"。江南大孤山、小孤山被附会成大姑山、小姑山。欧阳修曾在《归日录》中描述:"……江南有大小孤山在江水中岿然独立,而世俗转孤为姑。江侧有一石矶,谓之彭浪矶,遂转为彭郎矶。彭郎即小姑婿也。予尝至小姑山,庙像乃以妇,而刺额为圣母庙,岂止俚俗之谬哉"。因音近而附会,当然不都是旅游文化主体所为,但它有推动之功。黄州赤壁原名赤鼻矶,因赤鼻音近赤壁,遂有"三国周郎赤壁"之附会。在宋代以前,此种附会影响较小,也就局限于当地居民和个别学者。宋代大诗人苏轼到此一游,情况可就不同了。苏轼也以为此赤壁即三国鏖兵之赤壁,并写下了《念奴娇·赤壁怀古》、《前赤壁赋》、《后赤壁赋》等历史名篇,把曹操、周瑜等历史人物演绎得淋漓尽致,黄州赤壁因此名声大振,成为著名的旅游景观。

（三）因神似而附会

这是将某种实际上或传说中的力量或精神强加到本来不具备该特点的客观对象之上而凭空编造的一种附会。大诗人李白一生放荡不羁,终日以饮酒为乐,"李白斗酒诗百篇"成为传颂一时的佳话。晚年的李白贫无所依,便投奔在安徽为官的叔父,最终病逝于采石矶。李白病逝后,好事者便根据一生好酒爱月的浪漫气质编造了李白醉酒捉月,溺水身亡的传说。更有好事者依据李白醉酒捉月的传说建造了捉月亭,使采石矶旁的捉月亭被蒙上了一层神秘气氛,千百年来,吸引了无数的游人。四川万州的太白岩有"谪仙醉乘金凤去"一景,系根据李白万州胜酒蒋刺史的故事附会而成,此附会抓住了李白浪漫好酒、豪放不羁的精神本质,令"酒仙"的形象卓然而出,栩栩如生。

（四）因误解空间而附会

这种附会,多是由于古代州县之设屡屡变迁,所辖范围时大时小,致使同一地名归属不一,同一人物生于此而卒于彼造成空间位置的误解而致。如孟子书中的沧浪孺子之歌是流传千古的名篇,但"沧浪之水见于地方志者有五处,一见于武昌之兴国州,一见于常德之龙阳县,一见于安陆之沔阳州,一见于鲁之峄县,一见于襄阳之均州"。（清·钟岳《沧浪记》）有的学者考证说孺子所歌之沧浪应在鲁之峄山。虽然我们无法考证沧浪究竟在何处,但五处之中总应有一处是其真正处所,而其余的恐怕是附会所致。杜牧诗句"借问酒家何处有,牧童遥指杏花村"中的"杏花村"原址在安徽贵池县,而后世却将其附会为山西汾阳县的"杏花村",使后者的声望和知名度远远大于前者。这种附会现象在我国的旅游景点中亦较常见。

(五)因误读古书而附会

这种附会,是因古今词义的变化很大,致使今人读不懂古人书,误解作者的意思所致。以"三国遗迹"为例,三国景点成百上千,散落在各个省、市,其中三国遗迹最多的是四川、湖北、河北、河南等地,这些遗迹中除南京石头城遗址和刘备惠陵等少数遗迹为三国时期遗存至今的古迹外,大多数是因《三国演义》和民间三国传说而附会出的遗迹,如四川成都的武侯祠、广元的"鲍三娘墓"和江苏镇江的甘露寺等。因此,我们通常所说的"三国遗迹",大部分并非严格意义上的"三国时期的遗迹",而是从《三国演义》附会出的"与三国有关的名胜古迹"。南京莫愁湖的由来也是误读古书附会的结果。据学者们考证,莫愁女的真正故乡当在湖北的钟祥,而宋代以后南京人因误读周邦彦《金陵怀古》中的名句"莫愁艇子谁系",便附会出一个"莫愁湖"来,直到今天仍然成为南京市的著名景观。因误读古书而附会,虽然也不都是旅游文化主体所为,但旅游文化主体、特别是旅游者的贡献也是不小的。

虽然旅游文化中的附会传统实际上是捕风捉影、弄虚作假,缺乏科学依据,但作为一种特殊的文化现象,它对于现代旅游活动的开展是有积极意义的。首先,各种附会现象使旅游景点被蒙上一种神秘、离奇的气氛,增加了旅游景观的魅力。其次,各种附会现象是提高旅游景点知名度,增强其旅游竞争力的一个十分有效的手段和方式。再次,它以一种通俗的方式,满足了旅游者的心理和精神的需要,更给旅游者留下了广阔的想象空间,强化了旅游感受和体验。实践也证明,许多旅游者到某一景点去参观游览时,常常是记不住景点的地理位置、面积大小、科学成因、形态特征,而对附会其上的各种神话和传说却记忆犹新,乐于接受。

二、重游道传统

中国古代文人不但酷爱旅游,而且不断总结、提炼游览的经验、方法和技巧,讲究游览艺术,形成中国旅游文化重视"游道"的传统。历代议论、总结旅游的经验、方法的文字,散见于游记、书信、诗文集序等文学体裁中。以明代为例,谭元春的《游玄岳记》、周忱的《游小西天记》、沈守正的《游香山碧云二寺》、张鼐的《程原迩稿序》、钟惺的《蜀中名胜记序》、袁中道的《三游洞序》、王思任的《李大生诗集序》与《游唤》等都程度不同地论述了游道,其中最为杰出者当属王思任。

王思任一生好游,写了大量文笔优美、清新隽永的游记作品,对旅游的感受之深自然是胜人一筹。他认为,虽然自然山水的自由空间给人一种有别于久居一地的清新感,并能使人增长见识,陶冶精神,但要真正提高人们的旅游兴趣和层次,获得精神享受,必须在感性上作出"游唤",并在理性上研究"游道"。为此,他在《游唤》中一口气提出了23种违情背理的"游道",即官游不韵(高雅)、士游不服(习惯)、富游不都(优美)、穷游不泽(润泽、顾及对象)、老游不前(走路)、稚游不解(理解)、哄游不思(思考)、孤游不语(说话)、托游不荣(荣耀)、便游不敬(恭敬)、忙游不慊(满足)、套(俗套)游不情(情趣)、挂(挂名)游不乐(快乐)、势(借势)游不甘(甜味)、买游不远(行程远)、赊游不偿(补偿)、燥游不别(区别对象的奥妙)、趁(趁便)游不我(自我)、帮游不目(目光、审美发现)、苦游不继(继续行程)、肤游不赏(欣赏)、限游不逍(自在)、浪游不律(一定的遵循)等。在王思任看来,要重视"游道",讲究旅游艺术,就要调节折中,掌握分寸,有所选择,有所规避,因此,"予所谓游,则酌衷于数者之间。避所忌而趋所吉,释其回而增其美"①。王思任的游道观在旅游文化史上具有划时代的意义,开创了旅游文化重视旅游艺术的先河,对后世影响较大。

此外,周忱在《游小西天记》中认为,"天下山川之胜,好之者未必能至,能至者未必能言,能言者未必能文",明确提出了"能至"、"能言"、"能文"的旅游三境界。钟惺在序《蜀中名胜记》时提出,"山水者,有待而名胜者也。曰事、曰诗、曰文。之三者,山水之眼也",强调了欣赏人文古迹,特别是欣赏旅游诗文作品在旅游中的重要作用。谭元春主张"善游岳者先望,善望岳者,逐步所移而望之"。"善辞岳者亦逐步回首而望之",强调在旅游欣赏时五官和四肢要不断变换姿势,调整角度,以收到最佳的观赏效果。宋代画论家郭熙则主张,"山水,大物也,人之看者,须远而观之,方见得一障山川之形势气象"。"远望之以取其势,近

---

① 卢善庆.萌动旅游美学思想的专著——《游唤》.旅游学刊,1991(4):54.

看之以取其质",指出了欣赏旅游景观分远近、先后的不同效果。宋代山水画家韩拙在《山水纯全集》中认为,"真山水之烟岚,四时不同。春山艳冶而如笑,夏山苍翠而如滴,秋山明净而如洗,冬山惨淡而如睡",指明了在旅游欣赏时必须注意时间性,同一景物在不同的时间、季节里被观赏,使游人看到不同的景象;苏轼的"横看成岭侧成峰,远近高低各不同,不识庐山真面目,只缘身在此山中"一诗更强调了在旅游欣赏时不同的观赏角度对旅游欣赏的重大影响。其他论述旅游游览艺术的观点还有很多,恕不赘述。

虽然,我们还没有见到古人的一本专门论述旅游游览艺术的专著,但从以上所引的各家关于"游道"的观点和见解看,古人已经知道对旅游进行分类,探讨各类旅游的局限性,开始注意到旅游欣赏的不同境界、诗文内容对旅游欣赏的重要影响,以及观赏姿势的变换、观赏距离、观赏时间、观赏角度等对旅游欣赏的重要影响,而所有这些都是旅游观赏艺术的主要内容。这表明,古人在游览过程中是有悠久的重视"游道"、讲究游览艺术的传统的。中国旅游文化重视游道的传统至今仍深刻地影响着现代旅游活动,它对于提高旅游者的审美欣赏和审美鉴赏能力,提高旅游质量具有重要的指导意义。

第四节 中国古代的传统旅游礼俗

在中国文化中,"礼"有多重含义,如礼貌之礼、仪节之礼、伦常制度之礼等,而礼制又常常和习俗紧密地联系在一起。一方面,传承下来的习俗一旦被制度化,就形成了礼;另一方面,各种礼仪若流行与普及,便会渐渐演变为民间习俗。因此,"礼俗"实际上是"礼仪习俗"的简称,通常指婚丧、祭祀、交往等各种场合的礼节。由此可推断,所谓旅游礼俗,即伴随旅游活动所产生的各种有关旅游的礼仪习俗。中国古人在旅游过程中形成的许多旅游观念和习俗,经过长期的发展、嬗变,逐渐形成一整套规范化的旅游礼俗,成为中国传统文化的重要组成部分。现主要从临行礼俗、送行礼俗、抵达礼俗三方面作简要介绍。

一、临行礼俗

在古代，人们为保旅途平安、顺利，在出门前通常要选择黄道吉日，并祭拜道神，由此，"卜行"和"祖道"成为临行礼俗的两种重要形式。

（一）卜行

"卜行"，即外出前进行占卜以选择吉日出行。古代科技不发达，人们对自然充满敬畏，希望能在一个好日子开始自己的艰苦旅行，以保平安。因此，不论是帝王出巡、官宦游历、军队远征等军国大事，还是平民百姓的日常出门远行，都要进行卜问。

这种礼俗，早在先秦时代就已形成。当时人们采用最慎重的占卜方法来判断出行的吉凶。《易经》中的相当一部分内容是与旅游占卜有关的，这类复卦有46个，占64卦的73%；有关旅游的爻辞约97条，约占384爻的25%。如"君子有攸往"、"利有攸往"、"惕出"、"不可涉大川"，等等[①]。然而，占卜的偶然性与出行的必然性是相矛盾的，为解决这个问题，古人便将占卜与"五行"和"天干地支"结合起来，以确定出门的日期，这叫"择日"，也是"卜行"的一种。

古人选择出门旅行的日期，最好是黄道吉日。所谓黄道，即古人想象中的太阳绕地球运行的轨道。古人认为青龙、明堂、金匮、天德、玉堂、司命六大星宿是天黄道吉神。在这六星辰值班的日子，诸事皆宜，称黄道日。如遇天刑、朱雀、白虎、天牢、玄武、勾陈等六个凶神当道，或者日食、月食、日中黑子、彗星见、陨石坠等异常天象，均是不吉利的日子，不宜外出远行。据1975年考古工作者在湖北云梦睡地虎秦墓中发掘的秦简《日书》记载，当时的各种行忌共有14种，全年行忌日合计多达151天，占全年日数的41.3%以上，可见当时出行禁忌极为繁苛。[②] 这种卜行择日的习俗，在我国一直延续到清代。

此外，古代民间在出门前有的还要占卜方向，认为出门方向是有吉凶兆示的，出行的时辰也必须选择在吉时才行。据《元何集》云："《阴阳书》言鹤神日游，五日正东、六日正南、五日正南、六日西南、西北仿此。

---

① 胡幸福.中华旅游文化.银川：宁夏人民出版社，2006：116.
② 沈祖祥.旅游文化概论.福州：福建人民出版社，2003：273.

元旦出行向此方……或曰鹤为噩字之讹。"所以俗以为有噩神在四方云游,出门时要避忌之。尤其是新年伊始的元旦出行,特别讲究①。

(二)祖道

祖为"路神"。据汉应劭的《风俗通义》卷八记载"共工之子曰修,好远游,舟车所至,足迹所达,靡不究览,故祀以为祖神"。"祖道"就是在出门之前祭拜路神,乞求神灵保佑路途平安。该礼俗大约开始于西周,当时人们认为旅途中的安全皆由路神掌管,出门远行必须祭拜。祭拜路神,可在旅途中,亦可在家中。如在家,则要准备好祭品、香,作双手合掌姿势,口中念叨自己的要求,祈祷路神保护。

古代文献中记载"祖道"礼俗的篇章较多。《礼记·祭法》记载:"诸侯为国立五祀,曰司命、曰中霤、曰国行、曰公厉。"其中的行,就是"行神",即路神,又叫"祖神"。王利器在《五经要义》中注释:"祖道,行祭,为道路祈也。"《左传》中也有早期祖道的记载。《左传》昭公七年(前535年)七月载,楚国建成章华之台,希望和诸侯一起举行落成典礼。鲁昭公准备前往,梦见襄公为他举行祭祀祖神仪式。大臣梓慎劝阻说,以前襄公出行楚国,梦见周公主持祭祀祖神,现在襄公在祭祀祖神,君王还是不去为好。《吴越春秋》有:"(勾践)与大夫种、范蠡入臣于吴,群臣皆送至浙江之上。临水祖道,军陈固陵。"到了汉代,祖道之俗,甚为普遍。《汉书》载,西汉将领李广利率军队出击匈奴之前"丞相为祖道,送至渭桥"。

从上述文献记载中,我们大致能了解到古代中国祖道之俗流行的概况,也可感知到古人渴望旅途平安的诚惶诚恐的祈盼与希冀。虽然这一迷信礼俗已不被今人所称道,但在古代科技落后的情况下,无论是"卜行",还是"祖道",实际上反映了人与神灵的关系,对当时人们的旅游和旅行曾经产生过极其重要的影响。今天的旅游者虽然不能效仿,但在一定程度上予以理解和认知应当是必要的。

二、送行礼俗

古人在旅行前,亲朋好友通常要举行一系列的送行仪式,以表达对

---

① 罗曲.中国传统旅游的民俗学审视.西南民族学院学报(哲学社会科学版)2001(4):31.

游子的依依惜别之情。送行传统早在《诗经》中就有记载。近代著名音乐大师李叔同的《送别》一词,更形象地向人们展示了这一绵延千年的送行礼俗。就具体内容而言,送行礼俗主要包括:离筵、饯饮、唱离散曲、折柳、赠物、赠言、赋诗、执手等。

(一) 离筵

古代亲人外出时,家人和亲朋好友要为出行游子设宴送行,此种风俗称为离筵,又叫设宴。同现代人的欢送宴一样,离筵,是为友人送行的聚会,只是离筵比欢送宴多了几分感伤。因为,在科技和交通都不发达的古代社会,游子与友人一别,便不知何时才能重逢。由于时代久远,对于古代离筵礼俗的具体情况很难考证,只能从古文献中觅得一二。《元史·王磐传》记载王磐以资德大夫致仕,"行之日,公卿百官皆设宴以饯",反映的就是这一离筵送行的习俗。《敦煌曲子词·张淮深变文》中亦有"尚书远送郊外,拜表离筵"的记载。在离筵过程中,有时也有人通过作离筵诗表达对外出友人的依依惜别之情,如唐人罗隐的《和淮南李司空同转运员外》中载:"层层高阁旧瀛洲,此地须征第一流。丞相近年萦倚望,重才今日喜遨游。荣持健笔金黄贵,恨咽离筵管吹秋。谁继伊皋送行句,梁王诗好郢人愁。"此诗用先扬后抑的笔触,通过"咽"、"秋"和"愁"来表达其忧伤情绪,是离筵诗的代表之作。

(二) 饯饮

饯饮,也叫饯行,是送行即将结束时亲朋好友在路边为游子举行的一种敬酒道别的仪式。临别饯饮的目的在于让游子饮家乡水酒,强化游子的家乡观念,借酒消减离别之愁,而且饮酒可以让游子在踏上征途时增强胆量。

饯饮礼俗大约始于西周时期,《诗经·大雅·韩奕》载,"韩侯出祖,出宿于屠。显父饯之,清酒百壶。"描写的就是周武王之子韩侯受封后回国时,显父为之饯饮以示惜别之情的情形。周宣王时,诸侯申伯来京朝拜,周宣王为优待他的母舅,不仅增加了他的封地,还在他回国时,在郿地举行饯饮欢送。为此,大臣尹吉甫在赠给申伯的《嵩高》一诗中描写道,"申伯信迈,王饯于郿"。

秦汉以后,随着旅行的发展和饯行的增多,描写饯饮的诗作开始大量出现,如谢灵运的"饯宴光有孚,和乐隆所缺。"(《九日从宋公戏马台集送孔令诗》);沈约的"戎车出细柳,饯宴樽上林。"(《应诏乐游苑饯吕僧珍》);鲍照的"五侯相饯送,高会集新丰。"(《数诗》)等。上述诗句不但为我们描述了一个个感人的饯饮场面,同时也说明了饯饮礼俗在我国古代兴盛的状况。

(三)唱离散曲

在送别的离筵上,为渲染气氛,人们有时会借助音乐长歌当诉,通过唱离散曲,以表达对出行游子的惜别之情。因古时旅途艰辛,游子前途难卜,故离散曲多带忧伤的色彩。

唱离散曲的习俗形成较早,《汉书·王式传》和《大戴礼记》均有关于"歌骊驹"的记载,这是人们在离别时常唱的一种诗歌。汉代的《折杨柳》是当时著名的离散曲曲调,因为它最能直接倾诉离别相思之苦。如乐府《横吹曲词·折杨柳枝歌》中有诗曰:"上马不捉鞭,反折杨柳枝。蹀座吹横笛,愁杀行客儿。"梁简文帝《折杨柳》云:"曲中无别意,并是为相思。"至唐代,由著名诗人谱写的离散曲逐渐增多,影响深远。李白的《塞下曲》有"笛中闻折柳,春色未曾看"。王维写在《送元二使安西》中的诗句"渭城朝雨浥轻尘,客舍青青柳色新。劝君更进一杯酒,西出阳关无故人。"经乐人谱入乐府并将末句"西出阳关无故人"反复重叠歌唱后,便成为唐朝一首非常流行的离散曲——《阳关三叠》。

唱离散曲不拘泥于地点与场合,不论是在长亭、短亭、城郊,还是在岸边、码头、桥边等都可以唱离散曲。"劝君更尽一杯酒,西出阳关无故人",就是一曲在城郊送友人时唱的离散曲;而"李白乘舟将欲行,忽闻岸上踏歌声。桃花潭水深千尺,不及汪伦送我情",则是在登舟起程时友人唱的离散曲。

(四)折柳

折柳相送,依依惜别,是我国古代常见的送别礼俗,在文人墨客中更成为一种时尚。折柳寓意有二:一为柳树生命力强,无论生长在哪里,都能枝繁叶茂,用其赠友送别,以示祝愿;二为柳与"留"谐音,折柳送别,寓意挽留。

此种风俗在我国起源较早。《诗经·小雅·采薇》中"昔我往矣,杨柳依依;今我来思,雨雪霏霏"的诗句,历来被誉为描写离愁别绪的千古名句。此后,杨柳便成为"依依惜别"的代名词。明人杨慎《折杨柳诗》

"芳菲随处满,杨柳最多情。染作春衣色,吹为玉笛声。如何千离别,只赠一枝行"描写的就是这种折柳赠别的习俗。该诗以拟人的手法,表现出柳树所具有的寄托友人相思的独特形象。

折柳风俗的流行,造就了众多描写折柳送游子的诗歌作品,这在中国文学史上是一个值得注意的现象。以诗人李白为例,他的许多咏柳的诗篇生动、形象地描述了唐代折柳送别的情和景,如"箫声咽,秦娥梦断秦楼月。秦楼月,年年柳色,灞桥伤别"(《忆秦娥》)、"天下伤心处,劳劳送客亭。春风知别苦,不遣柳条青"(《劳劳亭》)、"谁家玉笛暗飞声,散入春风满洛城。此夜曲中闻折柳,何人不起故园情"(《春夜洛城闻笛》)、"风吹柳花满店香,吴姬压酒唤客尝。金陵子弟来相送,欲行不行各尽觞"(《金陵酒肆留别》)等。李白在诗中,不仅写"折柳送别"的场景和行为,还通过与柳相关的"柳色"、"柳花"等词语抒发离愁别恨,表达对友人的依恋之情,至今读起来仍意味深长,感人肺腑。

(五)赠物

送别亲友时赠送具有纪念意义的物品,以使人睹物思情,牢记友谊,是中国古代送别时的一项重要习俗。《诗经·郑风·溱洧》中"伊其将谑,赠之以芍药"指的即是临别赠物的习俗。古人的诀别赠物习俗体现了一种传统的人情美。

相赠之物多数是友人喜爱并便于携带之物,如《左传》载"士会将归晋,秦大夫绕朝赠之以策"。策,就是马鞭。其他如佩刀、剑、扇子、玉挂件等均在相赠之列。由于所赠之物往往不是很贵重,也有游子主动索赠的,如《晋书·王猛传》载:"王猛将行,谓慕容垂曰:当今远别,何以赠我,使我睹物思人。垂脱佩刀以赠之。"

(六)赠言

赠言是送别时常见的一种习俗,所赠之言多含惜别、祝愿、嘱托、激励等寓意。临别赠言之事,在古文献中多有记载,《史记》云"孔子适周,见老子,辞去。老子送之曰:'吾闻富贵者送人以财,仁者送人以言。吾窃仁者之号,请送子以言。'"《晏子》中亦有"曾子将行,晏子送之曰:'君子赠人以轩,不如赠人以言。'"的记载。除临别赠言之外,临行赋诗以赠的现象也特别多。

(七)赋诗

临别赋诗,实际上是临别赠言的一种。古代文人志士为抒发离别情感,写下了众多离别诗作。早在《诗经》时代,送别诗即已出现,《诗经·邶风·燕燕》可称作送行诗的发端。至唐代,诗风大盛,且"言志"之诗便于表情达意,故写诗赠别蔚然成风。凡遇送人出游、归隐、离京赴任、登第归觐、下第求友,在饯行时,别者、送别者都赋诗表达情感。

据《旧唐书·隐逸传》记载,隐士史德义称疾东归故里时,"公卿以下,皆赋诗饯别,德义亦以诗留赠"。唐代写送别诗最多的当属李白。他一生交游甚广,朋友众多,在他的赠别诗中提到姓名的就有400余人。其中《黄鹤楼送孟浩然之广陵》与《赠汪伦》两首诗虽用词简单、直白,但对友人的依依惜别之情却令人回味悠长,堪称送别赠诗的经典之作。此外,王勃的《送杜少府之任蜀川》与王维的《送元二使安西》也是唐代送别诗中的精品。

(八)执手

执手,即握手,是古代送别时的一项流传较广的习俗。古人重感情,离别时紧紧握住对方的手,以表达惜别之情和对友人旅途平安的祝福。李陵《赠苏武别诗》"屏营衢路侧,执手野踟蹰"描写的就是执手道别的情景。

执手礼俗流行较早,《诗经》中既有"掺执子之手兮"的记载。除了友人、亲人之外,执手分别也发生在恋人之间。北宋著名词人柳咏的《雨霖铃》是描写恋人之间分离的经典作品:"寒蝉凄切,对长亭晚,骤雨初歇。都门帐饮无绪,留恋处、兰舟催发。执手相看泪眼,竟无语凝噎。念去去千里烟波,暮霭沉沉楚天阔。多情自古伤离别,更那堪冷落清秋节。今宵酒醒何处,杨柳岸、晓风残月。此去经年,应是良辰好景虚设。便纵有千种风情,更与何人说。"该诗为宋元时期流行的"宋金十大曲"之一。诗中柳咏将他离开汴京与恋人惜别时的真情实感表达得淋漓尽致、凄婉动人,其中的"执手相看泪眼,竟无语凝噎"堪称描写恋人之间执手惜别的精品之作。

三、抵达礼俗

抵达礼俗,主要包括游子抵达目的地时的"书报平安"和游子归来时的"软脚、洗尘与接风"等。

（一）书报平安

书报平安，是指游子在外或抵达目的地时为免家中亲友惦念向家人寄回书信报平安。写书信报平安，在古代文人墨客中成为一种习俗与文化现象，他们往往通过互通平安书信慰藉旅居的孤独。由于邮传的不发达，古代报平安的书信多通过在外的同乡、朋友或路过家乡的其他游子带回，所以特别珍贵。一封平安的书信，既是家人、朋友殷切盼望的，也是能给家中带来惊喜与欣慰的最好礼物。

书报平安的礼俗在古代诗歌作品中多有描写，如岑参的"故园东望路漫漫，双袖龙钟泪不干。马上相逢无纸笔，凭君传语报平安"（《逢入京使》）一诗就描写了诗人远离故园，思乡心切，因无纸笔写信，通过使者给家里捎口信报平安的情形。在"水底鲤鱼幸无数，愿君别后垂尺素"（《送窦渐入京》）一诗中，作者更是借用古代"鲤鱼送信"的典故，表达了盼望友人到京后来信报平安的愿望。此外，贾岛的"隔水相思在，无书也是闲"（《送褚山归日本》）与杜甫"烽火连三月，家书抵万金"（《春望》）等诗句，都表现出家人对远方游人来信的渴望与盼望，而徐照的"一别一百日，无书直至今"的诗句则道出了盼望游子书信的心焦与无奈。

（二）软脚、洗尘与接风

"软脚"，原意为使旅游者疲惫的行脚得到放松、休息，后演变为设宴款待远游归来的游子之意。现代人把这种宴请称之为"洗尘"与"接风"。"洗尘"即宴请刚刚经历了长途行旅生活的客人或友人，意为行旅在外多蒙风尘，需要洗濯。"接风"是家人或亲友为历经远途劳顿的行旅者摆酒款待的习俗。

在古代，游人远道归来被视为完成一项大事情，亲朋好友一般会远道迎接，且要举行正式的欢迎仪式，以酒水洗掉路途上的仆仆风尘。上述礼俗在古代文献中亦多有记载。如《敦煌变文集·捉季布传文》云："归宅亲故来软脚，开筵列馔广铺陈。"便记载了古人为迎接归来的游子而举行的盛大宴会的情形。另据《新唐书·外戚传》记载，"帝常岁十月幸华清宫，春乃还，而诸杨汤沐馆在宫东垣，连蔓相照，帝临幸，必遍五家，赏赉不訾计，出有赐，曰'饯路'，返有劳，曰'软脚'。远近馈遗阉稚、歌儿、狗马、金贝,踵叠其门"表明软脚之俗不仅流行于民间,连帝王将相也讲究这一社会礼俗。

上述各项旅游礼俗都根植于中国传统文化的土壤中,在某个侧面反映出中国旅游文化的独特内涵和魅力,成为中国旅游文化传统不可分割的重要组成部分。这些旅游礼俗不但在古代相当盛行,成为旅游活动的必不可少的程序或仪式,左右着当时的旅游活动,而且对现代旅游活动产生了重大的影响。直到今天握手道别,送别赠物、赠言,接风洗尘等仍为现实旅游生活中的一项重要礼俗形式。

思考与练习

1. 如何理解中国旅游文化传统的重人与重文传统?
2. 如何理解中国旅游文化传统的尚古与崇尚自然的传统?
3. 中国旅游文化的附会传统有哪几种情况,试举例说明。
4. 如何理解中国旅游文化的重视"游道"的传统?
5. 中国传统旅游习俗有哪些?

参考文献

[1] 喻学才. 近七年旅游文化研究综述. 旅游经济,1997(2).

[2] 马波. 现代旅游文化学. 青岛:青岛出版社,2001.

[3] 张国洪. 中国文化旅游——理论·战略·实践. 天津:南开大学出版社,2001.

[4] 孙玉波. 展示深厚的文化底蕴——北京胡同旅游带来的启示. 经济参考报,1995-06-17.

[5] 李刚. 宗教文化——重要的旅游资源. 天府新论,1990(1).

[6] 玉东. 美国旅游业中"增长最快的项目"——文化旅游. 北京日报,1997-06-27.

[7] 游天. 新兴产业奏鸣曲. 北京财贸学院学报,1994(4).

[8] 秦玲. 文化旅游:下个世纪的国家战略产业——韩国大力发展文化旅游业. 科学时报,1999-11-05.

[9] 路紫,胡锋涛. 从维也纳音乐旅游环境创造看邯郸"赵文化"旅游资源开发的软对策. 河北学刊,1996(4).

[10] 陈辽. 漫谈旅游文化. 中国旅游报,1987-11-10.

[11] 喻学才. "山以贤称 境缘人胜"——中国旅游文化的重人传统. 湖北大学学报,1987(6).

[12] 冯乃康. 关于旅游文化概念的探讨. 旅游研究与实践,1991(2).

[13] 周谦. 泰山旅游文化发掘初议. 旅游经济,1990(6).

[14] 邹本涛,谢春山. 旅游文化学. 北京:中国旅游出版社,2008.

[15] 冯乃康. 首届中国旅游文化学术研讨会纪要. 旅游学刊,1991(1).

[16] 魏小安. 旅游文化与文化旅游. 旅游论丛,1987(2).

[17] 章海荣. 旅游文化学. 上海:复旦大学出版社,2004.

[18] 谢彦君. 论旅游的现代化与原始化. 旅游学刊,1990(4).

[19] 谢贵安,华国梁. 旅游文化学. 北京:高等教育出版社,1999.

[20] 罗伯特·麦金托什,等. 旅游学——要素·实践·基本原理. 蒲红,等,译. 上海:上海文化出版社,1985.

[21] 何渊耀. 旅游文化散论;白槐. 旅游文化论文集. 北京:中国旅游出版社,1991.

[22] 郝长海,曹振华. 旅游文化学概论. 长春:吉林大学出版社,1996.

[23] 林永匡. 弘扬优秀文化,强化阵地意识. 中国旅游报,2000 - 01 - 17.

[24] 喻学才. 中国旅游文化传统. 南京:东南大学出版社,1995.

[25] 王柯平. 旅游美学新编. 北京:旅游教育出版社,2000.

[26] 叶朗. 旅游离不开美学. 中国旅游报,1988 - 01 - 28.

[27] 庄志民. 论旅游的和谐之美. 安庆师院社会科学学报,1997(3).

[28] 陶弘景. 答谢中书书//全上古三代秦汉三国六朝文·全梁文,卷四十六.

[29] 田连波. 旅游审美学. 开封:河南大学出版社,1997.

[30] 彭立勋. 美感心理研究. 湖南人民出版社,1985.

[31] 滕守尧. 审美心理描述. 四川人民出版社,1998.

[32] 乔修业. 旅游美学. 天津:南开大学出版社,2000.

[33] 马广先. 论人的审美境界. 郑州大学学报,2002(3).

[34] 徐缉熙,凌陇,等. 旅游美学. 上海:上海人民出版社,1998.

[35] 谢春山. 旅游文化论. 长春:吉林人民出版社,2002.

[36] 杨辛,甘霖. 美学原理新编. 北京:北京大学出版社,2000.

[37] 李泽厚. 美学四讲(插图珍藏本). 南宁:广西师范大学出版社,2001.

[38] 叶朗. 美学原理. 北京:北京大学出版社,2009.

[39] 宁士敏. 影响中国旅游消费的经济和社会因素分析. 经济科学,1999(6).

[40] 姚昆遗,贡小妹. 旅游文化学. 北京:旅游教育出版社,2010.

[41]陈晓强,赵海霞.旅游发展的文化因素影响浅析.肇庆学院学报,2004(6).

[42]谢彦君.基础旅游学.北京:中国旅游出版社,2011.

[43]袁武,袁仁琮.旅游消费中的文化需求.贵州大学学报(社会科学版),2010(7).

[44]赵赞.大学生"毕业旅行"消费行为实证研究——以南宁市大学生为例.消费经济,2010(5).

[45]庄志民.后工业文明与回归自然的旅游——关于我国旅游经济发展战略的文化思考.旅游学刊,1995(6).

[46]傅道彬.晚唐钟声——中国文化的精神原型.北京:东方出版社,1996.

[47]史延廷.要关注旅游的可持续消费.中国旅游报,2000-02-15.

[48]陈友发.导游学概论.上海:上海三联书店,2006.

[49]董华,马月华.旅游业的服务创新与品牌建设.青岛科技大学学报,2003(1).

[50]刘又堂.论体验经济与旅游个性化服务.社会科学家,2005(1).

[51]陌上桑.个性化旅游呼唤个性化服务.中国旅游报,2003-06-12.

[52]王莹.旅游区服务质量管理.北京:中国旅游出版社,2003.

[53]胡昕.国内导游服务质量提升的探讨.贵州商业高等专科学校学报,2009(4).

[54]学丛·旅游专刊.北京第二外国语学院,1984:39.

[55]王会昌,王云海.中国旅游文化.重庆:重庆大学出版社,2001.

[56]李泽厚.美的历程.天津:天津社会科学出版社,2001.

[57]谢春山.中国历代建筑.沈阳:辽海出版社,2011.

[58]楼庆西.中国古建筑二十讲.北京:生活·读书·新知三联书店,2001.

[59]吕洪波,等.图说中国建筑艺术.上海:上海三联书店,2008.

[60]苏华,等.图说西方建筑艺术.上海:上海三联书店,2008.

[61]刘策.中国古典名园.上海:上海文化出版社,1984.

[62]张家骥.园冶全释.太原:山西古籍出版社,2002.

[63]程里尧.中国古典园林.昆明:云南人民出版社,1999.

[64]林明华.中国古代园林与园林中的建筑.中华建筑报,2012-03-30.

[65]任园.中国园林景观的基本特征.科技资讯,2009(35).

[66]李保印,张启翔."天人合一"哲学思想在中国园林中的体现.北京林业大学学报,2006(1).

[67]王清海.谈中国园林的意境.邯郸大学学报,2000(1).

[68]司马玉常.陈从周天趣美文.广州:广东人民出版社,1999.

[69]谢孝思.苏州园林品赏录.上海:上海文艺出版社,1998.

[70]姚思陟.中国节日(民俗)文化序论.怀化师专学报,2000(6).

[71]李全.构筑旅游文化.中国教育报,1998-08-18.

[72]孟秋莉,刘住.旅游节庆及其对城市旅游的提升作用——以青岛为例.青岛职业技术学院学报,2006(3).

[73]孙艳萍.旅游"二次创业"视野下的云南旅游节庆研究.旅游研究,2009(3).

[74]王伟红.新休假制度对我国居民出游行为的影响及旅游业应对策略.旅游科学,2009(3).

[75]完颜绍元,郭永生.中国风俗图像解说.上海:上海书店出版社,1999.

[76]陈久金,卢莲蓉.中国节庆及其起源.上海:上海科技教育出版社,1989.

[77]乌丙安.中国民俗学.沈阳:辽宁大学出版社,1985.

[78]徐万邦.中国少数民族节日与风情.北京:中央民族大学出版社,1999.

[79]杨英杰.中外民俗.天津:南开大学出版社,2006.

[80]马波.现代旅游文化学.青岛:青岛出版社,2010.

[81]董晓萍.说话的文化——民俗传统与现代生活.北京:中华书局,2004:178.

[82]王明煊.中国旅游文化.杭州:浙江大学出版社,2006:282.

[83]仲富兰.中国民俗文化学.杭州:浙江人民出版社,1998:308.
[84]钟敬文.民俗学概论.上海:上海文艺出版社,2009:187.
[85]杨建华.中华早期和合文化.杭州:浙江人民出版社,1999.
[86]谢春山.导游基础知识.北京:旅游教育出版社,2011.
[87]张世满,等.旅游与中外民俗.天津:南开大学出版社,2002.
[88]周作明.中国民俗学新论.北京:旅游教育出版社,2011.
[89]袁国宏.论发展我国旅游纪念品的重要意义.商业研究,2003(10).
[90]张立生.旅游商品的概念与开发原则探析.河南商业高等专科学校学报,2009(1).
[91]叶德辉.从产品设计的角度探讨旅游纪念品开发.中国商贸,2012(1).
[92]魏丽英.我国旅游纪念品开发的发展规律及发展趋势.桂林旅游高等专科学校学报,2006(6).
[93]张萌.旅游商品创新开发的若干思考.社会科学家,2000(2).
[94]许颖.论重庆旅游纪念品的开发.重庆工商大学学报(西部经济论坛),2003(5).
[95]钟洁,刘兴全.基于文化创意的民族地区旅游商品开发研究.乐山师范学院学报,2011(12).
[96]高爱民,张汝昌,叶立雯.旅游购品经营概论.北京:中国社会科学出版社,1991.
[97]苏洪宇.为何旅游纪念品发展裹足不前?中国旅游报,2001-06-18.
[98]徐晓婷.试论设计产品的流行与审美——以旅游纪念品设计为例.电影评介,2008(14).
[99]新世纪我们怎样开发旅游商品?中国旅游报,2001-01-01.
[100]罗婧.旅游的文化学审视.湖南商学院学报,2001(3).
[101]庄东泉.儒家思想与旅游文化.江西广播电视大学学报,2004(1).
[102]宋坚.论中国山水诗的美学内涵.五邑大学学报(社会科学版),2001(2).

[103]李文初,等.中国山水文化.广州:广东人民出版社,1996.

[104]荣格,等.人类及其象征.沈阳:辽宁教育出版社,1988.

[105]卢善庆.萌动旅游美学思想的专著——《游唤》.旅游学刊,1991(4).

[106]胡幸福.中华旅游文化.银川:宁夏人民出版社,2006.

[107]沈祖祥.旅游文化概论.福州:福建人民出版社,2003.

[108]罗曲.中国传统旅游的民俗学审视.西南民族学院学报(哲学社会科学版),2001(4).